POURQUOI SE SOUVENIR ?

ACADÉMIE UNIVERSELLE DES CULTURES

POURQUOI
SE SOUVENIR ?

FORUM INTERNATIONAL
MÉMOIRE ET HISTOIRE
UNESCO, 25 mars 1998
LA SORBONNE, 26 mars 1998

*Préface d'*ÉLIE WIESEL

Ouvrage publié sous la direction de
FRANÇOISE BARRET-DUCROCQ

BERNARD GRASSET
PARIS

Préface

par Elie WIESEL

La mémoire humaine n'est pas inclusive, elle est naturellement sélective. Nous n'en percevons que les sommets saillants. Mais qu'en est-il de ses sous-sols, de ses labyrinthes souterrains ? La mémoire serait-elle inexorablement liée à un mouvement de paradoxes ?

Pour me rappeler un événement, dois-je en oublier deux autres ? Dieu seul a le pouvoir de tout retenir. Ses créatures, limitées dans leur vie, le sont également dans leur mémoire. Autrement dit, mémoire et oubli vont de pair.

Autre énigme. La mémoire est-elle confiée à l'homme pour inévitablement l'améliorer, pour le rendre plus noble, plus humain ? Certes, je me souviens d'où je viens, et de l'endroit où je vais. Par conséquent, j'essaye de me montrer plus compréhensif envers autrui, envers mon compagnon de route. Je me rappelle la cruauté de Caïn et je ferai tout pour ne pas lui ressembler.

Mais, en cette fin de siècle, nous avons assisté à des événements qui nous prouvent le contraire. En Bosnie hier, au Kosovo aujourd'hui, des hommes et des femmes se haïssent à mort parce que leurs arrière-grands-parents étaient des ennemis. N'est-ce pas pareil en Irlande, au Rwanda, dans certaines régions de l'Inde ? Si certains fanatiques pouvaient oublier, vraiment oublier, les raisons de leur haine ancestrale, notre planète ne se porterait-elle pas mieux ?

Mais le pire des périls, et la pire des insultes, c'est la démarche négationniste. On veut donc nous dire que le bourreau n'a pas tué, que les victimes n'ont pas péri. Auschwitz ? Une fraude. Treblinka ? Un mensonge. La solution finale ? Un détail, une exagération.

En attendant son exécution, Hans Frank, le gouverneur militaire de la Pologne occupée, notait dans son journal que mille ans pouvaient passer et que les crimes allemands ne seraient pas oubliés.

Mille ans... Cinquante ans après l'événement, des négationnistes essayent de priver les victimes de leur passé, les morts de leur mort. Voilà, combattants des ghettos de Varsovie et de Bialystok, vous n'avez pas assisté à la mort de vos parents. Réfugiés de Lodz, de Bordeaux, de Budapest et de Paris, vous n'avez pas vu l'ennemi empoignant vos enfants pour les conduire à l'autel enflammé. Survivants de Sobibor, Ponar et Belzec, Majdanek, vous n'avez pas suivi du regard les flammes gigantesques où vos parents et vos enfants se consumaient. Les historiens Ringelblum et Kaplan n'ont rien écrit. Le compte rendu de Jankel Virnik, le menuisier de Treblinka, ne signifie rien. Le procès de Nuremberg, les documents des Einsatzkommandos, les audiences du Tribunal de Francfort, le procès Eichmann n'auraient été que des mises en scène, des farces. Il n'y aurait pas eu de sélection à Birkenau. Mengele n'aurait été qu'un médecin comme les autres, un peu plus souriant peut-être, Eichmann un simple bureaucrate, un peu plus consciencieux sans doute. Hitler n'aurait jamais eu l'intention d'exterminer les juifs. Himmler, s'il était en vie, pourrait nous intenter des procès en diffamation.

Qu'est-ce qui est pire que l'oubli ? De même qu'il existe des crimes contre l'humanité, il existe des crimes contre la mémoire. Je crois savoir comment me battre contre l'injustice, mais non contre la laideur. Nier la mémoire vivante des rescapés est injuste, offensant, outrageant et surtout laid, moralement laid. En général, j'aime le dialogue, mais j'avoue que le débat sur les négationnistes me gêne.

Si quelqu'un m'avait dit autrefois que le jour viendrait où je serais forcé de défendre mon droit à témoigner, je ne l'aurais pas cru. L'homme est défini par sa mémoire individuelle, liée à la mémoire collective.

La mémoire est liée à l'identité. Les deux s'alimentent mutuellement. La nier est prendre le côté de la mort et de l'ennemi. Répétons-le, oublier les morts, c'est les tuer une deuxième fois. C'est nier la vie qu'ils ont vécue, l'espérance qui les portait, la foi qui les animait.

La vie de ma mémoire est ma vie. Quand l'une meurt, l'autre s'éteint. Se souvenir, c'est permettre à l'homme d'affirmer que le temps laisse des traces et des cicatrices sur la surface de l'histoire, que tous les événements sont liés les uns aux autres, comme le sont les êtres. Sans la mémoire, rien n'est possible, rien ne vaut d'être entrepris. Oublier, c'est violer la mémoire, c'est priver l'homme de son droit à la mémoire. Orwell a raison : celui qui oublie rejoint les dictateurs qui s'arrogent le droit de contrôler le présent en dominant le passé. Les chroniques, les manuscrits des condamnés, des mourants, s'ils avaient la force et le courage d'écrire, il nous incombe d'en avoir pour les lire.

La mémoire d'une tragédie n'est pas nécessairement tragique, mais elle n'est pas neutre. Par sa nature sélective, elle prend position et juge.

En conclusion, la mémoire ne doit pas être utilisée pour nuire à l'humanité de l'homme. Hitler a lui aussi fait appel à la mémoire. Le traité de Versailles, n'était-ce pas son leitmotiv ? Mais il le fit pour justifier l'agression, l'oppression, la persécution. Nous devons invoquer la mémoire pour justifier l'espoir, la foi que nous avons en Dieu et en sa création, ou simplement justifier l'humain dans l'humanité. Mais que faisons-nous de notre mémoire ? Comment la retenir ? Comment la contenir dans son poids de douleur sans céder au désespoir ? Comment la contenir à l'intérieur de l'histoire pour agir sur l'histoire, et l'empêcher de commettre les dérapages, les dérives que nous connaissons, que nous n'oublierons jamais ?

Ouverture

DÉFINITIONS

par

Jean-Pierre CHANGEUX
Jean-Pierre VERNANT
Paul RICŒUR

Définition de la mémoire biologique

par Jean-Pierre CHANGEUX

Dans la mythologie grecque, la mémoire, Mnémosyne, est la mère des muses. Elle connaît les secrets de la beauté, mais aussi ceux du savoir, de la justice et de la vérité. Or la vertu cardinale de prudence, chère à la philosophie antique, vise à bien mener sa vie, par la délibération, dans un triple rapport au temps : la mémoire du passé, l'intelligence du présent, la prévoyance du futur. Cet arrêt dans le temps que matérialise la mise en place des traces de mémoire a d'abord lieu dans notre cerveau. Mais saisir la complexité connexionnelle de cette extraordinaire machine (plus de 100 milliards de neurones et 10 000 fois plus de synapses), en déchiffrer les architectures hiérarchiques et parallèles, reconnaître l'extrême diversité des activités électriques et chimiques, ne suffiront pas pour définir la mémoire dans sa totalité. Aucun neurobiologiste ne peut y prétendre. Comprendre la mémoire exige une pluralité d'approches, qui englobe psychologie et anthropologie, histoire des cultures et des civilisations, philosophie, biologie moléculaire et neuroscience. Le cerveau sera cependant pour nous, chacun s'en doute, un premier « lieu de mémoire ». On peut espérer que *mieux* le connaître nous aidera à mieux *nous* comprendre.

Toutes les espèces vivantes n'ont pas la même mémoire. La mémoire de l'éléphant dépasse celle du ver du terre mais n'égale pas, en dépit de ce que l'on entend souvent, celle de l'homme. L'homme dispose en plus du langage et s'en sert dans ses activités de mémoire. Cette disposition cérébrale, nous la tenons de l'évolution des espèces qui s'est déroulée sur notre terre au cours des dernières centaines de millions d'années. Nous la devons aux êtres vivants qui nous ont précédés. Ceux-ci ont laissé dans nos gènes des éléments de séquence d'acide désoxyribonucléique qui, de la drosophile à l'homme, déterminent le plan d'organisation de notre corps. Ces gènes de développement déterminent également, dès les premiers mammifères, les grandes lignes de notre organisation cérébrale, en particulier celle qui accueille nos *dispositifs de mémoire*. Ceux-ci vont de la structure de la cellule nerveuse, avec ses multiples contacts synaptiques, jusqu'au développement unique dans le monde vivant de notre cortex frontal. Toutes ces structures d'accueil, propres au cerveau de l'homme, sont inscrites dans nos chromosomes. Elles nous distinguent de nos ancêtres *pré-sapiens*, comme de nos plus lointains ancêtres *simiens*.

Bien des comportements du nouveau-né relèvent de cette mémoire génétique, de la succion du sein maternel jusqu'à la reconnaissance des traits du visage. Il en est de même de cet attachement qui tisse des liens affectifs très forts entre le bébé et sa mère, comme de la sympathie qu'il « décentre » ensuite vers ses partenaires de jeu, comme, enfin, de la disposition d'attribuer des états mentaux à autrui, de considérer « l'autre comme soi-même ». Il est non moins évident que tout n'est pas génétique dans notre cerveau, loin de là ; très précocement, le bébé distingue la voix de sa mère et, progressivement, s'imprègne de la langue encore une fois « maternelle », celle de sa famille, de son groupe social, avec son système de conventions symboliques et de règles morales. Très tôt dans sa vie, l'*histoire* de l'univers social et culturel auquel l'enfant appartient *entre dans son cerveau*. Elle s'y inscrit de manière « épigénétique », et néanmoins fort stable, dans son organisation connexionnelle. Elle s'y intègre de manière autoritaire, sans que le bébé ait eu, un instant, la liberté de la choisir. Cette appartenance précoce au groupe social marquera, très profondément, la vie affective du sujet, jusqu'à son âge le plus avancé.

La faible réversibilité de ces premières traces de mémoire a été fréquemment sous-estimée. Le nouveau-né dont un œil est atteint par la cataracte perd irrémédiablement la vue, non pas au niveau de l'œil, mais de son cortex cérébral. Sauf si l'opération précoce de la cataracte redonne à son système visuel les moyens de fonctionner, et par là, de se développer harmonieusement. L'apprentissage tardif d'une seconde langue s'accompagne souvent d'un accent la vie durant. Cette seconde langue mobilise des territoires du cortex cérébral partiellement distincts de ceux de la langue maternelle. Et l'on sait quelles discriminations l'usage imparfait d'une seconde langue peut donner. L'écriture, enfin, invention culturelle récente, va s'approprier d'importants territoires cérébraux, en balisant, de manière indélébile, des voies neurales propres à chaque type d'écriture : ici les idéogrammes, là l'alphabet. Les apprentissages précoces redéfinissent des traits importants de l'architecture de notre cerveau et par là singularisent chaque individu.

Dès 1890, le psychologue américain William James distingue chez l'adulte deux composantes de la mémoire : la mémoire à court terme et la mémoire à long terme. La mémoire à court terme, ou « mémoire de travail », est celle à laquelle nous devons de percevoir le temps qui passe, la seconde présente. Elle est plus sélective, sa capacité est faible (7 ± 2 unités), l'oubli est rapide (quelques dizaines de seconde). Elle joue cependant un rôle essentiel dans nos activités psychologiques en maintenant « en ligne » un plan, un projet intérieur, une intention. Notre cortex frontal, le territoire le plus récemment développé de notre cerveau, contribue de manière décisive à la mémoire de travail. Sa lésion entraîne des désorganisations graves du comportement. Le patient frontal utilise indifféremment tous les objets qu'il rencontre, avec une sorte de « zapping » mental incessant, sans suivre une ligne de conduite définie. Les nouvelles méthodes d'exploration, dites d'imagerie cérébrale, permettent de mesurer l'activité différentielle de domaines précis du cerveau, sans avoir à ouvrir la boîte crânienne. Les résultats obtenus montrent que l'accomplissement d'une tâche de mémoire de travail — comme celle qui consiste à distinguer un visage nouveau d'un visage vu récemment en moins de huit secondes — s'accompagne d'une activité soutenue de ce cortex frontal, et cette activité coïncide avec le délai pendant lequel le visage est conservé en mémoire.

Les « objets mentaux » présents de manière transitoire dans la mémoire de travail sont stockés de manière plus stable dans les mémoires dites à *long terme* qui exploitent des architectures neurales différentes. On distingue deux types de mémoire à long terme. Il y a d'abord la mémoire « explicite » ou *déclarative*, qui se caractérise par le rappel conscient d'un fait ou d'un événement. L'alcoolique, chez lequel la mémoire explicite se trouve altérée, perd sélectivement le souvenir des événements qui ont marqué sa vie : sa famille, l'école, sa carrière, son mariage. Il ne dispose plus d'autobiographie, de *curriculum vitae*. En général, des lésions s'observent au niveau des noyaux du thalamus, qui servent de porte d'entrée au cortex cérébral. Mais ces amnésiques parlent. Ils ont conservé la mémoire à long terme des mots, des lieux, des visages, des formes et des couleurs. Ces mémoires sont distribuées dans l'ensemble du cortex cérébral et au niveau des régions particulières du cortex qui interviennent très précisément dans leur perception : les images visuelles dans les aires visuelles, le souvenir du visage aimé dans le lobe temporal.

L'entrée dans les mémoires à long terme n'est pas une « entrée libre » à partir de la mémoire de travail. Elle s'accompagne d'une sélection fort sévère. Sans cela, notre cerveau serait envahi, parasité par le quotidien, le futile, l'insignifiant. Une région spécialisée de notre cortex cérébral — le lobe de l'hippocampe — intervient dans cette sélection. En son absence, le transfert des mémoires du court au long terme ne se produit pas. Cette sélection échappe largement à notre volonté comme à notre raison, et ses règles sont encore incomplètement définies : nouveauté, cohérence, réponse à une attente cognitive, projet, contexte émotionnel bien entendu, mais aussi *hasard*. Une variabilité considérable de ce que retient notre mémoire à long terme se manifeste d'un individu à l'autre.

L'autre catégorie des mémoires à long terme dites « implicites », ou encore mieux des « savoir-faire », engage des circuits fort différents. Il y a, par exemple, l'acquisition d'un savoir-faire moteur, comme celui de l'ébéniste ou du violoniste qui s'accompagne d'un accroissement d'activité des aires motrices concernées, voire de leur surface relative au détriment des aires voisines. Là encore une compétition très vive se produit entre territoires cérébraux.

A court comme à long terme, la notion même de la mémoire repose sur l'existence d'une trace matérielle. Nos savoirs sur ces traces cérébrales sont encore très fragmentaires. Ce seront d'abord le nombre, la distribution, la spécificité fonctionnelle des connexions entre neurones. On montre, sur des systèmes simples, qu'à certaines étapes dites sensibles du développement, une exubérance de connexions peut se produire. Elle se poursuit par une élimination vigoureuse de connexions, qu'accompagne la stabilisation privilégiée de quelques autres. L'état d'activité du système, voire de l'organisme, règle cette stabilisation sélective de synapses.

A un niveau encore plus élémentaire, celui des molécules, la recherche pour l'identification des traces de mémoire est aujourd'hui en pleine effervescence. Les neurotransmetteurs — qui servent de « trait d'union » chimique entre neurones — donnent le fil conducteur. Ils sont libérés au niveau des *terminaisons nerveuses* et agissent sur des molécules spécialisées appelées *récepteurs*. Au niveau de ces contacts synaptiques, la mise en place des traces de mémoire engage, tôt ou tard, des changements d'efficacité tant de la libération de neurotransmetteurs que de leur transduction par leurs récepteurs spécifiques. On sait que certains agents pharmacologiques — comme les benzodiazépines qui agissent sur le récepteur d'un neurotransmetteur inhibiteur, le GABA — perturbent la mémoire.

Plus remarquables encore, ces changements d'efficacité synaptique peuvent être placés sous le contrôle d'ensembles discrets de neurones, qui sont appelés des neurones de *récompense*. Ces neurones, hérités de nos lointains ancêtres reptiliens, s'apparentent au système des émotions et participent à « l'évaluation » de ce qui persistera dans les mémoires à long terme. Ainsi, se rejoignent, se nouent : mémoire et émotion, mémoire et souffrance, mémoire et projet de « vie heureuse » dans les *contextes*, tant innés que culturellement acquis, de l'univers connexionnel de notre cerveau constamment « ouvert » sur le monde.

La mémoire n'est pas seulement trace, mais rappel de ces traces. Beaucoup de nos traces de mémoire s'effacent, se fragmentent. C'est l'oubli. L'aléatoire là encore intervient. L'oubli d'un même événement peut varier d'un cerveau à l'autre, et de ce fait d'une personne à l'autre. L'étude expérimentale de la remise en mémoire d'une histoire, d'un récit complexe, met en évidence des « trous » de plus en plus nombreux avec le temps. Elle révèle d'évidentes modifications, omissions, changements d'ordre, altérations du récit. Le rappel de mémoire engage « un effort vers le sens », une reconstruction signifiante, une mise à l'épreuve intérieure d'hypothèses, d'objets mentaux porteurs de sens, mais aussi, hélas trop souvent, un détournement de sens. Là encore, le lobe frontal joue un rôle décisif : sa lésion entraîne des « confabulations fantastiques » avec des reconstructions inadéquates, erreurs d'évaluation, mises en contexte inappropriées et parfois contradictoires de l'histoire personnelle. A ces troubles de la mémoire, qui s'aggravent avec l'âge, s'ajoutent des distorsions de mémoire, des implants de fausses mémoires. L'introduction expérimentale de « désinformations » délibérées, mais non reconnues comme telles par le sujet, provoque des fausses mémoires à une fréquence étonnamment élevée. Et le sujet y croit sans hésiter. Les conséquences de la mise en œuvre délibérée de telles pratiques sont graves tant sur le plan politique que juridique.

Le travail de l'historien s'en trouve accablant. Peut-il avec son seul cerveau et ses seuls documents reconstruire le passé en toute objectivité ? La variabilité de nos traces de mémoire, l'intrusion de fausses mémoires, leur rappel sélectif, leur détournement délibéré ou non exigent — dans la recherche de vérité qui est celle de l'historien, comme celle du scientifique — une confrontation collective, un débat *critique* ouvert à tous, à tous les témoignages et à tous les documents. Seul un tel débat assurera la mise en place des rationalités fédératrices, sur lesquelles, il faut l'espérer, chacun pourra s'accorder.

Je conclurai en soulignant que le rappel de mémoire, ce regard rétrospectif sur le passé, n'est pas seulement l'expérience intérieure qui « donne du sens ». C'est d'abord la volonté de construire un *projet sensé*.

Le style projectif de notre fonctionnement cérébral nous donne la capacité de nous interroger sur notre avenir, avec l'intelligence du présent et la mémoire du passé. Après s'être posé la question : « Qu'est-ce que se souvenir ? », nous nous demandons alors : « Pourquoi se souvenir ? » La réponse est simple, même si tout reste à faire : « Pour agir "mieux" avec plus de sagesse et plus de prudence, pour élaborer, de concert, un projet de paix, qui ne renouvelle pas les erreurs d'un passé tragique qui hante notre mémoire », car les peuples sans mémoire sont des peuples sans avenir.

Histoire de la mémoire et mémoire historienne

par Jean-Pierre VERNANT

La mémoire n'est pas en nous comme un organe qui remplirait une fonction délimitée et précise. Nous rassemblons sous ce terme des activités mentales multiples, des opérations intellectuelles diverses dont les finalités et les modes de fonctionnement ne sont pas identiques même s'il s'agit, en général, de procédures visant à actualiser dans la pensée des informations qui n'étaient pas présentes dans le champ de la conscience, qu'il s'agisse de savoirs impersonnels (la terre est ronde, 2 et 2 font 4), de textes connus par cœur (poèmes que je me récite à moi-même), d'événements du passé dont j'ai appris qu'ils avaient effectivement eu lieu, de souvenirs de ma vie personnelle que j'évoque dans leur singularité. Comme toute activité humaine, ces opérations s'acquièrent et se façonnent par un apprentissage, un dressage mental qui, pour orienter la visée de l'esprit en direction de ce qui n'y est pas présent, utilisent des techniques, des repères, des cadres qui varient en fonction de l'outillage mental propre à chaque culture.

Les activités mémorielles visant à rendre présent ce qui ne l'est pas sont donc des constructions liées à des contextes historiques. Il y a une histoire de la mémoire.

Quelques exemples pour me faire comprendre. Transportons-nous dans une civilisation sans écriture, une culture purement orale. Ainsi la Grèce archaïque, entre les Xe et VIIIe siècles, avant l'adoption et la diffusion de l'écriture alphabétique. Les groupes humains ne disposent alors d'aucun document, archive, état civil, fixant le statut social des individus. Généalogie, filiation, liens de parenté, mariage, propriétés, cadastre, règles institutionnelles, rien ne repose sur des attestations écrites, tout fait référence à une tradition orale que certains personnages, mémoire vivante de la collectivité, peuvent avoir la charge de conserver et de transmettre. Mais ce ne sont pas seulement les avatars de la vie quotidienne qui exigent, pour être tranchés, le recours à ces spécialistes de la mémorisation. Tout le passé du groupe depuis ses origines, ses croyances traditionnelles, l'ensemble des connaissances, le « savoir partagé » formant comme le ciment intellectuel d'une société — c'est tout cela qui doit être préservé, stocké, transmis. Qui en a la charge ? En dernier ressort, aux yeux des Grecs, une divinité : *mnêmosunê*, mémoire. Les Grecs ont divinisé une certaine forme de mémoire. C'est elle qui illumine de son inspiration, en leur accordant le don de voyance, les quelques rares élus qui vont incarner le pouvoir de remembrance et capitaliser tout ce dont le groupe, pour demeurer lui-même, doit garder la souvenance. Qui sont ces hommes ? Les aèdes, poètes-chanteurs, qui emmagasinent sous forme de récits chantés la somme des savoirs qui constituent, pour les vivants, l'horizon commun d'où ils tirent leur origine. Dans ces confréries spécialisées d'aèdes, les poètes sont soumis à un apprentissage mnémonique qui leur permet de retisser la trame de chants pouvant comporter des dizaines de milliers de vers. Ces êtres, inspirés d'une mémoire fondée en grande partie sur le rythme, sont assimilés au devin. Leur privilège est de connaître « ce qui a été, ce qui est, ce qui sera ». La mémoire est omniscience. Son rôle n'est pas de reconstituer un passé aboli, de le re-présenter, mais, en franchissant les frontières d'un éphémère aujourd'hui, de se rendre présent à ce qui demeure caché derrière les apparences : l'ancien temps, celui des héros, des dieux, des origines, du primordial. La mémoire n'est pas reconstruction du passé, mais exploration de l'invisible.

A côté de cette remémoration du savoir commun du groupe, il y a une remembrance individuelle qui comporte, elle aussi, une dimension religieuse. Elle est pratiquée, dans des milieux de secte à orientation mystique, par des « hommes divins » comme Pythagore ou Empédocle. Par une discipline quotidienne de remembrance, associée à des techniques d'ascèse, de contrôle du souffle respiratoire, d'extase pour purifier l'âme en la séparant du corps, ces sages parviennent à retrouver le souvenir de toutes leurs vies antérieures, de tout le cycle passé de leurs réincarnations. Cette réminiscence les libère de la chaîne indéfinie des renaissances ; ils peuvent rejoindre leur patrie céleste et s'unir avec le divin.

Savoir commun ou destin individuel, ce dur travail de mémoire ne cherche pas à construire le temps ni à explorer la vie intérieure d'un sujet, dans son contenu de passé personnel, mais à s'évader du temps et à devenir dieu. En dehors du cadre institutionnel et du contexte mental dont elles sont solidaires ces conduites remémoratrices perdent leur signification et deviennent sans objet.

Le tournant se produit en Grèce même, vers le VIIᵉ siècle, avec l'émergence de la cité et la diffusion de l'écriture. Les hommes vont désormais rédiger leurs lois, les inscrire de telle sorte qu'elles soient présentes à la vue de tous ; ils vont tenir des archives et les conserver avec soin. Toutes les productions intellectuelles, littéraires, philosophiques, scientifiques, médicales, techniques vont être rédigées, textualisées, stockées et transmises sous forme de rouleaux de papyrus, alignés côte à côte dans des bibliothèques. Au lieu de l'omniscience inspirée de l'aède on va mettre au point des procédés nouveaux de mnémotechnique, de caractère positif, accessibles à tout un chacun et qui ont recours à une mise en ordre systématique des éléments dont il faut se souvenir en les inscrivant dans un dispositif spatial qu'on va parcourir, unité par unité, comme on le fait dans la lecture d'un texte sur feuillet. L'initiateur de cet outil de mémorisation serait un poète, Simonide de Céos, qui ne croit plus à l'inspiration divine et a pris conscience du caractère artificiel et savant de son art ; il aurait perfectionné le système graphique en y ajoutant certaines voyelles. Mais le héros de cette mémoire laïcisée c'est, au Vᵉ siècle, le sophiste Hippias : grâce à sa maîtrise en matière de mnémotechnique, Hippias prétend tout savoir depuis les techniques les plus humbles jusqu'aux connaissances les plus élevées. Par sa polymathie, sa science encyclopédique, il est devenu lui-même le réceptacle vivant de tout le savoir humain.

Cet art de la mémoire perdurera à travers toute l'Antiquité gréco-romaine et jusqu'à la Renaissance. L'idéal de polymathie auquel il est lié s'exprime sur le plan social par l'institution de grandes bibliothèques comme celle d'Alexandrie, au IIIᵉ siècle avant notre ère, où l'ensemble du savoir humain se trouve en un même lieu, rassemblé, classé, conservé, consulté, commenté. Cette conception d'une mémoire humaine générale, objective et extériorisée par la concentration de la totalité des textes écrits en un même musée-bibliothèque — il y avait accumulés à Alexandrie près de 500 000 rouleaux — a eu un tel impact qu'elle impose encore sa marque à la forme nouvelle de mémoire qu'Augustin instaure, dans ses

Confessions. Augustin transforme la mémoire ; il l'intériorise et l'individualise en en faisant non plus l'instrument d'un savoir universel, mais une dimension du moi dont il s'émerveille et que chacun est seul à explorer. Ecoutons-le : « Quelle force de la mémoire. C'est un je ne sais quoi digne d'inspirer un effroi sacré que sa profondeur et son infinie multiplicité. Et cela c'est mon esprit, c'est moi-même. » Mémoire du dedans déjà, intime, singulière, mais qui revêt encore l'apparence d'un édifice, salles d'un palais, rayons multipliés d'une bibliothèque, si riche, si diverse qu'on ne peut que s'y perdre et y percevoir comme l'écho en nous de l'infini divin.

Bien entendu les conditions d'exercice de la mémoire et son champ d'application ont été profondément transformés, aux temps modernes, par l'invention de l'imprimerie. Et le remaniement du travail de la mémoire est en cours, dans le monde contemporain, avec les nouveaux moyens d'information comme l'Internet. L'immense masse de savoirs érudits que le temps passé a produits, au lieu d'être logée dans la tête d'un Hippias ou d'un Pic de la Mirandole, au lieu d'être rassemblée en quelque lieu aménagé à cet effet, sera mise à la disposition de chaque chercheur qui pourra l'explorer et l'utiliser depuis son fauteuil.

Mais là n'est peut-être pas l'essentiel dans l'histoire de la mémoire. La nouveauté, dans le travail de la mémoire, consiste en deux orientations dont l'importance est aujourd'hui décisive. C'est d'abord, dans la voie qu'Augustin avait ouverte, l'émergence de l'individu et de son enquête sur son propre passé, dans sa singularité. Confessions, mémoires, autobiographies, journaux intimes, certains aspects du roman moderne témoignent de la place qu'occupe l'effort de reconstruction du passé individuel et de sa mise en perspective dans la conscience, pour chaque personne, de son identité. Seconde innovation, décisive : l'avènement, à côté de la mémoire individuelle et de la mémoire des collectivités qu'on peut appeler mémoire sociale, d'une mémoire propre aux historiens. Pour cette mémoire historienne, tout événement passé, tout ce qui s'est produit dans le temps relève d'une approche scientifique, d'une reconstruction critique. C'est tout le passé humain, historique, préhistorique et, au-delà, celui du monde terrestre dans son ensemble qui est traité comme objet de connaissance désintéressée, de pur savoir, le travail de mémoire n'ayant pas d'autre fin que la vérité.

Entre ces trois formes de mémoire — individuelle, sociale, historienne —, il y a à la fois des connivences et des oppositions. Ce n'est pas ici le lieu de les développer. Je dirai seulement que la mémoire historienne ne peut ignorer, à côté des documents « objectifs », l'expérience irremplaçable des témoins, de ceux qui ont vécu les événements. Ces témoins, en accomplissant leur devoir de mémoire, ne sauraient, de leur côté, négliger cette exigence de vérité qui est au cœur du travail de l'historien ; c'est à cette double condition que la mémoire sociale pourra faire son travail de rattachement au passé, en évitant la mythologie sans tomber dans l'oubli.

Définition de la mémoire
d'un point de vue philosophique

par Paul RICŒUR

L'un des paradoxes de la mémoire concerne la crédibilité de la mémoire, sa fiabilité. Ce point est très important car c'est sur le terrain de la vérité que se place la culture politique de la mémoire.

Pourquoi parler de paradoxe à propos de la fiabilité de la mémoire ? Parce qu'à l'origine de la mémoire, il y a un tout premier paradoxe, à savoir sa référence au passé par l'intermédiaire de traces. Ici le philosophe enchaîne facilement avec le neurobiologiste, puisque c'est chez lui que nous apprenons ce qu'est une trace matérielle. Le problème est de savoir comment les problèmes neurologiques se reflètent au plan psychique. Ils se reflètent justement par un paradoxe qui n'apparaît pas si on s'en tient seulement à la matérialité de la trace, à savoir que toutes les traces sont présentes. Une trace dans le cerveau est là maintenant. Or, le souvenir nous présente cette énigme qu'il représente un événement passé comme quelque chose qui est absent, qui a disparu. C'est là le tout premier paradoxe que l'on trouve élaboré chez Platon, dans un dialogue très critique, *Le Théétète*, puis par Aristote dans l'étonnant traité *De la mémoire et de la réminiscence*. Ce sont les philosophes grecs qui ont donné la forme d'une aporie, c'est-à-dire d'un embarras majeur, au rapport de la présence à l'absence. Le souvenir représente la présence d'une chose absente.

Ce paradoxe est encore aggravé par le fait que, pour l'expérience vécue, il y a deux sortes d'absence : d'un côté l'absence de l'irréel, donc l'imaginaire, le fantastique, l'utopie — cette vaste région de l'irréel — et de l'autre côté l'absence du passé, qui est une absence très spéciale, puisque c'est l'absence de l'antérieur, l'absence de ce qui a eu lieu auparavant. Nous avons des adverbes pour dire ça : auparavant, avant... Or antérieur à quoi ? Précisément au souvenir que nous en avons maintenant. Antérieur au récit que nous faisons maintenant.

Je dis que ce paradoxe de présence/absence est aggravé par la bifurcation entre ces deux modalités d'absence : l'irréel et l'antérieur. En effet, si ces deux modalités sont théoriquement distinctes — irréel d'un côté, antérieur de l'autre —, elles ne cessent de se chevaucher et d'interférer, et une grande partie de nos problèmes concernant la fiabilité et la crédibilité de la mémoire viennent précisément de l'enchevêtrement de ces deux sortes d'absence, l'absence de l'irréel et l'absence de l'antérieur.

Il est difficile de désimpliquer l'antérieur de l'imaginaire parce que nos souvenirs se présentent comme des images. Les Grecs se sont battus avec ce problème : ils avaient des mots qui sont restés dans notre vocabulaire comme par exemple *eikon* qui est devenu « icône » ou *eidolon* qui est devenu « idole ». Toute la philosophie de la mémoire est une bataille autour de cette imbrication du souvenir dans des images qui tirent la mémoire du côté de l'irréel et l'arrachent à l'auparavant.

Beaucoup des débats que nous avons actuellement sur les récits de la déportation et tous les problèmes suscités aujourd'hui par la crédibilité des historiens et des mémorialistes naissent de ce tout premier paradoxe. Même les historiens qui ont travaillé sur cette difficulté de la façon la plus critique ne peuvent pas ne pas présenter de grandes fresques du passé, c'est-à-dire les mettre en scène. Or, cette espèce de mise en scène du passé ne cesse de ramener la mémoire sur le terrain de l'imagination avec la menace de l'imaginaire, de l'irréel, du virtuel.

Il faut — contre vents et marées — maintenir l'ambition de la mémoire, sa revendication, sa prétention, sa *claim*, comme disent les auteurs analytiques de langue anglaise, qui est d'être fidèle au passé. Ambition peut-être intenable, mais ambition qui constitue la dimension que j'appellerai véritative de la mémoire, je veux dire son rapport fondamental à la vérité de ce qui n'est plus mais qui auparavant a été. Si on peut reprocher à la mémoire de n'être pas fiable, ce qui est le cas, c'est précisément parce que nous attendons d'elle qu'elle le soit ; c'est précisément un reproche que nous ne ferons pas à l'imagination. L'imagination est autorisée à rêver, la mémoire est invitée à être vraie. A l'imagination nous demandons d'être créative, inventive, libre, sans contraintes ; nous demandons à la mémoire de représenter fidèlement, en véracité, ce qui n'est plus mais qui fut.

Comment cette difficulté initiale se répercute-t-elle au niveau du métier d'historien et quel est le destin de cette ambition véritative de la mémoire ? Je voudrais suivre deux relais de cette ambition véritative de la mémoire afin de montrer comment cette aporie se prolonge et se projette dans le discours historique.

Le premier relais est celui du témoignage, le second celui du document. Avec le témoignage nous restons encore tout près de la mémoire, avec le document nous entrons dans l'histoire, mais je voudrais montrer que l'un prolonge l'autre.

Le témoignage tient une place énorme dans la vie sociale : au tribunal, dans l'histoire, mais tout d'abord dans la vie quotidienne. C'est une catégorie de la conversation : si nous demandons à quelqu'un qui il est, il va nous raconter une histoire, celle de sa famille, etc. Il va nous raconter quelque chose qui prétend être fiable. C'est un témoignage. Le témoignage donc dégage de la trace vécue une trace de la trace qui est déclaration que cela fut. Je voudrais insister sur cette expression « cela fut », car le témoin dit trois choses en disant « cela fut ». Il dit une première chose : « j'y étais », c'est le noyau dur de l'ambition véritative de la mémoire. Dans ses écrits Elie Wiesel nous dit : « j'y étais, au camp de concentration, au camp de déportation », c'est le moment où la mémoire est sans pareil, sans substitut, sans alternative. « J'y étais », c'est mon assurance, c'est la diction de mon vécu, de ce que j'ai souffert ; c'est le *logos* de ce *pathos* initial. Mais le témoin dit deux autres choses : non seulement « j'y étais », mais « crois-moi », il fait donc appel à la confiance de l'autre ; par là le souvenir entre dans un rapport fiduciaire, c'est-à-dire de confiance, et du même coup pose la question de la crédibilité du témoignage.

On peut dire qu'à ce moment-là la mémoire est partagée : le souvenir de l'un est offert à l'autre, et l'autre le reçoit. C'est ici que le témoin dit une troisième chose : non seulement « j'y étais », non seulement « croyez-moi », mais « et si vous ne me croyez pas, adressez-vous à quelqu'un d'autre », mais quelqu'un d'autre qui n'aura pas mieux à offrir qu'un autre témoignage ; car nous n'aurons jamais mieux que le témoignage pour présenter la mémoire dans le discours. Le témoignage transporte les choses vues dans les choses dites, dans les choses soumises à la confiance que l'un a dans la parole de l'autre.

C'est donc par là que le témoignage se prête à la critique avec la possibilité de confronter des témoignages : nous sommes ici au seuil de l'histoire.

Ici j'introduis le second relais de la mémoire : le document. Nous passons de la mémoire individuelle à la mémoire collective — passage parfaitement légitime, dans la mesure où, par le langage, les mémoires individuelles sont imbriquées dans les mémoires collectives. Dire que nous nous souvenons de quelque chose, c'est déclarer que nous avons vu, que nous avons entendu, que nous avons appris, que nous avons acquis quelque chose ; et cette mémoire déclarative se dit dans le langage de tous, elle est tout de suite plongée dans la mémoire collective. Inversement, la mémoire collective repose sur tout un enchevêtrement de mémoires individuelles, tout simplement en vertu de l'appartenance de chacun à une multitude de collectivités qui sont autant de lieux d'identification collective et individuelle.

Le document marque la transposition par l'écriture de la mémoire et du témoignage. Un document est d'abord une mémoire collective archivée, parce qu'elle est fondamentalement un recueil de témoignages vécus. Certes, la notion de document déborde aujourd'hui largement celle du témoignage en ce sens que s'ajoutent aux témoignages intentionnels tous les témoignages involontaires. Le grand historien Marc Bloch insiste beaucoup sur ce concept de transition qu'il appelle « les témoins malgré eux », ceux dont on a gardé le souvenir mais sans qu'ils aient eu l'intention de faire mémoire de la trace qu'ils ont laissée. A cela s'ajoute autre chose que les événements (puisque les témoignages portent fondamentalement sur des événements, donc sur du narratif), à savoir les faits répétitifs, tout ce qui peut être mis en série dans des statistiques, sans oublier les vestiges de toutes sortes. Mais cet ensemble documentaire s'organise fondamentalement autour du témoignage. Il ne faudrait pas, à cet égard, qu'on en vienne à substituer l'histoire à la mémoire. Certes il existe une *histoire* de la mémoire, mais c'est précisément une histoire de la *mémoire*. Et que fait l'histoire par rapport à la mémoire ? Elle l'élargit dans l'espace, elle l'élargit dans le temps, elle l'élargit aussi dans ses thèmes, dans ses objets : ainsi nous distinguons une histoire politique, une histoire sociale, une histoire

économique, une histoire culturelle, etc. Mais ce qui est produit par
là n'est pas autre chose que la mémoire ; c'est une mémoire d'une
autre sorte que Halbwachs désigne du nom de « mémoire historique », qui joint la mémoire à l'histoire. Elle ne fait que reconduire
à un niveau de très grand raffinement professionnel l'énigme initiale de la mémoire sur laquelle je veux revenir, à savoir la présence
de l'absence. Présence médiate mais présence.

C'est par cette présence du passé dans la représentation que je
voudrais terminer. Ce que nous voulons honorer au titre du passé,
ce n'est pas qu'il n'est plus, mais qu'il fut. Alors, le message de
l'histoire à la mémoire, de l'historien à l'homme de mémoire, c'est
d'ajouter au travail de mémoire non seulement le deuil de ce qui
n'est plus mais la dette à l'égard de ce qui fut.

Première Partie

MÉMOIRES PLURIELLES

Chapitre Premier

MÉMOIRE ET HISTOIRE

par

Jean-Michel GAILLARD
Rudolf von THADDEN
Zvi YAVETZ
Jacqueline de ROMILLY

Le moment Ferry : l'école de la République entre mythologie et réalité

par Jean-Michel GAILLARD

Lorsque l'on s'attache à regarder ce que fut l'école de Jules Ferry, cette école du début des années 1880, nous sommes confrontés à des lectures différentes, celle de l'histoire et celle de la mémoire.

Que dit depuis très longtemps la mémoire ? Que l'école laïque, gratuite et obligatoire était pour la République l'illustration et la mise en œuvre de sa devise « Liberté, égalité, fraternité ». Qu'il s'agissait d'une rupture radicale avec le passé, d'un pas décisif dans la modernité. La mémoire, de génération en génération, l'a répété à tel point que c'est devenu vérité d'évidence. Pourtant, les historiens, lorsqu'ils travaillent et examinent documents et témoignages, ne disent pas cela.

L'obligation scolaire, une rupture ? Non, rétorque l'historien. La loi du 28 mars 1882 sur l'obligation scolaire de six à treize ans n'est que le couronnement d'un mouvement séculaire de scolarisation qui caractérise, comme ailleurs en Europe, tout le XIXᵉ siècle. Ce mouvement a paradoxalement été stimulé en France par la querelle entre les deux écoles — publique et privée — et entre les républicains et les monarchistes, rivalisant dans la volonté d'attirer la jeunesse, avec l'espoir d'influencer ainsi leur trajectoire spirituelle et politique. Ce n'est donc pas une rupture. C'est l'aboutissement d'un long processus. Les enfants sont allés à l'école avant qu'elle ne devînt obligatoire. Et en masse, puisque plus de 80 % des jeunes Français étaient scolarisés de façon régulière avant 1882. Il faut noter par ailleurs qu'ils n'y sont pas forcément allés davantage juste après l'adoption de la loi. Et cela pour diverses raisons. Parce que, par exemple, la loi qui interdit le travail des enfants de moins de treize ans dans les manufactures est postérieure de dix ans à la loi

de 1882 sur l'obligation scolaire, et que l'obligation scolaire de six
à treize ans s'accompagne d'une disposition selon laquelle on peut
quitter l'école dès l'obtention du certificat d'études, même si on a
seulement onze ou douze ans. Mona Ozouf et François Furet, dans
leurs travaux sur l'alphabétisation des Français, ont bien montré
que l'absentéisme, d'ailleurs faiblement sanctionné, a perduré après
l'obligation scolaire, tant en milieu urbain qu'en milieu rural. Il y
a donc eu au mieux l'accompagnement d'un mouvement séculaire.

La gratuité, instaurée par la loi du 16 juin 1881, reste-t-elle au
moins un élément fondateur de cette école de la République ? Non,
disent les historiens : la perte de revenus qu'occasionne la scolarisation durable de l'enfant par rapport au travail qu'il peut accomplir
aux champs et en usine suscite l'absentéisme chez les plus démunis.
De ce point de vue, la gratuité ne représente pas grand-chose, d'autant moins qu'en 1880 déjà, les deux tiers des enfants ne payaient
pas de contribution scolaire, celle-ci étant réservée aux riches et
aux gens aisés. Pire encore : la gratuité ne serait-elle pas un cadeau
fait aux riches et une façon de faire payer l'école des riches par les
pauvres, comme le soutenaient alors les conservateurs hostiles au
projet ?

La laïcité enfin. La laïcité, cœur de l'école de la République.
C'est ce que nous dit la mémoire. L'école est un lieu dans lequel
on laisse au vestiaire ses convictions religieuses, culturelles, idéologiques, philosophiques pour entrer dans un espace de neutralité, de
tolérance, de liberté. L'historien, lui, nous dit qu'au temps de Jules
Ferry, la laïcité fut un combat. Ce n'était pas un concept neutre.
Puisque la nation française était composite sur le plan ethnique,
religieux, culturel et philosophique, son but était de faire coexister
des familles différentes dans un seul corps social et de leur
apprendre à vivre ensemble, mais il n'existait pas de neutralité politique et culturelle à l'école, en tout cas pas dans l'école de Jules
Ferry. La laïcité scolaire était, avant tout, un combat de la République contre la monarchie et le cléricalisme, mais aussi contre les
menaces socialistes et révolutionnaires. Il suffit d'aller voir dans
les manuels scolaires — *Le Tour de la France par deux enfants* de
G. Bruno, *Le Petit Lavisse* —, ces bibles des écoliers de la République, dont nous savons qu'ils présentent une vision du monde qui
n'est pas neutre. Le catéchisme n'a plus cours dans les salles de
classe, mais on y enseigne un corpus idéologique qui contribue à

asseoir le régime, la démocratie, l'économie libérale, à inculquer l'amour de la patrie, de l'ordre et de l'autorité.

Alors l'école de Jules Ferry serait-elle une mythologie ? Le devoir d'histoire aurait-il effacé définitivement les échos de la mémoire ?

Ce n'est pas sûr. Si, après tout ce travail des historiens, nous faisons l'effort d'être attentifs à la mémoire, que dit-elle ? Que pendant des générations et des générations, des millions de familles, en particulier dans les milieux populaires urbains comme ruraux, ont été motivées par l'instruction, que des instituteurs ont été portés par leur mission, que des réussites ont permis la promotion de fils et de filles de paysans et d'ouvriers. C'est là que la mémoire éclaire l'histoire. Nous avons vu les faits. Mais que s'est-il vraiment passé dans l'école de la République ? Les lois Ferry, qui ne changeaient pas fondamentalement grand-chose, ont provoqué, jusque dans les familles les plus modestes, une mystique, un acte de foi en l'instruction. On s'est dit que jusqu'alors la naissance conjuguée à la richesse prédisposait à la réussite, mais que, désormais, avec le talent qui peut sommeiller dans chaque enfant du peuple et un travail acharné, on pouvait, grâce à l'instruction, s'élever dans l'échelle sociale. Le peuple y a vu la possibilité de la réussite par le mérite, un outil de promotion, un levier pour sortir de sa condition. Les lois Ferry ont donc d'abord été une mystique de l'instruction, à laquelle le peuple a adhéré. Il a cru et il a sacrifié aux rites qu'imposait cette foi. Ce qui a fondé le succès de l'école de la République, c'est que celles et ceux auxquels elle s'adressait ont vu en elle un moyen de transformer l'égalité de droit en égalité de fait, un des vecteurs fondamentaux de ce qu'ils cherchaient depuis 1789, c'est-à-dire la promotion sociale par le seul talent. Là-dessus, la mémoire ne nous trompe pas. Le « moment Ferry », ce fut d'abord cette révolution dans les têtes, cette prise de conscience collective du peuple.

Et que dire des instituteurs, des « hussards noirs de la République » (Péguy), des « prophètes éblouis du monde nouveau » (Clemenceau) ? On les a beaucoup interrogés, on les a beaucoup écoutés. Souvenons-nous de *Nous, les maîtres d'école*, ce livre d'appel à la mémoire, de Jacques et Mona Ozouf. Le rôle de ces maîtres, dans la République des bons élèves, car elle se veut une République des bons élèves, est justement d'aller chercher les talents jusqu'au plus profond du pays, jusqu'au plus perdu de nos villages et, là, parmi ces enfants en blouse grise et en sabots, d'essayer de repérer celui qui a une chance de réussir. Il faudra convaincre aussi les parents, il faudra porter ces « élus » pour que, malgré les handicaps sociaux ou culturels, ils réussissent les examens et les concours. Les missionnaires que sont les instituteurs d'alors, habités par leur foi en l'instruction comme moyen de promotion du peuple, ont, par ce travail-là, accentué encore la mystique scolaire mais aussi permis à des générations d'enfants de changer de condition, d'emprunter avec succès l'ascenseur social de masse que fut alors l'école.

Malgré les structures qui font que l'école de Jules Ferry n'était pas une école égalitaire (il y avait une école du peuple, une école de la bourgeoisie, il y avait l'école primaire, il y avait les lycées), en une, deux, parfois trois générations, l'école a bel et bien joué ce rôle d'ascenseur social que véhicule la mythologie, la mémoire de l'école de la République. Et là, la mémoire vaut l'histoire. La figure emblématique en est le certificat d'études, qui a permis à tant et tant de jeunes enfants de s'extraire de leur condition sociale. Bien sûr, cela s'est fait à coups de règles sur les doigts, à coups de retenues, avec une morale et des préceptes moraux qui, aujourd'hui, peuvent nous paraître désuets. Bien sûr, cela s'est fait à coups de bons points et d'images..., mais l'école a inséré les élèves dans le jeu social et leur a donné des moyens de gagner qu'ils n'avaient pas et n'auraient pas eus si elle n'était pas devenue, d'une certaine manière, la deuxième religion du peuple. Quand un Georges Pompidou, petit-fils de paysans, fils d'instituteurs, normalien, agrégé, devient président de la République, c'est l'école publique qui accède ainsi à la plus haute marche du podium.

Dans les faits, rien n'avait fondamentalement changé, c'est dans les esprits et dans les têtes que l'école est subitement devenue une mystique politique et sociale à laquelle le peuple a cru et qui lui a permis de dépasser son horizon. Et pour que cette croyance s'enracine, on a agi sur tous les fronts. On a construit partout des écoles, monuments laïques qui, au cœur des villages, incarnaient les temps nouveaux. On a formé des professionnels de l'éducation avec les écoles normales primaires et supérieures. On a livré du matériel flambant neuf : tableaux, cartes murales, livres, pupitres, poêles... On a rénové les méthodes pédagogiques et placé au centre de tout

cela le « maître d'école », suzerain moderne destiné à être le péda-
gogue, l'éducateur, le tuteur des enfants qu'on lui confie. Cela
encore, l'histoire l'a souvent négligé, mais la mémoire ne l'a pas
oublié.

Ainsi, la mémoire nous aide à faire l'histoire. Elle nous dit que
la représentation que des générations et des générations de familles,
d'élèves, d'instituteurs ont eue de l'école a pesé beaucoup plus
lourd dans la balance que les lois qui ont fondé l'école de la République ou que les analyses quantitatives des historiens. La rupture
est moins dans les faits ou dans les textes que dans les têtes, dans
les mentalités. Elle est dans cette mystique de l'instruction à tout
prix, que tous les témoignages recueillis confirment et que les historiens, dans leurs enquêtes, sont bien obligés, à un moment donné,
de valider. Notre mémoire collective en est imprégnée à tel point
que l'école de Jules Ferry est aujourd'hui évoquée avec nostalgie
Pourquoi l'appelle-t-on à la rescousse ? Parce qu'elle a été un
moyen de promotion sociale, parce que, pour beaucoup d'entre
nous, la méritocratie républicaine a fonctionné. Nous lui en gardons
une secrète reconnaissance et nous voulons accorder foi au pouvoir
de l'école. La mémoire seule ne peut remplacer l'histoire. Mais
l'histoire ne peut ignorer la mémoire et ne peut approcher la réalité
qu'en acceptant la mémoire comme une source parmi d'autres, une
source que le travail d'historien amène à critiquer et à confronter
aux autres, sans perdre de vue qu'elle est souvent l'un des meilleurs
éclairages de l'histoire.

Une histoire, deux mémoires

par Rudolf von THADDEN

La première fois que je me suis rendu compte de la relation problématique entre l'histoire en elle-même et l'histoire intégrée dans la mémoire, c'était dans mon enfance. Ma mère m'avait lu le récit de la résurrection du Christ selon l'Evangile de saint Marc qui ne parle que de la présence des femmes auprès du tombeau et de l'apparition de l'ange. Or, par hasard, j'avais lu peu de temps auparavant l'Evangile selon saint Matthieu qui, lui, relate en outre un tremblement de terre et mentionne la frayeur des gardiens. Qui avait raison, saint Marc ou saint Matthieu ? Pour moi, à l'âge de huit ans, il ne pouvait y avoir qu'une seule histoire, une histoire sans contradictions.

Il faut avoir davantage de maturité pour comprendre que deux présentations différentes d'un événement peuvent coexister sans que l'histoire y perde son fond de vérité. Les faits historiques ne se conçoivent pas sans être perçus et la perception qu'on en a est tout aussi importante que leur facticité. Il est illusoire de chercher des faits en dehors de leur perception.

Mais comment garantir que la perception d'un événement ne soit pas arbitraire et ne s'éloigne pas trop de ce qu'on appelle la réalité ? Ici entre en jeu tout ce qui est du domaine de la formation du *Wahrnehmungsvermögen* de l'homme, c'est-à-dire la capacité de l'homme à percevoir un fait : avant tout la tradition et la culture, mais aussi la mémoire, la mémoire individuelle tout autant que la mémoire collective.

Deux exemples historiques illustrent mon propos.

Ainsi la commémoration de l'Edit de Nantes de 1598, qui a été largement célébrée en France, n'a presque pas été évoquée en Allemagne, bien que ses implications concernent les deux nations et influent sur l'histoire de ces deux voisins.

Si l'histoire factuelle de l'Edit de Nantes paraît relativement simple, sa place dans la mémoire historique ne l'est guère. Il s'agit d'un traité de paix dans une guerre de religion, d'un *modus vivendi* élaboré à la fin d'un siècle marqué par des conflits sanglants entre catholiques et protestants. Mais ce traité a laissé des traces différentes dans la mémoire historique des catholiques et des protestants et dans celle des Français et des Allemands.

Pour ce qui est de la divergence de mémoire entre catholiques et protestants, ceux-ci, parce qu'ils étaient en minorité, attachent plus d'importance à l'Edit de Nantes que les catholiques. Les protestants se raccrochèrent aux articles de tolérance et plus les effets salutaires de l'Edit s'estompaient, plus ils le glorifiaient. En revanche, les catholiques minimisèrent l'importance de l'Edit de Nantes car ils misaient sur le poids du plus grand nombre et sur le dynamisme d'une politique de réunion favorable à la religion privilégiée de l'Etat. A leurs yeux, l'Edit de Nantes n'était qu'une trêve sur le chemin de la recatholisation totale du pays.

La divergence de mémoire n'est pas moindre entre Allemands et Français, car les deux peuples ont vécu les effets de l'Edit de Nantes de manière différente. Alors qu'il s'agissait pour les Français d'un instrument de pacification intérieure et de stabilisation du pouvoir royal, l'Edit avait pour les Allemands la valeur d'un modèle comparable à l'armistice conclu entre catholiques et protestants sous le nom de *Religionsfriede* (paix de religion) en 1555 à Augsbourg. Ils le jugèrent par rapport à ses résultats concrets concernant l'équilibre des forces confessionnelles et politiques dans l'Europe de la Contre-Réforme sans le trouver finalement plus avantageux que les modèles de coexistence religieuse qui existaient en Allemagne.

La date de l'Edit de Nantes se serait effacée de la mémoire des Allemands s'il n'y avait pas eu une autre date importante pour leur histoire : celle de la révocation de cet Edit en 1685. Ils se souviennent donc exactement du contraire de ce que les Français ont gardé en mémoire : non pas de l'histoire d'une réussite qui fait honneur à ses auteurs, mais bien plutôt de l'histoire d'un échec qui prouve le manque de solidité initiale de l'Edit. La révocation est, à leurs yeux, la preuve de la fragilité d'un accord qui amène fatalement au désarmement puis à l'oppression de la partie minoritaire, c'est-à-dire des protestants.

Les Allemands connaîtront l'Edit de Nantes par les victimes de sa révocation, par ces hommes déçus qui cherchèrent refuge chez eux. A présent dans le « refuge », on commence à commémorer l'Edit. Mais plus on s'éloigne, dans le temps et dans l'espace, plus on s'enfonce dans des rêves tantôt nostalgiques, tantôt amers. La mémoire de l'Edit de Nantes finit par ne plus correspondre à son histoire réelle.

Un second exemple historique a pour cadre l'histoire de l'Allemagne actuelle, il concerne la place du Troisième Reich dans la mémoire des Allemands de l'Est et de l'Ouest. Là encore il s'agit d'une histoire bien définie et, quant à ses implications politiques et sociales, d'une histoire identique pour les deux populations allemandes. La crise du libéralisme et le nationalisme à outrance ont tout autant préparé la voie à Hitler à Cologne et à Hambourg qu'à Leipzig et à Dresde.

Mais comme le débat allemand sur le passé s'inscrit, après la guerre, dans des cadres politiques différents selon les zones d'occupation, le travail de mémoire, la *Erinnerungsarbeit*, des Allemands de l'Est ne s'effectue pas de la même manière que celui de leurs compatriotes à l'Ouest. Pour les premiers, très vite, la négation de l'histoire de l'Allemagne hitlérienne a acquis la valeur d'un acte fondateur de la nouvelle République démocratique allemande, la RDA, et ceci au point de changer l'identité nationale. Un citoyen de la RDA n'a plus rien à voir avec l'Allemand des années trente, il ne souffre pas du poids du passé, il n'en est pas responsable. Le communisme le place aux côtés de ses « frères » d'Union soviétique qui ont vaincu le fascisme, une fois pour toutes.

L'Allemand de l'Ouest, par contre, supporte le fardeau du passé nazi. Puisque la République fédérale s'est déclarée l'Etat successeur du Reich, tant sur le plan national que sur le plan international, elle a été obligée d'assumer l'héritage laissé par la politique hitlérienne. Par conséquent, ses citoyens ont vite appris qu'ils ne pouvaient pas se tirer d'affaire d'une manière simpliste, qu'au contraire ils étaient condamnés à vivre avec ce passé pesant et impossible à éliminer de l'identité nationale.

Qu'en résulte-t-il pour la mémoire historique dans son rapport à l'histoire réelle ? Faut-il, dans une perspective de réunification intérieure des Allemands, recommencer tout le débat sur le Troisième Reich ? Ou peut-on faire abstraction du travail de mémoire, de la *Erinnerungsarbeit*, réalisé par deux générations d'Allemands et d'Européens après la Seconde Guerre mondiale ?

Il est clair qu'on ne peut faire l'impasse sur cinquante ans de discussions. Il n'empêche que la mémoire historique n'est pas seulement le résultat de recherches scientifiques, elle est aussi et surtout le produit d'un débat continu à l'intérieur d'une société qui cherche son identité et sa place dans la communauté des hommes. La mémoire historique se façonne avec les expériences vécues des générations et avec l'idée que celles-ci se font de la marche de l'histoire.

Les Allemands ont donc toutes les raisons de rester sensibles à la présence toujours vivante de deux mémoires différentes dans leur pays. S'ils n'en tiennent pas compte, ils risquent de mettre en danger le processus de réunification intérieure de l'Allemagne et, ce qui est tout aussi important, leurs acquis en matière de travail de mémoire sur l'histoire complexe du Troisième Reich. Seul l'effort conjugué des deux mémoires allemandes permet de faire face à l'histoire du Troisième Reich dans sa totalité et de préserver les Allemands des récidives.

Mais la leçon que nous pouvons en tirer dépasse l'exemple allemand. Nous vivons tous avec des mémoires historiques formées par des expériences vécues de l'histoire et nous devons tous accepter des divergences de mémoire et des perceptions différentes de ce qu'on appelle la réalité historique. Il faut respecter les mémoires plurielles et renoncer à vouloir les réduire de force à une seule mémoire qui efface toutes les autres. Même s'il n'y a qu'une seule histoire, elle se traduit toujours par des perceptions et des mémoires différentes. Cela vaut pour les nations tout autant que pour les confessions religieuses, et cela vaut surtout pour la construction d'une Europe démocratique.

Les ruses de l'histoire et de la mémoire

par Zvi YAVETZ

Les historiens n'aiment pas les généralisations et s'ils ne peuvent y échapper complètement, ils s'appliquent à signaler autant d'exceptions qu'ils le peuvent. Ils s'intéressent à l'unique, et peu leur importe qu'Aristote n'ait pas tenu l'histoire en haute considération et ait placé la poésie bien au-dessus d'elle. Les historiens sont réticents à utiliser le jargon qui s'est répandu dans les sciences sociales et préfèrent enseigner à partir d'exemples, à la manière des Romains qui apprenaient à partir d'*exempla* au lieu d'imiter les Grecs qui préféraient se servir de *praecepta*.

Mon premier exemple est celui d'un jeune professeur qui cherchait à comprendre ce qui avait poussé le gouvernement britannique, en 1946, à renoncer à l'Inde et à soumettre son mandat sur la Palestine à l'arbitrage des Nations unies. Ce professeur avait de hautes relations en Angleterre et put interroger cinq ou six des ministres du gouvernement Attlee qui avaient été impliqués dans ces décisions. Il enregistra très soigneusement leurs déclarations en 1950 mais il mit beaucoup de temps à publier son livre. En 1962, il avait besoin de tirer plusieurs points au clair et il retourna en Angleterre pour rencontrer les mêmes personnalités. Il fut profondément choqué de s'apercevoir que ses interlocuteurs se remémoraient les mêmes détails de façon très différente par rapport à leur premier entretien. Que s'était-il passé ? Avaient-ils oublié ? Ou bien étaient-ils sujets à des préjugés différents à douze ans d'intervalle ? Ou bien encore était-ce le changement d'atmosphère politique qui influençait leur réponse ? Les Allemands appellent cette atmosphère *Zeitgeist* ou esprit du temps. L'historien du passé ne peut s'empêcher de rester un citoyen du présent. Mais revenons-en à notre professeur. Très déçu, il prit la décision d'attendre l'ouverture des archives britanniques. « Ce qui n'est pas dans les archives ne s'est jamais produit », se dit-il. Il attend encore.

Les archives peuvent se révéler très utiles : par exemple, c'est grâce à elles qu'a été révélé le massacre de 15 000 officiers polonais à Katyn ou encore le comportement du dictateur roumain Ion Antonescu pendant la Seconde Guerre mondiale. L'ouverture des archives réserve toujours de grosses surprises.

Mais les historiens savent aussi qu'ils ne peuvent pas trouver la vérité tout entière dans les archives. Palmerston aimait à dire qu'il était l'une des trois personnes à avoir compris les véritables causes de l'invasion du Schleswig-Holstein par la Prusse en 1864. Et il ajoutait : « Mais l'une d'entre elles est morte, l'autre est devenue folle et moi-même, j'ai tout oublié. » Lorsqu'on demandait à Bismarck la raison de cette invasion, il répondait : « Parce que c'était mon devoir. Et c'est celui des professeurs d'Heidelberg d'expliquer pourquoi c'était mon devoir. »

Jusqu'à présent je n'ai fait que souligner l'importance du rôle du *Zeitgeist* sur le travail de mémoire. Cela n'explique certainement pas tout, et psychologues et neurologues semblent en savoir plus long sur les vicissitudes qui gouvernent les variations de notre mémoire. Aujourd'hui les hommes politiques sont conscients d'un autre problème. Ils savent qu'un jour ou l'autre un étudiant en doctorat d'histoire se mettra à disséquer et à analyser les moindres preuves contenues dans les archives. C'est pourquoi des décisions importantes sont souvent prises oralement, autour d'un dîner ou à l'occasion d'une promenade dans les bois, alors qu'on remplit les archives d'un fatras souvent sans importance. Il y a souvent davantage de vérité dans les fuites organisées à l'intention de la presse que dans les documents déposés aux archives. Il ne faut donc jamais sous-estimer la mémoire, à condition que les témoignages puissent être comparés à d'autres sources. Mais ce n'est pas toujours possible.

Aussi vais-je me tourner cette fois vers l'Ancien et le Nouveau Testament, car le judaïsme comme le christianisme ont une lourde dette envers la mémoire. Aucun autre peuple n'a été aussi obsédé par l'histoire que le peuple juif. L'exode d'Egypte est devenu le thème central de l'histoire juive et la religion juive s'est trouvée profondément entremêlée à l'histoire. L'auteur (ou les auteurs) ingénieux de la Bible a bien compris la nécessité de créer une continuité entre les patriarches venus de Mésopotamie et les tribus sorties d'Egypte. Le souvenir imposé de l'Exode a apporté cette continuité. Nous lisons dans le livre du Deutéronome (chapitre XXVI, versets 5 à 10) : « Mon père était un nomade errant et il [Jacob] descendit en Egypte et y séjourna et son peuple était peu nombreux et c'est là qu'il devint une nation grande, puissante et nombreuse. Et les Egyptiens nous traitèrent rudement, nous affligèrent et nous réduisirent à un dur esclavage. Alors nous nous tournâmes vers le Seigneur, le Dieu de nos Pères, et le Seigneur entendit notre voix et vit nos malheurs. Et le Seigneur nous fit sortir d'Egypte grâce à sa main puissante et il étendit son bras en semant des signes de terreur et en faisant de grandes merveilles. » Il n'y a pas de place pour le culte de la personnalité dans la religion juive. Ce n'est pas Moïse qui a fait sortir les juifs d'Egypte, mais le Seigneur lui-même, et afin d'éviter que naisse un culte de Moïse, nul n'a jamais su où se trouvait sa tombe. Le Seigneur dont personne ne connaît le nom — un nom qu'il est interdit de prononcer en hébreu, que les Grecs connaissaient sous le nom de Tetragrammaton et que les autres gentils appellent Yahvé — est devenu le Dieu unique, non seulement pour les tribus qui sortirent d'Egypte mais aussi pour toutes les autres tribus qui envahirent la Palestine par le nord ou l'infiltrèrent par l'est. C'est Josué qui a fait jurer au peuple (chapitre XXIV) de rester fidèle au Dieu unique qui l'avait fait sortir d'Egypte et qui leur avait donné la terre promise.

Les Grecs, eux, n'ont jamais établi de liens entre Solon et Agamemnon. Alors que la mémoire populaire juive de l'exode, qui n'a laissé aucune trace dans les archives, a fait ce lien. Le mot qui en hébreu signifie « souviens-toi » est devenu un thème central de la vie juive.

Il existe un phénomène similaire dans le christianisme. Jésus n'a laissé aucun texte écrit, la connaissance de l'histoire de sa vie repose sur les souvenirs de ses apôtres. Or même les meilleurs d'entre nous recomposent les éléments du passé alors qu'ils ont l'impression de faire seulement appel à leur mémoire. Ils ne se rendent pas compte à quel point la forme de leurs souvenirs a pu être altérée par les choses qui se sont déroulées entre les événements eux-mêmes et le moment du souvenir. Dans le cas qui nous occupe, c'est la destruction du temple de Jérusalem en 70 après Jésus-Christ qui a donné un tour particulier aux Evangiles de Matthieu, Marc et Luc. La source chrétienne la plus ancienne, les épîtres de Paul, qui furent écrites avant les Evangiles, pose un autre problème puisque Paul n'a jamais rencontré Jésus, d'où sa colère dans la première épître aux Corinthiens (chapitre IX, verset 1) contre ceux qui refusent de lui reconnaître le titre d'apôtre : « Ne suis-je point un apôtre, ne suis-je pas libre, n'ai-je donc pas vu Notre Seigneur Jésus-Christ ? » Il fallait à Paul un miracle pour expliquer comment le pharisien fanatique qu'il était était devenu un apôtre du Christ. Et ce fameux miracle s'est produit sur la route de Damas, ainsi que nous l'enseignent le chapitre IX des Actes des apôtres et le premier chapitre de l'épître aux Galates. Paul explique : « Paul, apôtre, non de par les hommes ni de par un homme, mais de par Jésus-Christ et Dieu le Père qui l'a relevé d'entre les morts. »

Ainsi Paul expose qu'il n'a pas subi une simple conversion mais qu'il a reçu une mission directement du ciel. Cependant, cela ne semblait pas encore suffire, il lui fallait acquérir une meilleure connaissance de la personnalité de Jésus. Il monta donc trois ans plus tard à Jérusalem pour y rencontrer Pierre et s'enfermer pendant deux semaines avec lui sans voir d'autre apôtre que Jacques, « le frère du Seigneur » (épître aux Galates, chapitre I, versets 18 et 19).

Au cours de ces deux semaines Pierre raconta à Paul tout ce qu'il savait de Jésus. Mais tout ce que Pierre était en mesure de lui confier se trouvait dans son propre souvenir de Jésus, car il n'avait aucun document écrit à sa disposition et quand bien même en aurait-il eu, il ne savait pas lire. Comme l'histoire de l'exode, la vie de Jésus ne repose pas sur des documents d'archives, mais que serait le christianisme si on n'acceptait pas l'histoire de Jésus, le fils de Dieu, de sa crucifixion et de sa résurrection ? Comme on le sait, c'est précisément l'acceptation de cette histoire, et le blâme jeté sur les juifs pour avoir tué le Seigneur, qui a causé les événements les plus tragiques de « la relation tourmentée entre juifs et chrétiens », pour reprendre les termes prudents employés par le cardinal Cassidy le 16 mars 1998 — qui vont des massacres perpétrés au temps des croisades dans les cités rhénanes aux accusations sanglantes dont ont été victimes les juifs dans bien des pays. Il n'est pas étonnant qu'après Auschwitz des ecclésiastiques catholiques bien intentionnés et des rabbins tolérants se soient rapprochés dans le cadre de prétendues célébrations œcuméniques afin de tenter d'élaborer un compromis acceptable entre les deux religions en atténuant les termes de quelques passages empoisonnés de la Bible dans l'Ancien comme dans le Nouveau Testament. Personne cependant n'était en mesure de changer un iota dans un texte considéré comme sacré depuis des siècles. Un célèbre théologien catholique du nom de Lloyd Gaston a fait part de son dilemme et a déclaré qu'une Eglise chrétienne et un Nouveau Testament antisémite étaient une contradiction abominable. Mais, sans Nouveau Testament, l'Eglise chrétienne est inconcevable. Comme l'a dit simplement un intellectuel anglais : « Si Jésus est Dieu, alors le judaïsme est dans l'erreur, mais si Jésus n'est pas Dieu, alors le christianisme n'existe pas. »

De tels compromis sont à la fois impossibles et inutiles. Je crois en la sagesse du conseil donné par l'historien païen Tite-Live au Ier siècle avant Jésus-Christ : « *Datur haec venia antiquitati.* »

Il ne faut jamais se croire obligé de détruire des souvenirs sacrés — à condition que ces souvenirs servent seulement à enrichir notre passé et non pas à fournir des moyens de propagande pour détruire les autres. Ce monde serait sans doute meilleur si l'on respectait les souvenirs d'autrui plutôt que de créer des vides douloureux.

Concluons avec un bel *exemplum* contemporain : un grand-père américain aimait évoquer le souvenir de son propre grand-père qui avait été un combattant de la guerre d'Indépendance. A chaque Noël, il racontait à la famille rassemblée quel grand héros avait été leur aïeul. Mais un jour l'un de ses petits-enfants, habitué à entendre chaque année cette histoire, eut la curiosité de se rendre aux archives de Boston pour en apprendre davantage. Là, il reçut le choc de sa vie en découvrant que, loin de s'être comporté en héros, l'aïeul avait déserté sur le champ de bataille et avait été tué d'une balle dans le dos. Au Noël suivant, lorsque le grand-père se disposa à raconter de nouveau l'épopée familiale, l'écolier curieux l'interrompit : « Grand-père, dit-il, arrête de nous raconter des histoires ! Moi j'ai été consulter les archives et j'ai appris que notre aïeul était un lâche. » Le grand-père devint muet. Ne sachant plus quoi dire ou quoi faire, il resta assis tout triste. Puis il se leva et alla décrocher du mur le portrait de l'aïeul. A partir de ce jour-là, on ne raconta plus jamais cette histoire le soir de Noël. Le jeune garçon est devenu professeur d'histoire, et père de famille puis grand-père à son tour. Tous ses fils et ses filles et ses petits-enfants se réunissent chez lui à Noël. Mais un jour ils lui demandèrent : « Ne restons pas seulement à boire et à manger. Raconte-nous une histoire sur nos grands-parents ! » Il n'a rien répondu, mais il a regardé l'espace vide sur le mur où autrefois avait été suspendu le portrait. Et la tristesse s'est emparée de tous.

Notre devoir n'est pas de détruire toutes les légendes qu'il peut y avoir dans notre vie. On vit parfois mieux avec des histoires — même fausses.

L'histoire
entre mémoire individuelle et mémoire collective

par Jacqueline de ROMILLY

Le rapport entre la mémoire et l'histoire peut se comprendre à deux niveaux différents : la mémoire individuelle est la première source, bien imparfaite, de la connaissance historique ; et la mémoire collective est le résultat, infiniment précieux, de la somme des faits plus ou moins exactement connus.

Le premier aspect se trouve chez Thucydide. Il est le premier historien de notre monde occidental à avoir voulu écrire une histoire critique et objective — par le moyen d'une enquête rigoureuse. Mais l'enquête n'était pas facile. Désireux d'élucider les événements, il écrit : « J'avais d'ailleurs de la peine à les établir, car les témoins de chaque fait en donnaient des versions qui variaient, selon leur sympathie à l'égard des uns ou des autres, et selon leur mémoire » (I, 22). Voici donc, dès le début, la subjectivité du témoignage fermement opposée à l'unité d'une vérité historique difficile à cerner. Ce point de départ est essentiel. Pourtant, il ne faut pas trop s'attarder sur ces déficiences de la mémoire individuelle, car l'histoire connaît bien d'autres difficultés. Les documents, la multiplicité des témoignages, les archives, tout cela semble permettre un immense progrès ; et pourtant, dès l'Antiquité grecque, en cette période où l'écrit était rare, il existait déjà quantité de faux si bien que, même pour les événements importants, les savants discutent encore sur l'authenticité de tel ou tel document. Mais, surtout, les questions que pose l'historien à ces témoignages et à ces documents sont elles aussi subjectives. Certains passages de la Bible nous donnent une histoire faite seulement de noms propres. Certains récits historiques ne retiennent que des hauts faits chevaleresques et des actions militaires ; de nos jours, on ne s'intéresse qu'à l'économie. Certaines histoires se sont interrogées sur les protagonistes ; aujourd'hui on s'interroge sur les masses anonymes. Tout cela offre des visions particulières et, quelquefois, plus ou moins heureuses. On décrit beaucoup aujourd'hui comment les gens mangeaient ou s'habillaient ou construisaient leur toit. J'aimerais quelquefois entendre demander en vue de quoi ils vivaient et ce qu'ils attendaient de l'existence. Quoi qu'il en soit, la mémoire n'est pas seule en cause, on le voit. Et même à certains moments de l'histoire, quand, sous le règne de l'oppression, des actions secrètes se forment et règnent les faux-semblants, toute histoire objective semble impossible à atteindre. Quand on a vécu des périodes comme la dernière guerre où chacun mentait et falsifiait des papiers — mentait dans un sens ou dans l'autre d'ailleurs —, on a parfois le sentiment que la mémoire individuelle avec ses souvenirs brûlants et indiscutés en dit plus long que ces moyennes et ces statistiques établies à partir de données mensongères.

Les menaces d'erreur sont donc considérables. Mais attention ! Je n'aurais pas consacré ma vie à de telles recherches si je n'avais pas eu le sentiment que, par-delà ces difficultés, il y avait une tâche essentielle, utile et possible à réaliser. Car il est temps de le dire : l'histoire existe. On peut différer sur tel ou tel point, mais, pour l'ensemble, les faits sont connus. Non seulement ils existent pour les historiens, mais ils existent pour chacun de nous consciemment ou inconsciemment, et c'est là que nous rencontrons cette mémoire collective faite de leur présence latente en nous.

Aucun homme ne vit sans souvenir et aucun homme ne peut vraiment vivre sans les souvenirs de l'histoire. Nous avons appris de l'histoire, nous l'avons oubliée ; mais elle reste là ; elle oriente nos jugements à chaque instant ; elle forme notre identité ; elle préside à la naissance et à la prise de conscience de nos valeurs. Les Grecs avaient conscience de ce que certaines institutions et certaines histoires instruisent les peuples. Il n'est pas de petit Français pour qui le fait d'avoir vu en réalité ou en image le château de Versailles ou la cour du Louvre n'ait laissé quelque vague impression de ce que fut un certain Grand Siècle. Il n'est pas un protestant au monde qui n'aille et qui vienne sans avoir en lui-même la vague conscience de ce que fut le temps des persécutions, de ce que représente l'Edit de Nantes et sa révocation. Ceux qui ont traversé une guerre ou plusieurs guerres sentent, plus ou moins consciemment, à chaque minute, le poids des souvenirs qui rappellent, tout ensemble, des souffrances, des espérances, des deuils et une délivrance. Récemment encore, cette masse de souvenirs transmise par les historiens, et présente dans les faits, dans les noms propres, dans les monuments, était surtout nationale. Beaucoup de noms de villes sonnent d'un pays à l'autre comme des défaites ou des victoires ; aujourd'hui, les rapports sont devenus plus larges et les souvenirs de l'histoire dépassent le cadre national. On peut s'en féliciter, car ils prendront une valeur plus largement humaine. Tous les lieux en réalité sont des lieux de mémoire. Il appartient seulement à la recherche historique d'éviter les contresens et les souvenirs injustes.

Mais quelle sorte de mémoire devons-nous garder ? A la fin d'une guerre civile particulièrement cruelle, les démocrates athéniens sont rentrés dans la ville, ont rétabli le régime qui leur était cher et, pour préserver l'avenir d'Athènes, ont imposé un serment par lequel chacun s'engageait à ne pas « rappeler » les maux passés. Cette mémoire rancunière devait être punie de mort. Et il est vrai qu'il n'est pas bon d'entretenir les rancunes. Mais il est évident qu'ils n'entendaient pas par là qu'il faille vivre avec la légèreté inconsciente qui ne connaît ni racine ni point de repère. Ils écartaient les procès d'ordre privé, ils n'écartaient pas la mémoire de ces événements du passé ; car les textes de l'époque sont pleins de la fierté et de l'allant que leur inspiraient la liberté reconquise et la concorde instaurée. Il nous appartient, de même, de faire que la mémoire collective retienne moins l'amertume que l'esprit vivace qui a permis à certains d'en triompher. Ainsi peut-on espérer que l'on arrivera peut-être, un jour, à éviter la répétition des mêmes horreurs et à ne point tomber aussi bas.

Il ne s'agit pas des leçons de l'histoire : il s'agit d'une formation par l'histoire et d'une formation ouverte vers un mieux.

J'ai dit combien il fallait se battre contre les mensonges qui menacent la mémoire individuelle et le genre historique en général. Pourtant, quand j'en viens aux leçons de cette mémoire collective, je veux faire appel à une aide qui n'est pas exempte de mensonges et qui, au contraire, s'en réclame ouvertement, mais qui est précieuse : la littérature. Pour la conscience collective, s'il ne s'agit pas d'événements tout récents et directement éprouvés, notre connaissance se communique plus aisément par les textes ou les œuvres d'art : leur présence y prend plus de relief. Certains connaissent probablement plus vivement les guerres de Napoléon à travers les romans de Stendhal qu'à travers les manuels d'histoire. Même les mensonges de Saint-Simon vous donnent plus accès à la cour de Louis XIV que les exposés scolaires ; et les souvenirs de la Shoah ont été rendus plus présents par les livres de Primo Levi ou par des films, reconstitués plusieurs années après, que par les documents, même les plus convaincants. Naturellement, quand les deux se rencontrent c'est l'idéal ; Thucydide, comme de nombreux auteurs anciens, a été aussi un écrivain : aujourd'hui où la science doit donner ses références et étaler ses preuves, elle a davantage besoin de cette collaboratrice un peu suspecte, mais brillante et efficace. Je voudrais voir l'histoire étroitement alliée à la littérature, afin que soit préservée et rendue vivante et active cette mémoire collective, sans laquelle nos désirs demeurent inconsistants et nos vies cruellement plates.

Chapitre 2

MÉMOIRE ET ARCHIVES

par

Jean FAVIER
Jean TONGLET
Michelle PERROT
Jacqueline SANSON

Constitution et fonction des archives

par Jean FAVIER

La nécessité d'une mémoire collective est aussi ancienne que les sociétés humaines. La société, pas plus que l'individu, ne saurait être amnésique. En 1309, Philippe le Bel donne dans les lettres de commission de Pierre d'Etampes une définition des archives qui demeure valable : « Qu'il voie, examine, mette en ordre et range dans les armoires les lettres, chartes et privilèges afin de les conserver le mieux possible, pour qu'ils soient le plus sûrement et le plus facilement utilisables lorsqu'il sera nécessaire, et qu'il fasse tout ce qu'il faut pour les conserver sûrement et les retrouver rapidement. » La notion d'archives s'est étendue à mesure que les administrations et les juridictions ont multiplié les parchemins, les papiers et aujourd'hui les mémoires magnétiques. Rien de fondamental n'a changé. La définition que donne pour la France la loi du 3 janvier 1979 est dans le droit fil de celle de 1309 : « Les archives sont l'ensemble des documents, quels que soient leur date, leur forme et leur support matériel, produits ou reçus par toute personne physique ou morale, et par tout service ou organisme public ou privé, dans l'exercice de leur activité. La conservation de ces documents est organisée dans l'intérêt public tant pour les besoins de la gestion et de la justification des droits des personnes physiques ou morales, publiques ou privées, que pour la documentation historique de la recherche. » La fonction scientifique s'est ajoutée, peu à peu, à partir du Moyen Age et surtout du XVIIe siècle. La fonction utilitaire demeure.

C'est dire que les archives se constituent d'elles-mêmes. C'est même là leur grande différence avec une bibliothèque ou un musée. Le livre ou l'objet d'art est produit parce qu'un auteur ou un artiste a voulu l'écrire ou le créer. Un document d'archives existe parce qu'il a été nécessaire dans la vie active. Il n'est pas l'objet d'une activité. Certes, il l'est pour une secrétaire ou un greffier, non pour l'administrateur ou le juge, le commerçant ou l'industriel. Il est le produit, le moyen, la partie de cette activité.

Notre temps a cependant ajouté à ces archives, que je qualifierais de naturellement formées, des archives « orales » qui sont de fabrication. Là, nous rejoignons la mémoire. Il s'agit de garder trace de ce que peuvent donner comme témoignage des gens qui n'ont pas écrit ou n'écriront pas. Cela peut aller de l'ancien diplomate, qui n'a pas l'intention d'écrire ses mémoires mais peut en dire beaucoup sur les coulisses d'une négociation ou sur l'évolution du monde dans lequel il a travaillé, à l'ancien artisan ou ouvrier qui peut parler d'un outil qu'il a inventé, d'un métier qu'il a pratiqué avant sa disparition, d'un climat social qu'il a connu de l'intérieur. Le terme « archives » n'est pas strictement exact, mais ces « archives » orales comblent utilement des lacunes évidentes dans les archives écrites.

Les vrais problèmes ne sont donc pas ceux de l'élaboration des archives, mais bien de la sélection de ce qu'il convient de garder, de la conservation matérielle du fonds ainsi constitué, et de son accès ouvert aux citoyens pour l'établissement de leurs droits et aux chercheurs pour leur travail scientifique.

Savoir ce que l'on garde, c'est là qu'apparaît la première difficulté, celle qui tient à l'arbitraire de tout choix. Écartons les fausses panacées : ni le microfilm ni la numérisation, qui sont des technologies utiles à tous égards, ne résolvent le problème de la place. Tout conserver est une vue de l'esprit. Certes, on pourrait, aujourd'hui, mettre toute la mémoire de la France dans une armoire, mais le coût de l'armoire serait supérieur à celui des innombrables bâtiments où sont conservés les originaux.

Le choix est quelque peu contraint par la qualité des supports matériels. Il y a ce qui se garde aisément, mais on ne saurait en dire autant de tous les supports nouveaux, conçus pour leur utilité immédiate et non pour la postérité. Il y a ce qui se lit aisément et ce qui suppose le recours à la machine, alors que les types de machines ne cessent d'évoluer. Le concepteur d'un nouvel appareil se soucie de l'usage courant qu'on en fera, non d'une compatibilité avec les mémoires d'hier. Et la sophistication des machines interdit le bricolage à l'intention d'une minorité d'utilisateurs.

Demeure la question principale, qui est d'ordre éthique. Qu'a-t-on le devoir de conserver, qu'a-t-on le devoir d'éliminer ? Pour la défense des droits de la collectivité ou de l'individu, c'est relativement simple : il est des délais légaux de preuve et de prescription. C'est moins simple pour les droits moraux de la société ou du citoyen. Les désirs de l'individu sont imprévisibles, les orientations de la recherche ne sont prévisibles qu'à court terme. Des domaines nouveaux de l'investigation historique ne cessent d'apparaître. Nul ne peut dire aujourd'hui que tel document sera inutile demain.

Tout se ramène donc à deux propositions : l'une est de conserver tout ce qui semble essentiel, l'autre est de pratiquer des échantillonnages les plus significatifs possible pour le reste. Un seul exemple : il ne viendrait pas à l'idée de garder seulement une année sur deux des jugements de la Cour de cassation, mais il serait bien ridicule de conserver autrement que par échantillons des documents aussi répétitifs que les comptes d'une cantine scolaire ou les procès-verbaux pour stationnement interdit. Le seul moyen de limiter l'arbitraire, c'est d'élaborer des tableaux systématiques de tri, par catégories de documents. Ces tableaux sont le résultat d'une étroite concertation entre les producteurs d'archives, les archivistes et les représentants des utilisateurs éventuels.

Intervient ici une autre notion, celle de défense de la vie privée. Là, des différences notables apparaissent entre les pays, en fonction des structures politiques, des mentalités et des idéologies, des usages. Là encore, un exemple : les archives de la Sécurité sociale, grâce auxquelles on peut, dans des archives publiques, tout savoir de la santé des individus, n'ont pas d'équivalent dans un pays où dominent des systèmes fondés sur l'assurance privée. Autre différence, sensible pour la période douloureuse de la Seconde Guerre mondiale : celle qui sépare les pays n'ayant connu que la guerre contre l'étranger et ceux qui ont connu la division, voire la guerre civile.

C'est ici qu'intervient le législateur, dans une difficile recherche d'équilibre entre le droit de savoir et le droit qu'a chacun de garder pour lui les informations relatives à sa vie privée. Or la vie privée est quelque chose qui ne se définit pas. Mais l'extension des domaines d'activité de l'Etat fait qu'à notre époque, et en France tout particulièrement, la majeure partie de la vie privée de chacun se trouve dans des archives publiques. On peut le regretter, mais il faudrait, alors, ne pas demander à l'Etat ou aux collectivités publiques de rembourser les médicaments, de payer les scolarités, de garantir les retraites, d'assurer la sécurité devant les maisons, de procurer une aide médicale en cas d'accident, de subventionner les activités associatives, d'aider à la publication des livres, à la mise en scène des pièces de théâtre ou à la représentation des œuvres musicales. De la vie privée, chacun a sa définition, combien mouvante et combien subjective. Sur ses revenus, sur son vote politique, sur sa famille, l'Américain vous en dit plus que le Français, mais, s'il compose une sonate, il se débrouille pour la faire jouer. Il n'écrit pas au ministère de la Culture. On ne saurait donner raison à l'un plutôt qu'à l'autre. Et les comportements de la société font varier à l'infini, d'un pays à l'autre et d'une génération à l'autre, le préjudice que telle divulgation d'archives peut occasionner à une personne.

De cela aussi, l'archiviste doit se préoccuper, d'abord dans la constitution des fonds, ensuite dans leur communication. Il faut dire que le secret des archives est bien moins lourd que ne le croit l'opinion publique, qui pousse parfois un gouvernant mal informé à annoncer l'ouverture urgente d'un fonds librement communicable depuis vingt ou cinquante ans. L'expérience enseigne que les secrets d'Etat sont rares, et rarement durables. Mais nos concitoyens veulent en général tout savoir sur tout, et qu'on en sache le moins possible sur eux.

Si le problème se pose dès le moment de la constitution des fonds, ce qui conduit le législateur à s'en préoccuper, c'est que l'archiviste a deux ennemis : l'encombrement et la destruction sauvage. La corbeille à papiers est un mal indispensable, mais nul ne peut vraiment contrôler ce que chacun y met tous les jours. Et on ne lutte que fort mal contre la tentation d'y jeter, outre ce qui encombrerait les classeurs, ce qu'on ne veut pas laisser derrière soi. Des archives politiques d'un gouvernant qui n'entend pas laisser ses papiers confidentiels à un successeur qui peut être un adversaire ni se priver lui-même d'une mémoire pour la suite de son activité politique, aux archives courantes d'un service de police qui ne laisse pas traîner les noms de ses informateurs ; des archives relatives à une délicate négociation pour la défense du franc à celles qui gardent les résultats d'une recherche de minerais stratégiques — tout peut se rencontrer dans ce complexe d'archives que l'on ne gardera pour la postérité qu'à la condition de ne pas les divulguer trop vite. On peut, bien sûr, condamner en pure morale une telle pratique. Elle est en fait indécelable. Et nous savons qu'à vouloir communiquer trop tôt certains documents on risque de n'en plus avoir du tout. Lorsque la loi oppose des délais de communicabilité à la curiosité des citoyens, ce n'est jamais à la demande des archivistes, qui préféreraient ne pas avoir ce souci et trouveraient une grande tranquillité si tout était immédiatement communicable, mais ils comprennent les réticences de certaines administrations qui fabriquent les archives et dont on attend qu'elles les versent dans les dépôts publics.

L'idéal de l'archiviste serait de contrôler lui-même toutes les éliminations et tous les tris. Sa pratique consiste souvent à user du tact plus que de la contrainte. Bien des archives sont finalement entrées dans l'arsenal de l'historien parce qu'une veuve ou des descendants ont bien voulu comprendre que les archives qu'ils conservaient appartenaient à l'histoire de tous, alors qu'il eût été vain de brandir les foudres devant un homme d'Etat désireux de conserver par-devers lui sa correspondance et ses agendas. Puis-je dire que bien des fonds personnels d'hommes politiques ou d'entrepreneurs économiques eussent été perdus, et définitivement, si l'on n'avait pas fait preuve de patience. Après tout, on n'a pas fini de fouiller le site de Délos, et l'histoire de Louis XIV continue de s'écrire. Qui oserait dire que la recherche historique a touché son terme pour les sociétés antiques ou médiévales ? Ne nous leurrons donc pas, l'histoire immédiate est souhaitable, et elle porte ses fruits. Mais ce n'est pas demain que l'on aura dépouillé les milliards de documents qui seront la source, combien multiple, de l'histoire du xxᵉ siècle. Pour les archivistes, l'essentiel n'est pas que l'on puisse toujours écrire l'histoire à chaud, c'est qu'on ne soit pas privé à jamais de la possibilité de l'écrire.

Les pauvres ont-ils une histoire ?

par Jean TONGLET

« L'autre jour je suis repassé par là, je n'ai même plus reconnu l'emplacement du bidonville, ni celui de la cité. Pourtant que de larmes ont souillé ce sol, que de souffrances ont endurées des centaines de familles sur ces lieux ! Que de cris ont percé le ciel ! Aucune stèle, aucun monument n'a été élevé, aucune plaque commémorative n'a été posée, seule la chair des hommes en porte la cicatrice.

Pourtant en ces lieux, l'humanité a souffert comme nulle part ailleurs. Nous avons vu des enfants mendier, couverts de honte.

Nous avons vu des grands humiliés.

Nous avons vu l'arbitraire régner en maître.

Nous avons vu des hordes de pauvres s'avilir à en mourir de honte.

Qui le saura ?

Qui en témoignera ?

Qui transmettra les paroles de cette tranche d'humanité, réduite à un héroïsme sans gloire, parce qu'elle n'a rien à défendre et qu'elle ne peut se griser d'aucune cause, sinon celle de l'humble sourire, de l'humble amour familial, méconnu, incompris, souvent ridiculisé.

Si nous n'avions pas été là, au jour le jour, une des pages les plus douloureuses des pauvres eût été arrachée au livre de l'histoire des hommes. »

Ce texte, écrit par le Père Joseph Wresinski, fondateur du mouvement ATD Quart-Monde, lors d'un séjour en Israël en 1972, me paraît significatif de ce qui demeure une préoccupation constante : faire mémoire de ce qu'endurent les plus pauvres de tous les temps, de leurs luttes, de leurs efforts titanesques pour s'arracher à la fatalité de la misère. « Faire mémoire de ce qui fut, comme le dit Paul Ricœur, pour honorer une dette à l'égard de ce qui fut. »

Le mouvement ATD Quart-Monde s'est tout entier bâti comme un mouvement de la mémoire et de l'histoire des plus pauvres. Non par goût d'une histoire qui nous enfermerait dans le passé, mais parce que nous pensons que pour affirmer son identité, pour retrouver sa place dans la communauté des hommes, pour pouvoir s'exprimer parmi les autres hommes, le peuple des misérables a besoin de son histoire.

Les pauvres ont-ils une histoire ? Le fait même de nous poser la question n'est-il pas le signe, la signature de l'exclusion sociale ? Il y a peu, nous nous interrogions aussi pour savoir si les femmes, les Noirs, les Indiens avaient ou non une histoire. Pour notre part, quarante années de présence du mouvement dans les lieux de misère nous en ont convaincu.

Retrouver la trace des plus pauvres dans l'histoire n'est pas une chose aisée. Les archives ne parlent que de ceux qui ont écrit et les pauvres ont laissé peu de témoignages. Les travaux de recherche auxquels se sont livrés quelques membres du mouvement se sont révélés particulièrement ardus. Il a fallu quatre années de travail à Marie-Claire Morel pour trouver dans les archives de sa région le témoignage de ceux qui sont les partenaires toujours absents de l'histoire[1].

Nul n'a écrit sur leurs pensées, sur leurs dires, sur la façon dont certains ont pu s'extraire de leur condition et rejoindre le monde ouvrier.

Les traces de leur histoire, il lui a fallu les chercher dans les archives de police, dans celles des services sociaux et des œuvres de bienfaisance, dans les registres des paroisses où ils étaient immatriculés, sauf pour ceux qui connaissaient déjà l'errance. A travers ce genre de documents, nous retrouvons le jugement que l'autre monde a constamment porté sur les plus pauvres : ce sont des oisifs, des paresseux, des gens dangereux, violents, de « mauvais pauvres », des parents indignes. Les pauvres y sont témoins malgré eux, et le plus souvent témoins « à charge ».

L'absence des plus pauvres, ou leur présence dans les seules

---

1. Marie-Claire Morel, « Le procès des pauvres dans l'histoire », préface de Joseph Wresinski, *Igloos*, Pierrelaye, n° 117, 1983.

rubriques criminelles, produit une mémoire négative. La mémoire collective ne les reconnaît dans le meilleur des cas que comme des êtres dans le besoin, des êtres à aider. Elle ne leur reconnaît aucune contribution positive à l'humanité, à la construction d'une société. On n'attend rien d'eux, puisqu'on n'entend rien d'eux, si ce n'est des stéréotypes. « Les riches ont tiré un rideau sur la pauvreté, et sur ce rideau, ils ont peint des monstres », écrit, à la fin du XIXᵉ siècle, William Booth, fondateur de l'Armée du salut.

Pour faire exister les plus pauvres autrement que dans une mémoire collective qui les caricature et les réduit à leurs manques, voire à leurs affres, les volontaires du mouvement ATD Quart-Monde se sont faits les chroniqueurs de cette population : des chroniqueurs consignant jour après jour tout ce qu'ils observaient et apprenaient des plus pauvres, de leur vie de tous les jours, recueillant, suscitant les témoignages, les récits de vie ; des chroniqueurs créant des occasions qui permettent aux plus pauvres de reprendre possession de leur histoire. Je revois cet homme d'une quarantaine d'années, au chômage depuis longtemps, dans une de nos capitales occidentales. De lui, tout le monde disait qu'il était un bon à rien, qu'il n'avait jamais travaillé. D'ailleurs, il parlait de lui-même en ces termes, en reprenant le jugement des autres. Or voici qu'une Université populaire animée par le mouvement ATD Quart-Monde proposa aux uns et aux autres de reconstituer leur histoire professionnelle. A travers cet exercice, notre ami redécouvrit, non sans peine, qu'il était entré dans le monde du travail dès l'âge de treize ans ; il était d'abord descendu à la mine, puis avait effectué les travaux les plus lourds et les plus ingrats auprès d'une multitude d'employeurs successifs, de sorte que si, à quarante ans, il ne travaillait plus et vivait d'une rente d'invalidité, c'était parce qu'il avait derrière lui cette histoire de travail, lourde et difficile. Il était prématurément usé, mais c'était quand même un travailleur.

Ces nombreuses histoires individuelles et familiales ne constituent pas encore l'histoire collective de ce que le Père Joseph a appelé le « peuple du quart-monde ». Mais l'accumulation des matériaux, les recherches menées dans les archives nous ont permis de mettre le doigt sur cette réalité collective. Toute une population nous a été révélée à travers des individus — hommes et femmes — qui ont vécu dans les mêmes lieux, les mêmes institutions, qui ont connu les mêmes expériences, à travers aussi des attitudes à leur égard qui traversent les siècles : arrêtés anti-mendicité dans de nombreuses villes et communes de France, « expulsion des inutiles [1] » dans la principauté de Liège, en 1492.

Nous avons été confortés dans nos intuitions par les travaux de nombreux historiens qui avaient emprunté les mêmes chemins : le regretté Michel Mollat, Bronislaw Geremek, Philippe Joutard, Arlette Farge, pour n'en citer que quelques-uns.

En 1968, au hasard de telles recherches, nous avons mis la main sur un texte qui allait être à l'origine du nom même du mouvement. Il s'agissait des « Cahiers de doléances du Quart Etat, l'ordre sacré des infortunés, des pauvres, des journaliers ». Un ingénieur de la Ville de Paris, Dufourny de Villiers, qui par ses activités professionnelles avait découvert la brutalité des conditions d'existence des plus pauvres, demandait que ceux-ci soient représentés aux Etats généraux, aux côtés des trois ordres traditionnels. Quart Etat en France, Vierde Stand dans les Pays-Bas autrichiens, Cuarto Stato en Italie, les plus pauvres émergeaient de l'histoire, même si très vite leur voix était à nouveau comme étouffée [2].

Nos sociétés font silence sur la vie, la souffrance, les actes de résistance des plus pauvres. Ils disparaissent du décor sans laisser de traces. Dans un autre texte publié peu de temps avant sa mort, le Père Joseph Wresinski écrivait encore :

« Les plus pauvres nous le disent souvent : ce n'est pas d'avoir faim, de ne pas savoir lire, ce n'est même pas d'être sans travail qui est le pire malheur de l'homme. Le pire des malheurs est de vous savoir compté pour nul, au point que même vos souffrances sont ignorées. Le pire est le mépris de vos concitoyens. Car c'est le mépris qui vous tient à l'écart de tout droit, qui fait que le monde dédaigne ce que vous vivez et qui vous empêche d'être reconnu digne et capable de responsabilités. Le plus grand malheur de la pauvreté extrême est d'être comme un mort vivant tout au long de son existence [3]. »

---

1. Carl Havelange, Etienne Helin, René Leboutte, *« Vivre et survivre »*, *témoignages sur la condition populaire au pays de Liège*, Liège, Editions du Musée de la vie wallonne, p. 39.

2. Voir *Démocratie et Pauvreté. Du quatrième ordre au quart-monde*, présentation de René Rémond, postface de Michel Vovelle, Paris, Editions Quart-Monde/ Albin Michel, 1991.

3. Joseph Wresinski, « Les plus pauvres, révélateurs de l'indivisibilité des droits de l'homme », *in* Commission nationale consultative des droits de l'homme, *1989,*

Comment ne pas penser à ce qu'écrivait Hannah Arendt, évoquant la « conjoncture malheureuse pour les pauvres, une fois assurée leur conservation, que leur vie est sans intérêt et qu'ils n'ont pas droit au grand jour de la vie publique où le mérite peut se déployer ; ils restent dans l'ombre où qu'ils aillent ». Et plus loin, affirmant « cette conviction que l'obscurité plutôt que le besoin est la plaie de la pauvreté », elle en arrive à parler de « ceux aux vies blessées desquels l'Histoire ajoute l'insulte de l'oubli[1] ».

C'est pour réparer cette insulte que le Père Joseph créa en 1987, sur le parvis des droits de l'homme, place du Trocadéro, le premier monument commémorant les victimes de la faim, de la violence et de l'ignorance, avec la Dalle à l'honneur des victimes de la misère, autour de laquelle nous nous rassemblons chaque année, le 17 octobre, à l'occasion de ce qui est devenu la Journée mondiale du refus de la misère.

Cette Dalle est le point de départ d'une nouvelle histoire qui reconnaît les plus pauvres comme les premiers défenseurs des droits de l'homme. Car les pauvres ont une histoire, sont d'une histoire et font l'histoire pour autant que nous les reconnaissions comme des acteurs dans la construction de notre avenir commun.

---

les droits de l'homme en question, Paris, La Documentation française, 1989 ; réédition *in Cahiers de Baillet*, Paris, Editions Quart-Monde, 1998.
1. Hannah Arendt, *Essai sur la révolution*, Paris, Gallimard, « Les Essais », 1967.

Les femmes et les silences de l'histoire

par Michelle PERROT

Longtemps, les femmes ont été les muettes, les absentes, les oubliées de l'histoire. Aujourd'hui encore, les manuels scolaires, toujours lents à enregistrer les changements du savoir, les ignorent largement. Quelques saintes, reines, héroïnes ou courtisanes, voilà toute notre provende. Les femmes dont on parle sont toujours « exceptionnelles », des manières de « grands hommes ». Du quotidien, qui fait l'ordinaire de la vie des femmes, il est peu question. On passe sous silence leur participation aux grands événements, guerres ou révolutions. Leur absence ou leur exclusion soulèvent peu de réflexion. Célébrant, ces temps-ci, le 150ᵉ anniversaire de la Révolution de 1848, on dira qu'elle a proclamé le suffrage universel sans, la plupart du temps, préciser qu'il était seulement masculin.

Pourquoi ce silence, au vrai assourdissant ? Trois séries de raisons peuvent être invoquées. La première tient à l'invisibilité réelle de la vie des femmes. Vouées au silence de la reproduction maternelle et ménagère, compagnes du guerrier, auxiliaires du savant, muses de l'artiste, secondes du travailleur de l'atelier, de la boutique ou des champs, elles restent dans l'ombre et laissent moins de traces que le voyageur, le créateur, le producteur, le citoyen. Parce qu'elles accèdent difficilement à l'espace public qui, dans la conception gréco-romaine ou judéo-chrétienne, est le seul lieu de l'événement, elles sont en quelque sorte hors histoire. Y apparaissent-elles ? C'est un trouble qui menace la paix de la Cité et qu'il faut conjurer. « Une femme en public est toujours déplacée », dit Pythagore. L'ordre du monde repose sur le geste et le verbe des hommes et sur le silence et le retrait des femmes. Parfois sur leur voile.

Seconde raison : la carence des sources, des données relatives aux femmes. Il existe une dissymétrie entre la surabondance des discours et des images les concernant et la faiblesse des informations concrètes et circonstanciées. Philosophique, médical, normatif, le discours masculin sur les femmes est inépuisable. Répétitif, rebondissant, il parle de la Femme en général, non des femmes singulières. Tandis que l'image, littéraire ou picturale, décline à l'infini les attributs de leur imaginaire beauté, telle que la rêvent les hommes qui les représentent[1].

Par contre, il y a déficience des informations précises avec une tendance à masquer les femmes soit derrière un masculin universel qui les neutralise (et de ce point de vue, la langue française qui dit « ils » dès que coexistent les deux sexes est incommode), soit sous des stéréotypes qui dissimulent leur action. Ainsi sous la plume des commissaires de police du XIXe siècle, les femmes qui manifestent dans les rues sont presque toujours des mégères échevelées et hystériques et les féministes des meetings, des viragos. Dans un autre registre, il est difficile de saisir les femmes dans les statistiques économiques ou professionnelles, parce que le chef de famille seul est dénombré. Ainsi, la manière dont les sources d'information sont constituées porte la marque de la différence des sexes et d'une certaine marginalisation des activités féminines.

Cette carence des sources provient d'un défaut d'enregistrement primaire. Mais elle est aggravée par la mauvaise conservation des traces des femmes. Les archives privées, où elles figurent surtout, ont fait l'objet de destructions massives. De Tocqueville, on a conservé les lettres familiales, non celles de son épouse. Les archives publiques, quelque peu submergées, hésitent à accueillir des archives ordinaires de gens inconnus. Du reste, nombreuses sont les femmes qui, au soir de leur vie, redoutant le regard sarcastique ou indifférent de leurs héritiers, détruisent leur journal intime ou leur correspondance. Par pudeur ou autodévalorisation, elles ont tendance à intérioriser le silence qui les nie et la lettre brûlée consume la trace des mémoires perdues. Marguerite Duras, évoquant cette attitude, parle de la « maladie de la mort ». Sous cet

---

1. Georges Duby, introduction à *Images de femmes*, Paris, Plon, 1992.

angle, la constitution d'archives privées des gens ordinaires peut être très utile[1].

Sans doute, bien souvent, on laissait aux femmes le murmure de la tradition orale, transmise par les récits de veillées, les conversations ou les confidences échangées de mères en filles. Les développements récents de l'histoire dite « orale », du récit de vie, devenu méthode d'enquête préconisée aussi par les sociologues, désireux d'enrichir la connaissance des expériences vécues et de rompre avec le caractère lisse et unilatéral des mémoires officiels[2], ont permis d'en savoir davantage sur l'existence des femmes, gérantes du privé. Mais il convient de ne se faire aucune illusion sur les vertus de cette mémoire, trouée, fragile, brisée par le deuil, envahie par l'oubli. Au bout de trois générations, qui se souvient de quoi ? Il n'y a pas de spontanéité de la mémoire. Elle n'est pas réserve inépuisable, puits sans fond où il suffirait de se ressourcer, mais vestige, reste, résultat d'un tri et finalement produit de reconstruction subtile. Enfin, dans nos sociétés envahies par l'écrit et surmédiatisées, le statut de l'oralité, sa fonction et son fonctionnement sont nécessairement fragilisés et marginalisés.

Bien entendu, cette carence des sources se modifie au fur et à mesure que les femmes accèdent à l'écriture. La situation n'est pas identique pour le Moyen Age ou pour les temps récents. Il n'empêche. Le déficit est fort et le silence, profond. « Les femmes : que sait-on d'elles ? » disait en conclusion d'un de ses livres[3] le médiéviste Georges Duby, qui avait mis la solution de cette énigme au cœur de son œuvre dernière.

Et c'était l'expression d'une volonté de savoir, qui est au fondement du récit historique et qui, le plus souvent, fait défaut : troisième et essentielle raison du silence qui les environne. Ecrire l'histoire des femmes suppose en effet qu'on les prenne au sérieux, qu'on les considère comme des actrices de leur destin, qu'on accorde au rapport entre les sexes un poids dans les événements ou dans l'évolution des sociétés. Ce qui justement n'était pas le cas d'une histoire beaucoup plus préoccupée du pouvoir, attachée aux

---

1. Ainsi l'« Association pour l'autobiographie et le patrimoine autobiographique », qu'a fondée Philippe Lejeune (Ambérieu-en-Bugey, 01500), publie un mensuel, *La Faute à Rousseau*.
2. Daniel Bertaux, *Les Récits de la vie*, Paris, Nathan Université, 1997.
3. Georges Duby, *Le Chevalier, la femme et le prêtre*, Paris, Hachette, 1981.

événements, à la politique et à la guerre, aux affaires et aux découvertes scientifiques, et toujours prête à voir les femmes sous l'angle de leur « condition », modifiée par une inéluctable modernisation où elles comptent pour rien. Le féminisme, par exemple, a, jusqu'à une date récente, rarement été considéré comme un mouvement social, surtout pour sa variété française.

Aujourd'hui encore, une conception très virile de ce qui fait l'histoire conduit à en évincer les femmes. Ainsi de l'histoire du droit de suffrage. Ou encore celle de la Résistance, à partir du moment où on la définit comme militaire ou politique. Ou encore celle de la guerre d'indépendance algérienne, où pourtant les femmes furent si présentes, en ville comme dans les maquis. Djamila Amrane, à partir des archives du FLN et de témoignages, a tenté de raconter ce que fut leur part[1].

Ce silence pose la question de la conception de l'histoire. Qu'est-ce qui est digne d'être écrit ? De quoi faut-il faire le récit ? Qu'est-ce qui mérite d'être transmis à la mémoire des générations ? Les choix des objets d'histoire sont profondément signifiants de la direction d'un regard. Le silence de l'histoire enveloppe la vie des humbles[2], celle des vaincus. Leur oubli est une forme de dénégation et rend légitimes leur désir de mémoire et leur besoin d'histoire. Mais le déni des femmes est sans doute plus général encore, lié à cette « valence différentielle des sexes » dont Françoise Héritier a montré qu'elle était en quelque sorte consubstantielle à la construction de la pensée symbolique[3], laquelle place les femmes du côté de la reproduction, non de l'action et de la transformation du monde.

Pour que les femmes adviennent au récit historique autrement que sous forme de stéréotypes, ce qui s'est produit dans le dernier quart de siècle, il a fallu toute une série de facteurs : scientifiques, sociologiques et politiques.

Facteurs scientifiques : c'est le renouvellement des disciplines et

---

1. Djamila Amrane-Minne, *Les Femmes algériennes dans la guerre*, Paris, Plon, 1991 ; *Des femmes dans la guerre*, Paris, Karthala, 1994.
2. Alain Corbin, *Le Monde retrouvé de Louis-François Pinagot. Sur les traces d'un inconnu (1798-1876)*, Paris, Flammarion, 1998 : captivante tentative pour retrouver les traces d'un individu sans histoire et sans mémoire.
3. Françoise Héritier, *Masculin/Féminin. La pensée de la différence*, Paris, Odile Jacob, 1996.

leurs relations, dont l'intensité caractérise la « nouvelle histoire ». L'anthropologie, par exemple, a conduit à réévaluer la place de la famille et à poser la question de la différence des sexes. La démographie historique, dans l'égalité des individus devant la naissance, le mariage et la mort, a constitué une mémoire du corps des pauvres, parfois la seule, et de premières archives de femmes. Les objets d'histoire se sont multipliés : l'enfant, le privé, le quotidien, la sexualité, les âges de la vie... Pourquoi pas les femmes ? Toutefois, terrain propice au surgissement de nouveaux domaines, la nouvelle histoire se montrait plus réticente devant la tentative de théorisation des rapports de sexes : les femmes, oui, le genre (comme différence des sexes socialement construite), c'était une autre affaire.

Facteurs sociologiques : il s'agit de la présence des femmes dans les universités, la lente montée des étudiantes depuis les années 1930, mais fortement accélérée après la guerre et, étudiantes aujourd'hui majoritaires dans les secteurs littéraires, potentiellement porteuses d'autres attentes ; l'arrivée, nécessairement décalée, des enseignantes, désireuses d'y répondre et attentives à la critique féministe, quand elles n'en étaient pas les auteurs. La première femme professeur à la Sorbonne le fut en 1947 ; aujourd'hui, les femmes représentent à peu près le tiers des effectifs (mais seulement 15 % du cadre des professeurs d'université). Sans qu'il y ait dans ce recrutement aucun effet mécanique, ce changement constituait un climat favorable à l'expression de passions et d'intérêts susceptibles de renouveler la recherche.

Facteurs politiques, enfin : le mouvement des femmes et les questions qu'il a induites. Certes, sa préoccupation première n'était pas d'écrire l'histoire ; mais sur elle, il multipliait les questions. Qui sommes-nous ? D'où venons-nous ? Où allons-nous ? Il y avait dans le féminisme des années 1975 un double souci, empirique et théorique, mémorial et critique. D'abord, il fallait retrouver la mémoire, les figures et les traces perdues, relire les textes oubliés (et il y eut alors nombre d'éditions d'écrits inconnus), reconstituer les chaînons manquants notamment dans l'histoire, sous-estimée jusqu'à la négation, du féminisme, donner la parole à *Celles qui n'ont pas écrit*, comme le fait ce livre fondé sur plus de cinq cents entretiens de Marseil-

laises du premier XXᵉ siècle[1]. Les auteurs ont voulu, dit la quatrième de couverture, « faire émerger quelques traits d'une autre
histoire, trois fois autre : autre parce qu'orale, rarement ou jamais
écrite, autre parce que parole féminine, donc par définition vouée
à l'obscur, à l'intime, à la relative absence du jeu social, autre
enfin parce que parole provinciale, éloignée des centres de décision et de pouvoir ». Exemplaire tentative de sonder à la fois le
souvenir de l'histoire au quotidien, son croisement avec la
« Grande Histoire », mais aussi de comprendre à travers les
« stratégies narratives » l'expression d'une subjectivité.

Mais il y avait aussi, dans ce travail, une volonté critique du
savoir constitué comme expression d'une « science masculine »,
peu consciente de ses présupposés ; ce qui impliquait à la fois critique de l'universel, de l'idée de nature, de la genèse et de la structure des discours et interrogations sur la neutralité du langage.
Certaines parlaient même de « rupture épistémiologique » dans les
conceptions et les procédures des sciences sociales, et par conséquent dans celles du récit historique.

La mémoire et l'histoire étaient pareillement convoquées.

Ainsi, en vingt-cinq ans, s'est développé, dans le monde occidental, mais aussi en Orient (en Inde et au Japon surtout), en Amérique
latine, et en Afrique, d'abord anglophone, puis également franco-
phone[2], un nouveau champ de savoirs qu'on peut appeler « histoire
des femmes », et qui a déjà beaucoup changé dans ses objets et
dans ses approches, plus soucieuse aujourd'hui de faire l'histoire
de la différence des sexes — le genre — que de décrire l'univers
des femmes. Ce n'est pas le lieu de développer ici cette historiographie.

Mais de cette expérience, que peut-on tirer comme réflexions
pour la question qui nous occupe aujourd'hui ?

D'abord, un constat : cette affaire illustre le besoin que les
acteurs sociaux en voie de constitution, d'affirmation d'eux-mêmes,

---

1. Anne Roche, Marie-Claude Taranger, *Celles qui n'ont pas écrit. Récits de
femmes dans la région marseillaise (1914-1945)*, préface de Philippe Lejeune,
Aix-en-Provence, Edisud, 1995.
2. Catherine Coquery-Vidrovitch, *Les Africaines. Histoire des femmes
d'Afrique noire du 19ᵉ au 20ᵉ siècle*, Paris, Desjonquères, cité par « Femmes
d'Afrique », *Clio*, juin 1997.

éprouvent de leur propre histoire. Ce besoin fait partie des désirs et des droits de notre temps, d'un temps qui a pris conscience de la durée et aussi de la puissance du récit.

Ce besoin est parfaitement légitime. George Sand, elle-même engagée dans la rédaction de son autobiographie, exhortait les gens du peuple, ses contemporains, à faire de même : « Artisans, qui commencez à savoir écrire, n'oubliez donc plus vos morts. Transmettez la vie de vos pères à vos fils, faites-vous des titres et des armoiries, si vous voulez, mais faites-vous-en tous. » Car « le peuple a ses ancêtres tout comme les Rois ». La démocratie impliquait aussi celle de la mémoire et de l'histoire. L'autobiographie devait devenir celle des humbles familles et des gens de peu.

Le déni d'histoire est une forme de dénégation. Ce qu'on ne raconte pas n'existe pas. Ce qui n'est pas, à un moment ou à un autre, objet de récit, objet d'histoire, n'existe pas. Les tyrans le savent bien qui effacent les traces de ceux qu'ils entendent réduire au néant.

L'histoire est une deuxième naissance. Peut-être même la vraie naissance au monde et au temps. L'histoire est re-création du monde.

Cette exigence d'histoire présente-t-elle des dangers ? Oui, si elle s'accompagne d'une affirmation identitaire justificatrice de soi-même et réductrice de l'autre. D'une reformulation totalitaire ou du moins simplificatrice de l'intrigue historique, si compliquée.

Non, si elle est au contraire quête de vérité, volonté d'introduire une intelligibilité supplémentaire, démystificatrice du discours du pouvoir. Comment comprendre, en l'occurrence, le fonctionnement de la cité, ses formes d'inclusion/exclusion, le tracé fluctuant de ses frontières, sans s'interroger sur la place des femmes, leurs avancées et leurs reculs, les subtils partages qui s'instaurent avec les hommes ?

Tel un fil d'Ariane, le rapport entre les sexes traverse les demeures de la mémoire et le labyrinthe de l'histoire.

La bibliothèque, mémoire de l'avenir

par Jacqueline SANSON

Les archives et les bibliothèques sont des institutions de mémoire ou, plus modestement, des maisons de la mémoire.

Collecter d'abord et conserver. Pour qu'il y ait mémoire il faut qu'il y ait continuité.

François Iᵉʳ, grand roi, grand collectionneur, humaniste très ouvert, a évidemment comme ses prédécesseurs enrichi cette collection royale. Mais il a fait encore mieux que ça : il a créé une institution révolutionnaire qui est le dépôt légal. Il a décidé en 1537 que tous les livres seraient déposés dans sa bibliothèque à Blois. Il a dit qu'il souhaitait « assembler en notre librairie toutes les œuvres dignes d'être vues, qui ont été et qui seront faites, compilées, corrigées et amplifiées, et amendées, de notre temps, pour avoir recours auxdits livres, si de fortune ils étaient ci-après perdus dans la mémoire des hommes ».

Ce dépôt légal est l'obligation que tous les éditeurs ont de déposer leurs livres. La France, qui est le premier pays à avoir créé le dépôt légal, a été suivie par de nombreux pays européens.

Certes, François Iᵉʳ a pris cette décision à un moment de contestation du catholicisme et de montée du protestantisme, mais il faut prendre cette décision comme un acte fondateur de la bibliothèque royale, peut-être plus encore que la transmission d'un roi à un autre. Cet acte fondateur consacre la prééminence de cette bibliothèque sur toutes les autres. Il va être appliqué plus ou moins bien au cours des siècles ; il a été étendu au xviiᵉ aux estampes, au xviiiᵉ à la musique imprimée, puis aux photographies, aux phonogrammes, aux vidéogrammes, et plus récemment à la radio et à la télévision. Le principe consiste à conserver la mémoire non seulement de l'imprimé, mais de tout l'audiovisuel.

On est passé progressivement d'une bibliothèque qui était la propriété personnelle du roi à une bibliothèque ouverte lorsqu'il a réuni la bibliothèque de Fontainebleau et celle de Blois et y a accueilli les savants.

Le dépôt légal va alors permettre à la bibliothèque de s'enrichir et de garder la mémoire de tous les livres imprimés en France, quel que soit leur intérêt pour leurs contemporains, qu'il s'agisse de livres interdits ou autorisés.

Après le dépôt légal, tous les rois de France ont enrichi les collections de la Bibliothèque nationale. La Révolution a été, elle, une période extraordinaire : les abbayes ont été pillées et beaucoup de collections sont alors rentrées à la Bibliothèque nationale. Au XIXe siècle encore, on fait essentiellement entrer les fonds anciens, les trésors, tout ce que l'on y pouvait glaner. Il faut attendre la fin du XIXe siècle pour que, en dehors du dépôt légal bien sûr, on pense à conserver les écrits contemporains.

Victor Hugo est le premier auteur à avoir donné tous ses papiers à la Bibliothèque nationale. « Je donne tous mes manuscrits et tout ce qui sera trouvé écrit ou dessiné par moi à la Bibliothèque nationale de Paris, qui sera un jour la bibliothèque des Etats-Unis d'Europe », avait-il écrit. Cette volonté généreuse, clairement affirmée par le poète, a entraîné par la suite de nombreux dons d'auteurs. La famille Dreyfus, par exemple, a donné ses papiers. Le 18 mai 1940, en pleine guerre, avec tout ce qu'on pouvait pressentir à ce moment-là, elle a décidé de porter les cahiers de l'île du Diable à la bibliothèque.

Un autre exemple de ces collections qui constituent la mémoire de la bibliothèque est celui de Madame Zlatine. Cette dame a protégé beaucoup d'enfants et les a empêchés d'être envoyés dans les camps. Malheureusement certains d'entre eux y ont tout de même été emmenés. Elle a alors confié à la Bibliothèque nationale des cahiers de dessins qui avaient été faits par des enfants peu de temps avant qu'ils ne partent pour ne jamais revenir. Un des enfants avait noté au dos de son dessin, puisqu'il fêtait son anniversaire, quelques semaines avant sa mort : « Garde-le toujours. » Nous espérons que ces dessins seront proposés aux générations futures. C'est là la vocation d'une bibliothèque comme la Bibliothèque nationale de France d'accueillir des trésors de toutes parts. Ces dessins sont un trésor.

La bibliothèque a aussi vocation de conserver l'éphémère : les affichettes, les tracts. Cela fait partie de sa mission de faire en sorte que la couverture soit la plus large possible.

Mais, enrichir les collections d'une bibliothèque, même si c'est la Bibliothèque nationale, n'a aucun intérêt si les collections ne sont pas accessibles, en tout cas sous une forme ou sous une autre : sous forme de l'original pour les chercheurs qui en ont besoin, sous une forme numérisée pour ceux qui veulent simplement étudier les collections.

Un geste comme la création de la Bibliothèque nationale de France et du bâtiment de Tolbiac — je devrais dire du monument de Tolbiac — est un geste aussi vers l'accès au public. Grâce à ce monument, tout le monde connaît en France son existence, alors que jusque-là peu de personnes connaissaient même l'existence de ce temple de mémoire.

Débat

DE LA SALLE

J'aurais souhaité que Paul Ricœur revienne sur la distinction qu'il a opérée entre l'expression qui a été souvent employée de « devoir de mémoire » et celle qui préside à ces journées, « travail de mémoire ».

PAUL RICŒUR

Vous avez pu observer qu'on a substitué au mot « devoir de mémoire » le terme « travail de mémoire ». Il y a deux raisons à cela. D'abord une certaine usure de l'expression « devoir de mémoire » et, ce qui est beaucoup plus important, la certitude que l'obligation, c'est précisément le travail. L'expression « travail de mémoire » vient de Freud. Il est très difficile de faire de la mémoire un impératif, parce qu'un impératif est tourné vers le futur : « Tu feras ceci. » Or le travail de mémoire est sur le passé. Pourquoi faut-il travailler la mémoire ? Parce qu'il faut ouvrir un futur au passé. Ce qu'il faut le plus libérer du passé, c'est ce qui n'a pas été effectué dans le passé, les promesses non tenues. Les gens du passé ont eu aussi des projets, c'est-à-dire qu'ils avaient un futur, qui fait partie de notre passé à nous. Mais c'est peut-être le futur de notre passé qu'il faut libérer pour agrandir notre passé.

Une autre raison c'est que le mot « travail de mémoire » fait mieux comprendre d'abord les difficultés et ce que Freud appelait justement « résistance », pas la résistance au sens de la résistance politique, mais la résistance à se souvenir. La notion trop impérative de « devoir de mémoire » néglige ce que fait justement apparaître la notion de travail : c'est que le travail de mémoire a deux ennemis, l'oubli et la difficulté à se souvenir, le refus de se souvenir et toutes les formes de fuite devant la vérité du passé, tout ce qu'on pourrait appeler le travail de l'aveuglement. Je répète : la mémoire a deux ennemis, l'oubli, mais aussi toutes les formes de résistance, qui ne sont d'ailleurs pas toutes indignes. Les livres d'Elie Wiesel et des survivants de la Shoah disent l'extrême difficulté à raconter. Les résistances ne sont pas simplement des refoulements au sens freudien, mais aussi la pudeur, la crainte de ne pas être entendu, la crainte terrifiante d'ennuyer. Les résistances sont partout, dans celui qui fait mémoire, dans celui qui reçoit la mémoire — les résistances sont aussi chez nous, lecteurs. Par conséquent, je pense que ce couple travail et résistance au travail est plus riche qu'un impératif un peu froid « tu te souviendras ».

Mais peut-être le mot peut-il être sauvé en se demandant : « Mais quel est finalement le devoir de mémoire ? » Si on revient à une de ses origines qui n'est pas simplement grecque, mais aussi hébraïque, *Zakkor*, « tu te souviendras », veut dire « tu continueras de raconter ». C'est donc l'aspect transgénérationnel de la mémoire qui est ainsi porté au premier plan.

DE LA SALLE

Je crois que les pauvres ont une histoire et qu'ils la font. Depuis les esclaves, depuis les jacqueries, les gueux du Moyen Age, tous les révolutionnaires non connus de 1789 ou d'autres temps. Le problème n'est-il pas celui des historiens qui font l'histoire, et qui refusent souvent aux pauvres la place qu'ils ont dans l'histoire ?

JACQUES LE GOFF

Ce refus de l'histoire des pauvres s'est beaucoup atténué. Pour diverses raisons, qui sont aussi des raisons de métier et pas seulement des raisons de civisme, d'humanité, de plus en plus d'historiens estiment qu'une histoire sans les pauvres n'est pas possible.

Je dirai, non pour excuser les historiens, mais pour expliquer leurs réticences, que les pauvres ont laissé peu de traces dans l'histoire. Or l'historien, par scrupule, en homme de métier, travaille sur des documents. Comment parler de gens qu'il ne trouve pas dans ces documents ? Il a fallu, et on commence à le faire, que l'on aille chercher les pauvres en d'autres lieux que dans les documents traditionnels et par d'autres méthodes. La méthode orale par exemple, mais qui ne vaut que pour le contemporain, même si on a essayé — je l'ai un peu fait moi-même — de faire parler des époques anciennes comme le Moyen Age. On a réussi, en particulier pour les femmes, à refaire une vraie histoire. Mais il n'y aura pas de vraie histoire si elle ne peut pas être justifiée par des documents. Ce sont les nécessités, ce sont les règles, c'est l'honnêteté du métier de s'appuyer sur des documents. Par conséquent, ce n'est pas seulement un effort psychologique et un effort moral, c'est véritablement un effort professionnel, difficile, pas toujours couronné de succès, qui pourra faire se développer ce qui commence à exister. Car déjà si vous allez dans la bibliothèque d'un historien, vous trouverez des études qui existent sur l'histoire des pauvres, et pas seulement dans les périodes récentes.

Deuxième Partie

MÉMOIRE ET OUBLI

Chapitre Premier

LA MÉMOIRE CONTRE L'OUBLI

par

René RÉMOND
Paul RICŒUR
Dominique SCHNAPPER

La transmission de la mémoire

par René RÉMOND

Que pourrait bien être une mémoire coupée de l'histoire et que deviendrait celle-ci si elle ne puisait pas dans la mémoire ? Il est donc nécessaire de s'intéresser à ce point de passage obligé : comment s'effectue la transmission dans la famille, l'enseignement, les institutions de toutes sortes, d'une génération à la suivante, des parents aux enfants, des professeurs aux élèves, des fondateurs à leurs successeurs ?

Tout ne se transmet pas. La part de ce qui ne se communique pas est même probablement beaucoup plus importante que celle qui fait l'objet de transmission. Celle-ci ne se fait pas d'elle-même et comme mécaniquement : les règles auxquelles elle obéit sont parfois mystérieuses. L'opération n'est pas non plus homogène ni uniforme : elle emprunte des voies différentes et s'effectue suivant des modes dissemblables selon que la transmission est plus ou moins spontanée ou délibérée, laissée au hasard ou à l'initiative personnelle, ou au contraire organisée et parfois même institutionnalisée.

Une première transmission se fait d'elle-même : c'est celle qu'on appelle la tradition orale. Elle concerne une mémoire essentiellement privée, constituée principalement de souvenirs personnels ou familiaux, largement anecdotique, évocation de moments forts, de personnalités rencontrées, d'épisodes qui laissent un souvenir durable. Elle inclut aussi éventuellement la mémoire d'événements de l'histoire générale dont on a été témoin : c'est par exemple l'ancien combattant qui raconte « sa » guerre : ce n'est pas la relation du conflit, mais l'évocation de ce que lui-même a vu et de ce qu'il a souffert. Les témoins raconteront en quelles circonstances ils ont appris l'armistice du 11 novembre ou le débarquement du 6 juin

1944 ; ils conteront leurs souvenirs de mai 1968 ou de l'annonce de l'assassinat de Kennedy. Cette forme de transmission relève du témoignage personnel.

Au regard de l'histoire, ce mode de transmission et son contenu souffrent de deux faiblesses. D'abord de son caractère inévitablement lacunaire. La sélection dont elle est le produit involontaire est nécessairement subjective et aléatoire : elle s'effectue selon des critères qui n'ont pas de rigueur rationnelle ni donc de légitimité au regard des exigences de la connaissance historique. Cette transmission n'est pas assez fiable pour qu'on puisse s'en remettre à elle pour assurer la communication de la mémoire du passé de génération en génération.

Il y a plus grave : le silence des témoins. La plupart des combattants ne racontent pas leur guerre ou n'en proposent qu'une version appauvrie. Au retour des camps de concentration, les déportés se sont tus : c'est si vrai que leur silence est une explication qu'on avance parfois pour rendre compte du délai qui s'écoula avant que l'opinion prenne clairement conscience de l'horreur de la Shoah. Si les témoins se taisent c'est parce qu'ils mesurent la difficulté de communiquer leur expérience et l'impuissance à cet égard du langage. La transmission bute sur l'obstacle de l'incommunicabilité : on peut mentionner des faits, énoncer des événements, mais comment transmettre un état d'esprit, faire comprendre des intentions ? Les témoins doutent d'être entendus et compris. S'ils ne parlent pas, c'est aussi parce qu'ils ne sont pas écoutés ou qu'ils craignent de ne pas l'être. Ordinairement les plus jeunes ne prêtent qu'une attention distraite au récit de leurs aînés : ce sont des discours d'anciens combattants ; cette fois encore le langage est significatif : dans la bouche de ceux qui qualifient ainsi les témoignages, ce n'est pas un éloge. Les jeunes générations ne découvriront l'intérêt de cette mémoire que plus tard : quand les témoins auront disparu, en retrouvant de vieilles correspondances, mais ce sera trop tard, car les témoins ne seront plus là pour les aider à déchiffrer les traces qu'ils ont laissées. Tout se passe de ce point de vue comme si une fatalité travaillait obscurément à effacer les vestiges et à jeter sur le passé un voile d'oubli. On en vient à se demander si la transmission de ce qui est le plus précieux de l'expérience d'une génération n'est pas condamnée à disparaître irrémédiablement, en d'autres termes s'il peut y avoir vraiment communication entre les générations.

Est-ce à cause des infirmités de cette transmission que les sociétés ont pris l'initiative d'une autre modalité ? Elles ont multiplié tant dans l'organisation du temps que dans l'aménagement de l'espace les signes destinés à rappeler le passé. Dans le temps, c'est la commémoration des événements, heureux ou douloureux, qui constituent leur histoire : fêtes nationales, célébrations des anniversaires, cinquantenaires ou centenaires. Dans l'espace ce sont les statues, les monuments, les plaques de rues, autant de lieux de mémoire selon l'heureuse expression inventée par Pierre Nora. Mais qui pense à les lire et à déchiffrer leur message ? Qui d'entre nous dans un trajet en métro n'a jamais songé en regardant le plan qui énonce les noms des stations à dénombrer toutes celles qui font référence au passé, désignent une personnalité ou évoquent un événement historique ?

Aussi les sociétés ont-elles créé des institutions dont la raison d'être est de garantir la transmission de la mémoire. Certaines d'entre elles ont pour objet de la conserver : ce sont entre autres les institutions archivistiques. D'autres ont pour vocation d'établir les faits, de préciser et d'enrichir la mémoire collective : c'est la définition de la recherche. Il y en a d'autres enfin qui ont pour rôle de transmettre la mémoire : c'est notamment la fonction de l'enseignement.

Mais ce mode de transmission souffre lui aussi d'être incomplet et souvent générateur d'injustices : il avantage fréquemment les vainqueurs et accable les vaincus ; il oublie aussi des pans entiers d'histoire, par exemple des catégories qui sont loin d'être minoritaires : les pauvres et les femmes. Nous assistons aujourd'hui à un effort opiniâtre et méritoire pour réparer ces oublis et ces injustices : à preuve l'intérêt pour les sociétés sans écriture, les arts premiers, les civilisations précolombiennes, l'histoire de l'Afrique avant l'arrivée des Européens.

Entre ces deux mémoires, les malentendus ne sont pas rares : souvent les survivants ne se reconnaissent pas dans l'image que leur proposent de ce qu'ils ont vécu les historiens d'une génération plus récente qui ont travaillé sur documents et sur archives. Un autre problème est celui du décalage, probablement inévitable, entre le dernier état de la recherche avancée et les nécessités de l'enseignement qui, s'adressant à une population d'adolescents, est obligé à une simplification contraire à la reconnaissance de la complexité qui est le propre de l'histoire. Comment éviter ou à tout le moins réduire l'écart entre ces deux orientations ?

Si la transmission de la mémoire s'est longtemps réduite à ce dialogue, et à ces malentendus, entre mémoire privée et mémoire institutionnelle — le problème majeur étant de s'employer à les rapprocher —, nos sociétés modernes connaissent un troisième mode de transmission qui est sans doute aujourd'hui le plus puissant et le plus efficace de tous : celui qu'exercent les médias. Ceux-ci ne méritent jamais mieux leur appellation que dans la transmission de la mémoire : intermédiaires, ils le sont entre la mémoire savante et la connaissance vulgaire ; ils le sont également entre les générations. C'est par eux aujourd'hui que les adolescents apprennent et dans le meilleur des cas comprennent aussi ce qu'ont vécu leurs parents ; c'est parfois aussi à partir de ce que disent les médias que les enfants sont conduits à interroger leurs parents et à déclencher la transmission orale et directe des souvenirs.

Ce troisième mode de transmission a aussi ses limites : il est assujetti à des contraintes impératives et élémentaires. Impossible, faute de temps ou de place, d'entrer dans la complexité des faits : aussi est-il guetté par le simplisme. Souvent paresseuse, cette transmission se contente de répéter des lieux communs, de propager des idées reçues. Elle transmet toutes sortes d'erreurs ou d'approximations qui font le désespoir de ceux dont c'est la mission de travailler à établir la vérité. C'est une expérience décourageante qu'ont faite tous ceux qui au cours de leur existence ont tenté dans le cadre de leur activité intellectuelle de substituer aux préjugés et aux erreurs courantes une présentation plus proche de la vérité que de constater la pérennité des idées fausses et des schémas réducteurs. Le vrai problème ne serait-il pas moins de lutter contre l'oubli que de combattre les simplifications et les falsifications intéressées qui prolifèrent comme la mauvaise monnaie chasse la bonne ?

Somme toute, quelles que soient les modalités, la transmission de la mémoire pour contribuer à la constitution de l'histoire rencontre ainsi deux problèmes majeurs. Celui d'abord de la communication puisque la transmission ne demande pas seulement une action positive au départ : elle appelle aussi réception et accueil, ce qui implique volonté de comprendre le passé et de lui rendre justice. En second lieu celui du rapport à la vérité contre une instrumentalisation qui la détournerait de ses fins propres.

À l'horizon de la prescription : l'oubli

par Paul RICŒUR

La catégorie de l'oubli institutionnel relève de la problématique générale de l'oubli. Quel est l'arrière-plan d'une telle problématique de l'oubli ? Il existe beaucoup de travaux de neuropsychologie, de sociologie, d'histoire sur la mémoire mais très peu sur l'oubli. Ainsi il n'existe aucun livre en français qui s'appelle *L'Oubli*. A ma connaissance, il en existe deux en allemand, dont celui de Harald Weinrich intitulé *Lêthê* (mot grec pour l'oubli) *Vergessen*, auquel je dois beaucoup.

Ce n'est pas un hasard s'il n'y a pas de grande œuvre sur l'oubli, car la problématique de l'oubli a un caractère incroyablement multiple, diffus. J'ai essayé de la mettre un peu en ordre par rapport à deux axes : un axe vertical du profond et du superficiel, et un second axe, horizontal, qui le croiserait, celui de l'actif et du passif.

Au niveau profond nous avons cette polarité d'un oubli passif et d'un oubli actif. L'oubli passif, c'est évidemment celui auquel nous pensons tous : c'est l'oubli inexorable, l'effacement de toutes les traces, la trace corticale, la trace psychique et aussi la trace documentaire. Mais, à ce niveau profond, il y a un autre pôle de l'oubli, que j'appellerais non pas l'oubli inexorable, mais l'excès du mémorable sur notre capacité de remémoration. C'est ce qu'Emmanuel Lévinas appelait l'immémorial. Quel exemple peut-on en donner ? Celui de l'oubli des fondations, de ce qui n'a jamais été à proprement parler un événement, c'est-à-dire une singularité non répétable. Cet oubli préserve, garde, perpétue tout ce qui a valeur d'origine et n'a pas un commencement temporel qu'on peut dater. Quel nom donner à cette forme d'oubli ? C'est l'oubli que j'appellerais de réserve, de permanence, de persévérance. Quelque chose est gardé inaccessible. Ce serait l'inaccessible, plutôt que l'ineffaçable. C'est l'origine profonde et durable de la théorie platonicienne de la réminiscence — on aurait su autrefois dans une autre vie, et ainsi « apprendre c'est se re-souvenir », se re-souvenir de ce qui nous reconstitue, de ce qui nous fonde.

A un niveau moyen, entre le profond et le superficiel, je mettrais toutes les formes étudiées par la psychanalyse, en liaison avec l'inconscient et le refoulement, mais plus largement toutes les formes de tout ce qu'on a éprouvé, su, appris, mais qui reste indisponible ou inaccessible. La psychanalyse s'est taillé tout un domaine autour de l'idée de résistance à la remémoration, qui régit la tendance à répéter au lieu de se souvenir. Cette tendance a son prolongement jusque dans notre conscience historique actuelle : voyez la difficulté à ne pas répéter Vichy, mais à le remémorer avec sagesse, et d'une façon non culpabilisante ou non juridique.

A ce niveau-là que j'appelle médian, il y a aussi l'incommunicable, quelle que soit la difficulté, qu'elle vienne de celui qui ne peut pas raconter ou de celui qui ne veut pas entendre raconter. J'ai rencontré ce problème chez Primo Levi, bien entendu, mais aussi chez Jorge Semprun au début de *L'Ecriture ou la vie*, lorsqu'il se confronte à cette difficulté de dire et à sa propre tentative d'éluder le moment de la mémoire.

J'arrive à l'oubli qu'on peut dire intentionnel. Nous sommes passés ainsi du niveau profond à un niveau moyen, puis à ce niveau de surface. A ce niveau opère une sorte de distribution entre un pôle passif et un pôle actif. Du côté passif, je mettrais le simple fait qu'*on ne peut pas* se souvenir de tout. La contrepartie est qu'une mémoire intégrale serait insupportable. Je pense à l'essai de Borges dans *Ficciones* intitulé *Funes el memorioso*, Funes celui qui ne peut pas oublier. En ce sens il existe un besoin d'oubli qui est vraiment salutaire. Nous y recourons dans le récit, puisque, non seulement on ne peut pas se souvenir de tout, mais on ne peut pas tout raconter, toute mise en intrigue consistant à laisser tomber quelque chose et à ne garder que des événements saillants formant épisode dans le récit. C'est la question que se pose tout conservateur d'archives : « Que garder ? » Il y a nécessairement sélection. En ce sens on peut parler d'oubli de sélection.

Nous passons par degrés vers un pôle semi-actif, qui touche à la façon d'éluder la mémoire, et que j'appellerais volontiers l'oubli de fuite : on n'a pas voulu voir, on n'a pas voulu remarquer. Cet oubli est proche de l'omission, de l'aveuglement. Beaucoup de collègues américains travaillent actuellement sur ce concept de *blindness*. On a regardé ailleurs, on n'a pas voulu voir.

J'arrive à un pôle plus actif avec l'oubli volontaire qui permet ce que Nietzsche dans la *Généalogie de la morale* avait appelé la force de l'oubli qu'il voit liée à la possibilité de faire des promesses. Hannah Arendt, à propos du pardon, a repris ce thème : il faut pouvoir oublier, c'est-à-dire être délié, pour pouvoir se lier, et donc faire promesse. Il y a ainsi ce qu'on pourrait appeler un usage éthique de l'oubli : parce que le passé n'est pas seulement ce qui est arrivé et qu'on ne peut pas défaire, c'est aussi la charge du passé, le poids de la dette. En ce sens il y a une fonction allégeante de l'oubli qui nous décharge du poids du passé. Je pense que le travail de mémoire n'est possible que si on a assumé la perte et si on a fait le deuil de la récupération intégrale de la perte.

C'est alors qu'on peut mettre en place sous la forme la plus active, au-delà d'une généalogie de la morale qui contiendrait la capacité de se délier pour être lié, une véritable éthique de l'oubli. C'est là que nous rencontrons l'oubli institutionnel sous son aspect pénal. Cet oubli institutionnel est essentiellement en rapport avec la sanction, avec la peine, dont il faut toujours rappeler qu'elle consiste en deux choses : dire le droit dans une situation singulière, mais aussi punir, châtier, faire souffrir, ajouter une souffrance à la souffrance. C'est par rapport à cette peine qu'il y a une politique de l'oubli. C'est une politique parce qu'elle peut être délibérée. Il faudrait alors mettre en place quatre ou cinq sous-catégories de cette politique de l'oubli ; on commencerait par la réhabilitation de droit de celui qui a purgé sa peine, dont le droit pénal dit qu'elle efface toutes les incapacités d'échéance ; c'est donc l'inverse de l'effacement dont je parlais au début, l'effacement inéluctable de la trace ; là c'est l'effacement de la dette impayée. De proche en proche, nous aurions les réhabilitations solennelles, par exemple de victimes de purges, qui ont valeur réparatrice (ce qui est oublié, c'est la peine, elle est même activement effacée). C'est au terme de ce parcours que nous rencontrerons l'amnistie, à savoir un acte politique à effet pénal. Avec elle se pose un redoutable problème : comment pratiquer l'amnistie sans amnésie ? Il nous faudrait dire ici que la finalité de l'amnistie c'est la réparation des blessures du corps social. Cette problématique remonte à la tragédie grecque et à la pratique de l'oubli à Athènes. Une société, en effet, ne peut pas être en colère contre une partie d'elle-même indéfiniment. Il ne s'agit pas d'un effacement négatif mais d'un effacement actif en vue, selon Hannah Arendt, de la possibilité de « continuer l'action ». Pour cela, il faut sortir de la paralysie par excès de mémoire. C'est par rapport à cette finalité qu'on peut aborder le problème de la prescription, c'est-à-dire de l'acte par lequel on cesse les poursuites. On ne peut indéfiniment poursuivre l'accusé. Mais est-ce qu'il y a de l'imprescriptible ? Est-ce qu'il y a des crimes d'une telle magnitude qu'il faudrait pour eux suspendre la suspension ? N'y a-t-il pas un moment où l'oubli institutionnel rencontre sa propre limite, afin de laisser la parole aux victimes et à leur souffrance ? Le problème est offert à la discussion. J'espère seulement qu'il a été correctement posé.

La mémoire en politique

par Dominique S\CHNAPPER

Au cours de mes enquêtes sur les juifs français, il y a plus de vingt ans, j'avais été impressionnée par la réflexion que m'avait faite en Lorraine un marchand de bestiaux dont presque toute la famille avait été déportée : « Il faut tout pardonner mais ne jamais oublier. » Cette position morale, que j'entendais alors pour la première fois, m'avait convaincue. Elle conjuguait l'impératif de la fidélité aux victimes et la volonté de dépasser le sentiment de vengeance. Mon interlocuteur pratiquait l'amnistie sans amnésie dont parle Paul Ricœur[1]. Le fait que les bourreaux n'ont guère demandé pardon, et que les survivants n'ont pas eu l'occasion de leur accorder un pardon qu'ils ne demandaient pas, ne fait que grandir la position morale du marchand de bestiaux de Thionville.

Mais les collectivités historiques — qu'elles soient organisées en nations ou non — ne sont pas des personnes et on ne saurait leur transférer les règles morales auxquelles se réfèrent les individus sans critique et sans réflexion. La politique est ce que les anglophones appellent un *dirty business*. Le devoir de mémoire en politique ne peut pas avoir le même sens que le devoir de mémoire des individus. Selon la formule habituelle, si révoltante pour celui qui vient de voir mourir un proche, « la vie continue », il n'y a pas de « fin de l'histoire ». Même quand ils ne la manipulent pas consciemment et volontairement, même lorsqu'ils ne détruisent pas les archives et ne cherchent pas délibérément à travestir la vérité, les responsables politiques gèrent et utilisent inévitablement une mémoire collective pour construire l'avenir. Il ne faut pas s'en indigner même si on peut parfois le déplorer. Dans la vie politique, la mémoire a des fonctions inévitablement politiques.

---

1. Cf. Paul Ricœur, *supra*, p. 92.

La mémoire est consubstantielle à l'existence de toute collectivité historique, qu'il s'agisse d'une nation ou d'un groupe particulier. Une société sans histoire ne serait pas humaine. On le sait, ce sont les historiens qui ont inventé les nations. Ce sont eux qui ont élaboré, à partir de faits réels, la naissance glorieuse des grandes démocraties occidentales, la naissance tragique de l'Etat d'Israël ou le mythe de la liberté des petites nations européennes. Au temps des nations et des nationalismes triomphants, le récit des événements du passé, scientifiquement établis, était chargé d'affirmer l'identité collective et d'encourager les contemporains, consacrés héritiers de cette histoire glorieuse, à prolonger l'héritage du passé et à poursuivre l'action commune. Gérard Namer a montré comment une double mémoire, gaulliste et communiste, s'est établie en 1945 pour fonder la légitimité du nouveau régime sur des transfigurations systématiques et organisées des événements historiques récents. D'un côté, depuis le 18 juin 1940, la France gaulliste incarnait seule la France, toute la France, entachant de nullité juridique et politique tout ce qui s'était déroulé en France. De l'autre, le parti communiste était le parti des fusillés, résistant de la première heure au nazisme, comme si le parti communiste n'était pas entré dans la résistance à la suite de l'attaque de l'URSS par Hitler, comme si le pacte germano-soviétique du mois d'août 1939 n'avait pas contribué à la défaite de la France. Double mythe, dont les deux termes étaient liés l'un à l'autre, destiné à asseoir la légitimité de la nouvelle République.

Pour prendre un autre exemple, particulièrement sensible, les grandes puissances européennes auraient-elles jamais accepté la création de l'Etat d'Israël en 1948 si elles n'avaient pas découvert et reconnu, avec retard, l'ampleur du désastre de la Shoah ? Il n'est pas interdit d'avancer — même si cette proposition peut apparaître à beaucoup douloureuse ou choquante — que la gestion et l'organisation collective de la mémoire de la Shoah en Israël — la minute de silence de tout le pays, les pèlerinages à Yad Vashem — ont aussi eu pour fonction de légitimer l'existence d'Israël, son droit moral à l'existence. La survie du peuple juif sous forme nationale devenait, après la volonté d'Hitler de le supprimer, un impératif moral invoqué pour justifier un projet politique particulier.

Ceux qu'on appelle les harkis ont été les victimes de cette gestion politique de la mémoire. Soumis à un véritable piège historique, leur existence même a été niée par deux mémoires nationales. La France gaulliste de la Vᵉ République entendait oublier le projet colonial et la « sale guerre » qui n'aurait pas dû être menée, pour que la France soit désormais libre d'exercer sa souveraineté dans l'ordre international, seul digne de la gloire de la France et de celle du général de Gaulle. Le FLN, quant à lui, établissait la légitimité de la nouvelle Algérie indépendante, en assimilant la guerre menée entre 1954 et 1962 à celle de la résistance du peuple français à l'oppression nazie et à celle de tous les peuples en lutte pour leur indépendance face à des pouvoirs impériaux. Témoins vivants de la guerre coloniale pour les Français, voués à jouer le rôle des traîtres pour les Algériens, les harkis étaient condamnés par la construction de deux mémoires nationales. Les uns furent massacrés en Algérie sans que l'armée française encore présente intervienne, les survivants, transportés de l'autre côté de la Méditerranée, souvent malgré les ordres, furent mal acceptés en France, destin dont certains de leurs enfants et petits-enfants n'ont pas encore fini de payer les conséquences sociales et morales.

Lorsque le devoir de mémoire est trop souvent invoqué ou imposé, il peut avoir des effets pervers. Les collectivités historiques ont aussi un devoir d'oubli. L'utilisation politique de la mémoire peut être perverse, au sens des effets pervers des sociologues. Comment nier que la mémoire des horreurs du nazisme nous a empêchés de reconnaître et d'analyser pleinement les horreurs de l'autre totalitarisme du xxᵉ siècle ? Aujourd'hui encore, en France en tout cas, la comparaison entre l'un et l'autre fait scandale. Faut-il rappeler que la comparaison même implique l'idée de différence ? Si le totalitarisme nazi était identique au totalitarisme soviétique, il n'y aurait pas lieu de les comparer. C'est précisément parce qu'ils ont eu des ressemblances et des dissemblances que la comparaison peut être instructive, intellectuellement et politiquement. Aujourd'hui encore, la mémoire du génocide perpétré par les nazis continue à nous empêcher de penser pleinement les génocides qui furent perpétrés par les communistes. Si le génocide se définit par le fait qu'on massacre les individus non à cause de ce qu'ils ont fait mais à cause de ce qu'ils sont, le massacre des koulaks ou des bourgeois n'est pas par nature différent du massacre des juifs. Est-on responsable d'être né dans une famille bourgeoise ? Aujourd'hui encore, selon la formule d'Anne Apfelbaum, une mémoire en cache une autre.

Si la mémoire du génocide hitlérien, justement entretenue depuis des décennies par les penseurs juifs et non juifs, par les institutions communautaires juives, par l'Etat d'Israël, continue à nous empêcher de comprendre ce que fut le système communiste, il ne faudrait pas qu'il nous empêche également de comprendre aujourd'hui ce que furent les massacres dans l'ex-Yougoslavie ou ceux du Rwanda. Les procès des derniers criminels de guerre ou des derniers collaborateurs du régime de Vichy encore vivants ne doivent pas justifier que nous ne luttions pas contre les trahisons de l'Etat de droit aujourd'hui, chez nous, ou dans les autres pays. Nous avons sympathie et affection pour ces « fous de mémoire », parce qu'ils ont vécu des épreuves qui ont donné définitivement un sens tragique à leur vie ou parce que leurs parents ont vécu cette épreuve et qu'ils l'assument par fidélité. Mais, politiquement, nous ne devons pas combattre seulement un ennemi désormais vaincu, et rester aveugles à ce qui se déroule sous nos yeux. L'histoire continue. Le mal a pris d'autres formes. Il ne faut pas, au nom de la mémoire, même de la plus juste des mémoires, négliger les nouvelles incarnations du mal, ni occulter les dangers du présent. Les morts ne doivent pas empêcher les vivants de continuer à vivre.

Il est aussi un devoir d'oubli, comme le rappelait Renan dans le style de l'époque. L'oubli est nécessaire et inévitable. Toute nation historique est née dans la violence. Les nations naissent des guerres et de la soumission des peuples à une autorité commune. Mais doit-on pour autant revenir au souvenir des drames de l'Occitanie au xiiie siècle et remettre en question la participation de leurs lointains descendants, réels ou supposés, à la société qui est née de cette histoire particulière ? La fin de l'Occitanie doit être objet d'histoire et de réflexion, elle ne devrait pas devenir une mémoire qui fonde et oriente une action collective, sinon par volonté de manipulation politique.

La politisation de la mémoire collective est inévitable. Cela n'élimine pas pour autant la dimension morale. Les nations démocratiques se réfèrent à un certain nombre de valeurs, même si elles sont loin de les respecter toujours. Lorsque la citoyenneté fonde la légitimité de l'ordre politique et constitue la source du lien social, les valeurs qu'elle implique — la dignité fondamentale de tous les individus — font partie de la réalité sociale et politique la plus objective. C'est ce que nous montre la double expérience de l'Allemagne[1]. L'Allemagne de l'Ouest a accepté de reconnaître son passé nazi et de l'assumer. La RDA, elle, s'est construite sur le mythe que tous les nazis étaient des Allemands de l'Ouest et que les Allemands de l'Est étaient pleinement innocents. Les Allemands de l'Ouest sont devenus des démocrates, ceux de l'Est découvrent aujourd'hui leur propre passé nazi et cette découverte constitue l'une des dimensions de leur interrogation sur eux-mêmes et sur leur véritable identité. On peut s'inquiéter de constater que, ni dans les démocraties occidentales ni dans les pays qui furent soumis à la dictature communiste, le débat sur la réalité du système communiste n'a véritablement commencé. Pire, ceux qui l'abordent sont toujours délégitimés et moralement suspects. Comment ne pas s'étonner que l'anti-anti-communisme reste aujourd'hui en France une position qu'on appellerait, dans un autre contexte national, « politiquement correcte » ?

Le refoulement de la mémoire de Vichy pendant des décennies en France explique sans doute le déferlement d'écrits et de débats sur le sujet. En revanche, quand la mémoire de la guerre d'Algérie cessera-t-elle d'être refoulée ? C'est ce débat qui permettrait enfin de reconnaître le destin des harkis pour ce qu'il fut. Nous ne pouvons que rendre hommage au président Chirac qui a reconnu solennellement la responsabilité de l'Etat français dans la déportation des juifs. Quand la conduite du gouvernement de la Ve République dans le drame des harkis sera-t-elle également reconnue ? Quand l'expérience communiste fera-t-elle l'objet de l'examen de conscience moral et politique qui devrait s'imposer à notre génération ?

Les débats collectifs sur le passé fondent une démocratie, qui devrait accepter de reconnaître ses erreurs, ses fautes ou ses crimes. La politique a aussi une dimension morale. Assumer son passé — non pas tout son passé, ce qui est impossible, mais celui qui a encore un sens aujourd'hui — fait partie des conditions de la pratique démocratique. Le débat collectif sur le passé, la reconnaissance des fautes collectives sont nécessaires pour fonder une démocratie véritable.

---

1. Cf. Rudolf von Thadden, *supra,* p. 42.

Débat

Juste une illustration à propos de l'Allemagne.

Il y a une vingtaine d'années, j'ai effectué un voyage professionnel dans ce qui s'appelle maintenant l'ex-RDA. J'étais avec une responsable d'un ministère, nous longions, dans Berlin-Est, le mur de Berlin. La conversation a roulé sur ce qui s'était passé pendant la dernière guerre, et cette personne nous a dit spontanément : « Ça, c'est du temps où les Allemands de l'Ouest occupaient la France ! » Nous étions tenus à une obligation de réserve mais nous lui avons dit : « Excusez-nous, à cette époque il n'y avait qu'une Allemagne. »

M. Ricœur a parlé de mémoire empêchée. On n'a pas encore parlé des enfants et du duo mère-enfant. J'ai quatre-vingt-deux ans et je suis à la retraite depuis longtemps. Je me suis occupé dans mon activité professionnelle de 35 000 enfants en danger de mort à la maternité de Port-Royal pendant quarante ans. Mon expérience en France est la suivante : très souvent le père, après la mort d'un enfant, ne veut plus qu'on en parle, et la mère, alors, est confinée pendant très longtemps dans un deuil empêché, très nocif.

Ces douze dernières années, je me suis aussi occupé des 100 000 orphelins du Bengladesh qui sont tous institutionnalisés. C'est une expérience assez spéciale, unique je crois dans le monde entier. Orphelins du cyclone, orphelins des inondations, ils ont perdu soit leurs deux parents, soit un seul. Avec mon équipe, nous avons constaté que ces orphelins étaient en quelque sorte incarcérés et que cela aggravait leur drame, d'autant qu'ils ignoraient qu'ils étaient orphelins. Nous avons donc entrepris d'informer nous-mêmes, grâce à des interprètes, les enfants de leur identité et de la perte de leurs parents. Six ans plus tard, nous constatons que, même s'ils sont obligés de vivre dans un orphelinat, ces enfants sont mieux adaptés à la vie en société, plus gais. L'expérience du deuil chez des enfants qui ne savent rien de ce qu'il leur est arrivé est tout à fait impressionnante. Ce problème doit être soulevé : les deuils empêchés, soit chez la mère qui perd un enfant, soit inverse-ment chez les orphelins qui ne savent rien, est une grande cata-strophe dont on ne parle pas assez.

PAUL RICŒUR

Je voudrais rattacher cette question à ce que j'ai appelé le niveau moyen, à mi-chemin de l'oubli profond et de l'oubli intentionnel, celui que nous pouvons diriger d'une façon sélective. Cela fait par-tie de toute une famille d'exemples, dont il faudrait donner une typologie fine. Je mettrais cette question dans la question plus vaste des difficultés intergénérationnelles. A l'endroit où les problèmes de mémoire recoupent les problèmes de conflits. Il y a quelque chose de fondamentalement conflictuel dans le rapport génération-nel qu'il faut prendre dans toute son ampleur, horizontale dans la nuptialité et verticale dans la filiation. C'est donc dans ce rapport de croisement de la filiation et du vivre ensemble qu'éclatent toutes sortes de conflits. Je ne voudrais pas majorer le rapport parents-enfants. Vous avez dans le rapport transgénérationnel des cas aussi largement intéressants : les rapports frères-sœurs. Ce n'est pas par hasard que dans les mythes fondateurs, ceux qui sont rapportés dans le livre de la Genèse, le premier mal effectivement désigné, en dehors de la faute primitive, c'est un meurtre, c'est un fratricide. Les rapports frère-frère sont peut-être aussi importants. Lévi-Strauss avait montré que dans les trois invariants fondamentaux de la généalogie humaine, il est un fait que tout homme a deux parents de sexe différent, qu'il a donc un rapport avec les deux sexes par la paternité et la maternité, que deuxièmement il a des frères et sœurs, et que troisièmement ils sont dans un certain ordre : l'aîné, puis le cadet. Dans beaucoup d'histoires bibliques, vous avez des histoires de frères, l'histoire de Jacob et d'Esaü, où il y a un vol de l'aîné par le plus jeune. Je n'ai pas voulu développer ce point parce que cela nous met au confluent de deux problématiques, la problématique de la mémoire et de l'oubli et celle du conflit. Il existe d'autres situations conflictuelles où il y a place pour l'oubli. Récemment, Reinhart Kosseleck a fait un tableau des raisons qui font qu'il y a quelque chose à raconter. Il prenait quatre situations typiques : d'abord, nous avons un rapport avec la mort qui ne se réduit pas simplement au devoir de mourir de chacun d'entre nous, mais qui implique la possibilité d'infliger la mort aux autres, une mort violente. La mort violente est source d'histoire. Deuxièmement nous avons le rapport intergénérationnel. Troisièmement, nous appartenons à des communautés closes ; il y a donc de l'étranger. Quatrièmement nous ne savons pas gouverner une collectivité de façon égalitaire ; il y a donc un rapport hiérarchique : les uns commandent, les autres obéissent. Toute grande tragédie réunit ces quatre causes de conflit, qui sont quatre occasions de narrativité. Il y a des histoires à raconter, il se passe quelque chose sur quoi on peut exercer la mémoire et l'oubli.

DE LA SALLE

Je m'inquiète du trait d'égalité que l'on a mis ici entre la mémoire algérienne et la mémoire française à propos des harkis. Or ces deux mémoires sont différentes. Du point de vue algérien, les harkis, à un moment donné — et je ne les juge pas —, ont fait un choix qui était celui d'aller à l'encontre de la guerre d'indépendance de l'Algérie et de se retrouver du côté de la France. Ce qui est beaucoup plus grave, c'est que les différents gouvernements français et l'armée française avaient promis à ces harkis qu'ils resteraient toute leur vie des Français. Bien sûr, ils n'ont pas pu rester Français en Algérie, mais quand ils sont revenus en France, ils ont été à leur tour exclus, parce qu'on ne voyait pas dans le harki celui qui avait choisi le camp de la France, mais qu'on ne voyait en lui que l'Arabe.

PAUL RICŒUR

Tout ce qu'on peut dire de favorable à l'oubli peut être mis tout à fait sous la formule de Nieztsche dans la *Généalogie de la morale*, lorsqu'il disait « faire place au nouveau ». Il y a une valeur réparatrice de l'oubli ; on ne peut pas porter indéfiniment des plaies, il faut cicatriser. On ne peut pas assumer toutes les mémoires. Il y a une sorte de caractère sélectif à notre capacité de se souvenir.

DOMINIQUE SCHNAPPER

Mon analyse n'était pas une analyse d'ensemble du problème des harkis qui aurait demandé beaucoup plus de temps. J'ai utilisé cet exemple pour montrer qu'il y avait eu, pour des raisons différentes, une double construction de la mémoire. Pour les harkis, le résultat est le même : ils ont été rejetés des deux côtés. Comme vous, j'ai tendance en effet à juger plus grave le fait que la parole donnée par la France n'a pas été tenue. Mais je voudrais simplement ajouter que l'idée que les harkis ont fait le choix de la France était certainement vraie pour quelques-uns d'entre eux, mais que d'autres se sont retrouvé, par les hasards de l'histoire des conflits, des rivalités de villages, d'un côté ou de l'autre, sans avoir une pleine conscience historique de ce qui est apparu rétrospectivement comme un choix tragique. C'est souvent le cas des populations dont le comportement est ensuite réinterprété dans les termes de la grande politique, et qui ont vécu, elles, tout à fait autre chose. Une bonne partie de cette population appelée harki n'a pas « fait le choix de la France », mais s'est retrouvée liée au destin de l'armée française. Par ailleurs, des raisons politiques ont fait qu'on leur a menti et qu'on les a trahis.

DE LA SALLE

Jusqu'en 1950, j'ai cru les gens qui disaient « nous ne savions pas ». Mais j'ai alors assisté à la conférence d'un journaliste, Frédéric Pottecher, qui a rappelé que « pendant la guerre, des gens étaient allés partout pour raconter ce qui se passait, et on leur a répondu que ce n'était pas vrai, que c'était de la propagande ».

De même, au moment de la guerre de Bosnie, en 1992, je participais à une mission. Lorsque je suis rentrée, j'ai raconté dans une conférence, à Montréal, les tortures des enfants, les yeux crevés, enfin tout. J'ai dit que nous étions devant deux dangers : celui du silence et celui de la banalisation de la barbarie par les médias, qui fait que, à force d'entendre tous les jours les mêmes choses, l'opinion publique ne veut plus écouter. Il a fallu quatre ans, de 1992 à 1996, pour que les choses changent en Bosnie. Pourtant, dès le début, on savait que c'était avant tout la population civile qui était victime de la purification ethnique.

RENÉ RÉMOND

Ces deux cas illustrent ce que j'ai essayé de suggérer sur les difficultés de la transmission et de l'incommunicabilité. D'une part vous mettez en cause à juste titre une espèce de surdité de l'opinion qui ne veut pas entendre ou ne veut pas dire. Ceci confirme ce que je suggérais : pour que la transmission se fasse, encore faut-il qu'il y ait une attitude d'accueil et de réception. Quelquefois le fait même de diffuser provoque en quelque sorte une rétention. Et d'autre part, vous dénoncez les inconvénients de l'accoutumance : à force de banalisation, le jugement ne s'exerce plus. Quant à ce qu'on sait ou ce qu'on ne sait pas, la question est pendante actuellement ; les historiens n'ont pas de certitude d'ordre scientifique, ils peuvent avoir des convictions, des opinions probables, mais ils ne doivent les avancer que comme telles, et non pas les donner comme des certitudes. Lorsqu'on a affaire au projet d'extermination d'une population tout entière, à une entreprise qui associe à la fois la rationalité et la démence, l'esprit se refuse quelquefois à y croire et pas forcément pour des raisons méprisables. On a du mal à admettre ce qu'on ne conçoit pas. Ce que dit Paul Ricœur va dans le même sens : ce n'est pas forcément par paresse ou par indifférence qu'on se refuse à croire des faits aussi contraires au bon sens élémentaire. Beaucoup de dispositions peuvent quelquefois faire obstacle à l'acceptation de la vérité et à la transmission de l'information. Il faut y être préparé. Et c'est une des tâches de l'éducation que de préparer les esprits à admettre, à accueillir, à comprendre et à exercer leur jugement.

J'aimerais ajouter une dernière chose. On a dit : « on ne peut pas à la fois accepter plusieurs mémoires ». C'est vrai, et pourtant c'est la raison d'être de l'histoire que d'entrer dans l'intelligence de tous les comportements. Si c'est uniquement pour cultiver sa propre singularité, faire l'histoire n'a pas de signification. Epistémologiquement, faire l'histoire, ce n'est pas se mettre à la place des autres, mais entrer dans la compréhension de leurs actions. Est-ce que ça interdit de juger ? Non. Je pense que dans un premier temps, il faut comprendre. Alors seulement le jugement peut et doit intervenir. C'est tout un apprentissage de savoir distinguer les deux ordres de la compréhension et du jugement.

Chapitre 2

LE BESOIN D'OUBLI

par

Henry Rousso
Antoine Garapon
Julia Kristeva

Le statut de l'oubli

Le sens commun oppose aujourd'hui la mémoire à l'oubli. Il accorde une valeur positive à la mémoire et une valeur explicitement ou implicitement négative à l'oubli, ce qui mérite pour le moins réflexion.

Je me contenterai de poser trois questions en apparence simples : la première dans le registre psychologique, la deuxième dans le registre épistémologique, la troisième dans le registre politique.

Peut-on se souvenir de tout ?

La mémoire, qu'elle soit individuelle ou collective, désigne la présence du passé, une présence vivante, active, portée par des sujets, donc par une parole, et non pas simplement par des traces matérielles. La mémoire est un processus complexe qui articule des souvenirs et des oublis, du conscient et de l'inconscient, la part acceptée et assumée du passé comme sa part déniée ou occultée. En d'autres termes, la mémoire n'est pas *tout le passé* : la part qui continue de vivre en nous est toujours tributaire des représentations et des préoccupations du présent. Mais elle est *tout ce qui du passé* continue de vivre en nous, par le fruit de l'expérience directe, vécue, ou d'une transmission familiale, sociale ou politique.

On ne parle pas aujourd'hui de la Seconde Guerre mondiale comme on en parlait hier. Certes, la conscience du Génocide est plus claire ou plus prégnante aujourd'hui qu'elle ne l'était il y a cinquante ans. Mais cette mise en lumière de ce qui nous paraît à juste titre comme le fait central de cette période, et même de toute l'histoire du XXᵉ siècle, se fait aussi par une mise dans l'ombre d'autres événements qui semblent, par comparaison, de moindre importance, alors que pour ceux qui ont vécu ces événements, ils ont pu peser d'un poids très lourd.

En d'autres termes, la mémoire humaine n'est pas cumulative, elle ne ressemble en rien à la mémoire d'un ordinateur : se souvenir, c'est toujours, peu ou prou, oublier quelque chose car c'est déplacer le regard rétrospectif et recomposer ainsi un autre paysage du passé.

Peut-on « oublier » l'histoire ?

La mémoire, présence vive du passé, n'est pas l'histoire, au sens de la narration du devenir collectif. Parmi leurs nombreuses différences, il en est une assez simple à saisir :

— l'opération historique consiste certes, pour une part, en une forme d'anamnèse, c'est-à-dire une remise en mémoire d'un passé qui a pu être oublié faute de transmission, ou refoulé parce qu'il est traumatique — ce qui signifie donc, dans ce dernier cas, qu'il est toujours présent même s'il n'est pas conscient, et non pas qu'il est « oublié » ;

— mais l'opération historique est aussi un processus qui a pour objectif déclaré de connaître, d'apprendre et d'interpréter un passé qui a été *ignoré* et qu'il s'agit précisément de découvrir et de restituer.

Cette ignorance a pu être celle des contemporains eux-mêmes : combien d'Européens sous le joug nazi « savaient » réellement ce qui se passait à Auschwitz et combien l'ont découvert après — sans même parler du très long processus qu'il a fallu pour intégrer cet événement dans la conscience individuelle ou collective ?

Cette ignorance peut être également celle de la postérité : l'histoire, pas plus que la mémoire, ne peut jamais restituer tout le passé, ni prétendre restituer parfaitement la vérité du passé puisque aussi bien l'historien parle avec les mots et les concepts du présent, et qu'il s'adresse en dernier ressort à ses propres contemporains, en un discours qui doit leur être audible.

L'histoire n'est donc pas simplement une anamnèse, elle est un processus de connaissance qui permet, comme toute démarche de connaissance, de mesurer d'abord l'étendue de notre ignorance. Elle est aussi un apprentissage de l'altérité, de la distance, des différences et des ressemblances entre ceux qui nous ont précédés et nous-mêmes. En d'autres termes, la relation au passé ne se décline pas seulement en termes de souvenirs et d'oublis, car on ne peut ni se souvenir, ni oublier ce que l'on ne connaît pas.

Y a-t-il des politiques de l'oubli ?

Il existe, bien entendu, des politiques de l'oubli qui ont pour objet déclaré, explicite, de rayer certains événements de la mémoire collective. L'exemple le plus immédiat est évidemment l'amnistie, c'est-à-dire, dans la définition contemporaine, un acte du législateur qui efface le crime et jette un interdit plus ou moins fort sur la simple évocation des actes déclarés criminels.

C'est l'occasion de rappeler que l'amnistie appartient à une longue tradition républicaine qui a toujours eu pour fonction de ressouder le tissu social et national après un conflit interne. Elle s'est appliquée à de nombreux conflits sociaux, et surtout à l'occasion de la plupart des conflits politiques qui ont émaillé l'histoire récente de la France — la Commune, l'Affaire Dreyfus, le défaitisme révolutionnaire, et bien sûr Vichy et la guerre d'Algérie.

Ces amnisties sont certes des oublis volontaires, elles constituent des choix politiques, eux-mêmes objets de disputes âpres, mais elles ne signifient pas qu'il y a « oubli » au sens commun du terme. Elles signifient que l'Etat ou la Nation, en fonction le plus souvent d'une « raison d'Etat », décide d'effacer le rappel *public* d'un conflit antérieur. C'est un acte qui s'inscrit dans l'ordre du discours et de l'action politiques, et qui a une valeur supposée de refondation du lien social. De même, l'amnistie, on l'a souvent dit, est très voisine et même concomitante de l'amnésie. Mais l'oubli politique et juridique d'un côté, et l'amnésie volontaire de l'autre ne doivent pas être pris à la lettre, sous peine de contresens : les Français, dans leur majorité, n'ont pas, en tant qu'individus, « oublié » l'Occupation dans les années cinquante-soixante, ils ont voulu, à tort ou à raison, et pour le dire très vite, ne plus en parler, ni publiquement, ni en privé, ce qui est très différent. Il s'agissait là d'un choix, d'un travail de deuil, imparfait et inachevé, pas d'un oubli au sens commun du terme.

Ces attitudes peuvent nous paraître, *a posteriori*, contestables et même condamnables. L'épisode de Vichy, à la lumière de ce que l'on sait aujourd'hui du Génocide, est bien plus qu'un conflit interne qu'une loi d'amnistie pouvait durablement effacer. Au regard de la tradition républicaine, cette nécessité de ré-union nationale nous apparaît aujourd'hui comme infiniment moins importante et vitale que la nécessité du « devoir de mémoire ».

Mais on sent bien malgré tout, surtout à l'ombre du procès Papon, quels problèmes cette valorisation actuelle de la mémoire et cet interdit jeté sur l'oubli ou la possibilité de « tourner la page » peuvent à leur tour soulever.

Le « trop-plein de passé » peut être tout autant polémique que le déni du passé. Au regard des réminiscences de l'Occupation, c'est d'ailleurs à mon sens les deux faces d'un même problème : la difficulté pour la France, comme pour d'autres pays qui ont subi la dernière guerre, non pas d'affronter le passé, mais bien de l'assumer.

Il faudrait en ce sens pouvoir, non pas oublier les crimes du passé, non pas vivre sans leur souvenir, comme après la guerre, ni contre ces souvenirs, comme nous le faisons aujourd'hui, mais apprendre à vivre avec eux, à vivre avec l'irréparable. Il faut redécouvrir la nécessité de vivre dans le présent avec les conflits de l'histoire, sans croire qu'on peut les réparer par un surcroît de mémoire et un ressassement du passé, ce qui revient en définitive à ne pas voir ces conflits, faute d'une distance suffisante.

La justice et l'inversion morale du temps

par Antoine GARAPON

Le procès judiciaire peut-il aider au travail de mémoire ? L'accélère-t-il ou ne faut-il pas craindre qu'à l'inverse il le paralyse ? A quelles conditions la justice apaise-t-elle la mémoire ou, au contraire, l'aiguise-t-elle ? Ces dernières années, la justice a été beaucoup sollicitée à des fins de mémoire, notamment en France. Ne risque-t-on pas de la dénaturer en lui assignant une fonction pédagogique, différente — voire inconciliable — avec celle de juger l'acte d'un homme pour laquelle elle a été conçue ? La justice, avec son rituel et ses contraintes procédurales, est-elle adaptée à cette tâche ?

La justice est appelée tantôt comme barrière contre l'oubli, tantôt comme digue du présent en interdisant de remonter trop loin dans le temps. Car les deux possibilités — l'oubli institutionnel de la prescription ou son interdiction par l'imprescriptibilité — se rencontrent dans le droit. Laquelle privilégier, et dans quelle occasion ? On ne peut trancher de telles questions sans ressaisir le sens profond de l'acte de justice, que Jean Améry définit comme une « inversion morale du temps ».

La prescription juridique et la forclusion du temps

Pour ne pas être à contretemps, la justice doit intervenir dans une période ni trop rapprochée, ni trop éloignée des faits qui lui sont soumis. Si un certain laps de temps ne sépare pas les faits de leur examen, ni le prévenu ni les témoins ne peuvent récupérer de la phase policière, traumatisante par définition[1] ; ils n'ont pas eu le

---

1. Cela ne signifie pas, bien sûr, que des violences s'y produisent mais que la situation d'interrogatoire est par définition inégale et déséquilibrée. L'implication

temps de se préparer à une épreuve d'une autre nature : celle du procès. Il faut laisser le temps au gardé-à-vue de sortir de cette période et de se reconstituer pour affronter un procès. On le constate d'ailleurs dans l'aspect physique des personnes jugées en flagrant délit qui gardent les stigmates de la phase policière[1]. Si elle intervient trop tôt, la justice ne peut inverser le temps policier, au contraire, elle le prolonge. Paradoxalement, ces faits sont trop proches dans la mémoire pour qu'on puisse leur rendre justice. Il est trop tôt pour s'en souvenir, ils ne sont pas séparables du trouble social de l'injustice. Le temps de la justice n'est pas celui de la police ; si le souvenir immédiat est précieux, pour la conservation des preuves qui relève de la responsabilité de l'investigation policière, l'établissement des faits relève d'une élaboration collective et politique. Il faut laisser écouler un certain temps, et donc prendre le risque d'une certaine déperdition du souvenir des faits, pour que justice puisse être dite. La détention provisoire, si contestée aujourd'hui, offre le temps au détenu de trouver sa version des faits.

Si, à l'inverse, le temps écoulé est trop long, la prescription rend impossible le procès. Cette institution est propre aux pays de droit romano-germanique comme la France (la *Common Law* ignore la prescription). Les raisons d'une telle interdiction sont bien connues : il n'est pas opportun d'ouvrir de vieilles plaies que le temps a peut-être refermées, d'autant que les preuves seront plus difficiles à réunir. La représentation sociale du temps ici à l'œuvre est celle d'un flux qui efface, referme, annule, voire répare. Le paradigme de cette conscience naturelle du temps est le processus physiologique de la guérison de la blessure.

Le procès doit ainsi trouver son *kairos*, son juste temps, celui qui, n'intervenant ni trop prématurément ni trop tardivement, place chacun dans une situation optimale pour faire justice, lorsque la pointe des passions est déjà un peu émoussée mais que le souvenir des faits reste vif. Cette juste distance par rapport aux faits est aujourd'hui attaquée dans les deux sens, à la fois par un raccourcissement et par un allongement du temps disponible au procès.

L'attente du procès, qui court entre la commission de l'acte et sa

---

du policier, par exemple, tranche avec l'impartialité du juge, sa proximité avec le corps du gardé-à-vue avec la prohibition du toucher pendant la durée de l'audience.

1. Ils n'ont pas eu la possibilité de se raser par exemple. Voir à ce sujet Antoine Garapon, *Bien juger. Essai sur le rituel du procès*, Paris, Odile Jacob, 1997, p. 109.

répression, est de moins en moins bien supportée. L'opinion désire un jugement exemplaire tout de suite ! Cela se traduit dans l'institution judiciaire par le fameux « traitement des infractions en temps réel » qui cherche à réduire au maximum le temps d'audiencement des affaires pénales après leur constatation, véritable *leitmotiv* des parquets aujourd'hui. Ce n'est probablement pas un hasard si parmi les griefs reprochés à la justice, la lenteur vient en premier. Il n'est pas sûr qu'il soit aussi fondé qu'on le prétend, mais il trahit une impatience bien contemporaine, une difficulté particulière à attendre, donc à symboliser le temps. L'instantané du marché et le direct des médias nous ont certes habitués au temps zéro, mais est-ce celui de la justice ?

On constate aussi le dérèglement symétrique inverse, c'est-à-dire l'allongement quasi infini du temps utile de la justice. Le premier exemple est offert par le retour dans l'imaginaire de cette fin de siècle du crime contre l'humanité, imprescriptible de droit. Dans un tout autre domaine, celui des abus sexuels commis sur des enfants, une loi du 10 juillet 1989 fait courir un nouveau délai de prescription à partir de la majorité des victimes (alors que normalement le point de départ est le jour de la commission des faits). En matière d'abus de biens sociaux enfin, la jurisprudence de la Cour de cassation fait partir le délai de prescription du jour de la découverte des faits et non du jour de leur commission, ce qui plonge les dirigeants d'entreprise dans une insécurité dont ils se plaignent. Remarquons que dans les deux derniers cas, l'infraction vise un abus, c'est-à-dire la perversion d'une relation de confiance — voire de dépendance — qui rend sa découverte et sa dénonciation d'autant plus difficiles.

La prescription ne consiste pas à imposer le silence mais à interdire toute action de justice, passé un certain délai. Plus qu'un oubli institutionnel, la prescription s'analyse comme une forclusion, c'est-à-dire comme l'impossibilité d'intenter une action juridique contre ce qui s'est passé. Il y a deux manières d'effacer l'injustice : par le temps ou par la justice. Le temps biologique prime sur le temps politique de la justice qui est volonté de lutter contre le temps. Le premier n'est plus l'instrument du second mais son concurrent. Il l'emporte à l'ancienneté, non au mérite.

La prescription judiciaire peut apparaître comme une abdication devant la toute-puissance du temps biologique. « C'est le droit et le privilège de l'homme qu'il ne doive pas se déclarer en accord avec tout événement naturel, et donc aussi avec toute croissance biologique du temps. Ce qui s'est passé s'est passé : cette phrase est tout aussi vraie qu'elle est ennemie de la morale et de l'esprit. La puissance morale de la résistance renferme la protestation, la révolte contre le réel qui n'est raisonnable qu'aussi longtemps qu'il est moral. L'homme moral exige que le temps soit aboli[1]. » Peut-on imaginer plus grande souveraineté sur la nature que d'inverser le cours du temps, que de faire en sorte que ce qui a été ne soit plus ? La prescription risque de figer le ressentiment, c'est-à-dire le souvenir douloureux de l'injustice qui « bloque l'accès à la dimension humaine par excellence : l'avenir. [...] Chez l'esclave du ressentiment, le sens du temps est distordu, dé-rangé, si l'on veut, puisqu'il réclame ce qui est doublement impossible : le retour en arrière dans un temps écoulé et l'annulation de ce qui a eu lieu[2] ».

Le procès et la négation du temps

La condition de victime se caractérise par la solitude ; non par la sensation psychologique d'isolement mais par le sentiment d'un abandon moral, l'impression que la morale a été moins forte que le monde et que ceux qui en ont la responsabilité ne s'en soucient guère. Le ressentiment est une mémoire bloquée, rancunière, stérile qui s'oppose en tous points à la mémoire apaisée, celle d'après la justice. C'est pourquoi la justice doit solder cette dette qui pèse sur ceux qui promettent l'Etat de droit, c'est-à-dire un monde juste. Pour laisser le champ libre à la mémoire.

De quelle manière la justice pourra-t-elle annuler moralement ce qui s'est passé ? En répétant l'histoire, en la convoquant à nouveau en vue non pas de nier sa vérité historique mais, au contraire, de lui restituer sa vérité morale. Son objectif n'est pas d'ordre académique mais politique : dire le droit, rendre justice. Le verbe « rendre » à propos de la justice évoque bien l'idée que quelque chose a été pris à la victime et, dans une moindre mesure, à l'ordre poli-

1. Jean Améry, *Par-delà le crime et le châtiment. Essai pour surmonter l'insurmontable*, traduction de Françoise Wuilmart, Arles, Actes Sud, 1995, p. 125.
2. *Ibid.*, p. 120.

tique. D'où l'action propre du procès qui consiste à la fois en une mise en présence et une mise au présent. La représentation judiciaire des faits doit être comprise dans son sens premier comme une « présentification » des faits rendus à nouveau présents.

Une actualisation de l'injustice

Le procès est « le moment rétrospectif de la conscience où les faits sont présentés en dehors de leur pure effectivité au regard d'une structuration légale[1] ». Le procès est alors le théâtre d'une tension entre, d'une part, la qualification juridique préexistante aux faits qui réduit leur singularité, et, d'autre part, la toile de fond sur laquelle ils se découpent. La justice intervient pour qualifier officiellement et définitivement les faits, pour contrarier leur immoralité qui risque de se dissiper avec le temps. Que signifie, en effet, dire le droit, sinon reconstituer les faits sous un regard éthique ? Il y a une vérité historique, factuelle et une vérité morale et juridique des faits. « Le méfait, dit Jean Améry, n'a en tant que méfait aucun caractère objectif. Le massacre, la torture, la mutilation de toute espèce ne sont objectivement, que des enchaînements d'événements physiques, descriptibles dans la langue formalisée des sciences exactes : ce sont des faits à l'intérieur d'un système physique, non des actes inscrits dans un système moral[2]. » Même les actes bureaucratiques établis en toute légalité par le fonctionnaire d'un Etat moralement corrompu ne peuvent arguer de cette apparente immunité.

Si l'on parle des faits au passé simple, l'action du procès se déroule au présent. Son but dans ce sens est d'abolir le temps. Les cinquante-trois ans qui séparent le procès Papon des actes de déportation qui lui sont reprochés sont comme annulés par la justice qui les *rouvre* (c'est le terme de la justice) comme s'il lui était encore possible d'agir dessus — et c'est effectivement le cas dans le temps reconstitué du procès. Réunir dans un même tribunal Maurice Papon et ses victimes pour juger ce qu'il a fait, ce n'est pas qualifier toute une époque mais prétendre agir dessus ; ce n'est pas faire comme si ce qui s'était passé n'avait pas eu lieu, c'est réduire à néant la régularisation que le temps semblait avoir procurée. Voilà

1. Christophe Abensour, *Le Droit*, Paris, Editions Quintette, 1988, p. 52.
2. Jean Améry, *op. cit.*, p. 122.

ce que Jean Améry appelle le « processus d'inversion morale du temps ».

C'est dans ce sens qu'il faut entendre le terme processuel de « rappel des faits » qui est à la fois réflexif et actif : non seulement on rappelle certains faits à la mémoire collective mais on les rend à nouveau présents en vue d'agir dessus. Il faut reconstituer les faits, non pour en réactiver le sens, comme le fait une commémoration, mais pour les vider de leur nuisance morale. Le jugement n'évacue pas des faits passés mais il les fixe dans la mémoire collective en en donnant une version officielle et définitive. Il borne le récit, stoppe symboliquement le cours du mal.

Une réunion des parties

A la différence de l'historien qui travaille sur documents, la justice travaille *à corps présents*. La « comparution » — on ne peut être plus explicite — constitue une fonction symbolique essentielle du procès ; présence physique des protagonistes d'abord, qui autorise la catharsis judiciaire ; mais aussi présence à soi-même pour qui est mis en demeure de s'expliquer, d'assumer ce qu'il a fait, d'avoir *his day in court*[1] ; présence d'une société à elle-même comme l'a montré — avec quelle ambiguïté — le procès Papon. Les juristes utilisent d'ailleurs le terme de « confrontation », entre la victime et l'agresseur, entre un témoin et l'accusé, entre l'accusation et la défense, entre tous et le juge.

Le premier acte de ce drame se joue dans les coulisses : il consiste à faire asseoir l'autre sur la sellette. L'assignation lui rappelle qu'il est — que nous sommes tous — l'« obligé » de la cité. Etre accusé signifie d'abord être mis en demeure de se présenter, être intégré malgré soi dans un processus de signification collectif. Si je refuse de me présenter, cela sera interprété comme une dérobade, voire un aveu ; si je me présente, j'accepte d'occuper la place de l'accusé qui m'est assignée. On sous-estime une des principales difficultés d'un procès qui est de commencer — il lui faut se présenter comme un espace neutre alors que les différentes places sont

---

1. Expression anglaise pour désigner le sentiment ambivalent de traverser un moment difficile mais dont on est néanmoins le centre d'intérêt (dont se rapproche l'expression populaire « lui faire sa fête »). Pour la tradition juridique de *Common Law* la justice est un *moment* alors qu'elle est plutôt un *processus* dans les pays de droit écrit.

déjà inégalement chargées symboliquement —, de tout recommencer alors qu'intenter des poursuites, c'est déjà estimer que l'on a des charges suffisantes pour cela.

Les victimes très souvent ne demandent rien d'autre que cette présence contrainte, comme le montre la Commission Vérité et Réconciliation en Afrique du Sud[1]. Chacun se souvient de la déposition au procès Barbie d'une des victimes déclarant qu'après cette confrontation avec son bourreau elle pourrait enfin dormir car depuis quarante ans ce visage la hantait et elle ne pouvait s'en défaire. Même constat pour le procès Papon : « Si ses effets sur la mémoire collective restent très controversés, écrit Eric Conan, ce procès serait donc au moins bénéfique pour de nombreuses mémoires individuelles. Il y a pour certains de quoi s'en féliciter. D'autres y voient plutôt motif à s'interroger sur l'échec antérieur, ainsi révélé : qu'a-t-on fait pour que tant d'existences orphelines et souffrantes ne voient d'autres issues que de s'adresser à des tribunaux pour retrouver le fil de leur dignité et de leur confiance perdues[2] ? »

La comparution, la « co-présence devant un tiers de justice » selon l'expression de Lévinas, caractérise la justice tout entière. La co-présence des parties signe la pluralité de versions des faits, de points de vue, voire de systèmes de valeurs. Cette co-présence annonce une co-construction de sens, jusqu'à l'intervention du tiers. Le juge, par définition, voit double et entend double : il ne peut entendre une seule voix sous peine de se dénaturer. Sa tâche, à l'inverse du faiseur solitaire de systèmes, consiste à arbitrer deux points de vue peut-être irréconciliables, à prendre en considération deux thèses et à trancher. Juger est un impératif pratique.

Le procès réunit physiquement une nouvelle fois ceux que le crime a illégitimement rapprochés ; il organise, en symétrie à la première rencontre, en miroir à la scène injuste, une nouvelle rencontre dont les places sont échangées : celui qui avait le dessus se retrouve entravé et la victime dépose, libre. Plus qu'un spectacle infamant, ce qu'attend la victime est une répétition de la scène traumatique. Les victimes attendent de cette nouvelle confrontation, où les positions sont inversées par rapport au crime, moins d'être

---

1. Voir le dossier de la revue *Esprit*, décembre 1997.
2. Eric Conan, « Cérémonies sacrées », *L'Express*, 25 décembre 1997.

vengées que d'être délivrées de leur solitude morale. « En cet instant », dit Jean Améry qui s'était fait fracasser le crâne à coups de manche de pelle en camp de concentration, « il était avec *moi* — et je n'étais pas seul avec ce manche de pelle. J'aimerais croire qu'au moment de son exécution, l'homme qui avait été contre moi se retrouve avec moi [1] ». La justice réunit furtivement le bourreau et la victime dans la négation du mal, avant que celui-là ne se lance dans le difficile travail intérieur d'appropriation de son crime et que celle-ci ne puisse commencer son travail de deuil. Mais le mandat de la justice s'arrête à ce bref moment qui rend ces élaborations possibles sans toutefois les garantir.

Tant que la victime n'a pas vu son agresseur jugé, elle est condamnée à ressentir une extrême solitude due à son expérience morale impartageable : elle peut décrire les faits, rencontrer une écoute compatissante de la part des autres mais ne peut se faire reconnaître en tant que victime par une instance morale incarnant la totalité politique. « Ces gens qu'on aurait traités auparavant comme des chiens, explique Monseigneur Desmond Tutu, ont désormais une histoire reconnue par le pays entier. On a ouvert aux victimes un forum officiel où elles ont raconté leur histoire. Toutes ne sont pas venues ; mais celles qui se sont présentées nous ont dit dès la première audition : "Nous avons raconté notre histoire partout mais l'avoir racontée ici nous a pour la première fois libérés du poids qui pesait sur nos épaules" [2]. »

La victime attend de cette mise en présence, de cette nouvelle réunion, non pas une possible réconciliation ou un improbable pardon, mais d'être réintégrée dans l'univers politique et moral commun. En Afrique du Sud, les officiers des forces de sécurité se voient obligés de dire au grand jour ce qu'ils ont fait, dans leur propre ville. Beaucoup de proches ne savaient pas que derrière ce bon père de famille se cachait un tortionnaire. « Faire des aveux publics est un prix très lourd à payer. Beaucoup ont vu leur ménage bouleversé, voire brisé, parce leur femme et leurs enfants ne savaient rien de ce qu'était leur travail [3]. » L'apaisement ne peut venir que de cette implication forcée du criminel dans la vérité

---

1. Jean Améry, *op. cit.*, p.123.
2. « Pas d'amnistie sans vérité », entretien avec l'archevêque Desmond Tutu, *Esprit*, décembre 1997, p. 66.
3. *Ibid.*

morale de son crime. « J'exige qu'ils [mes bourreaux dans les camps de concentration] se nient eux-mêmes et qu'ils me rejoignent dans cette négation[1]. » Ce n'est qu'une fois que cette réunion morale aura été célébrée par la justice que le bourreau pourra devenir à nouveau le « prochain » de sa victime.

Mais il n'est pas sûr que les bourreaux reconnaissent leur crime. Le sujet de droit qui peut exiger des protections contre toute intrusion dans sa conscience, et le sujet moral apte à donner à ses actes une valeur négative sans se renier, entrent ici en conflit. La justice ne peut contraindre que la rencontre physique. La réunification morale est hors de la portée des institutions politiques. Elle en garantit l'inaccessibilité. L'ultime communauté à laquelle réintègre la justice, c'est bien la commune humanité de la victime et de son bourreau, dont celle-là a été expulsée et que celui-ci ne pourra réintégrer qu'à la condition de répondre publiquement de ses actes. Le moment du jugement n'est plus évitable car il est constitutif de l'humanité elle-même. D'où peut-être l'imprescriptibilité des crimes portés contre elle.

Cette possible réunion de tous après que justice a été dite est un horizon d'attente autant qu'un fait social. Se rejoindre, être réunis à nouveau : voilà le sens profond de ce que Lévinas appelle la « co-présence » devant un tiers de justice. Cette mise au présent et en présence est à la fois un événement réel et le moment fictif de la communauté politique, celui dont elle espère procéder et qu'elle n'a de cesse de retrouver. Cette co-présence de toutes les parties dans un même lieu autour d'une même question en se mettant d'accord sur des valeurs communes, est à la fois la condition, le moyen et la fin de la justice.

L'arrêt de justice et la libération de la mémoire

Le procès judiciaire procède d'un double mouvement de réanimation de la mémoire pour l'apaiser. Dans ce sens, on peut parler d'un oubli paradoxal du jugement qui commence par son contraire : la remémoration collective. L'actualisation du passé par la remémo-

---

1. Jean Améry, *op. cit.*, p.121.

ration à plusieurs se distingue de la commémoration collective qui est résignation devant le sens. La remémoration se décompose en deux temps : la réactivation de la mémoire avant son évacuation. L'actualisation des faits vise également leur purgation. Il faut exorciser la violence contenue dans des faits non jugés. Le procès est donc tout le contraire d'un refoulement : c'est un oubli qui passe par la mise en scène et non par l'évacuation. La remémoration ritualisée du crime en vue de son dépassement semble paradoxalement la condition de l'oubli. On ne peut dépasser que ce que l'on sait, ce qui a été officiellement établi. Le procès est à la fois aboutissement d'un travail de mémoire et point de départ d'un processus de dépassement. Parlons de dépassement plutôt que d'oubli. Rendre justice est, comme le verbe l'indique, la restitution au passé de sa vérité morale ; c'est rendre le passé surmontable, soulager des faits passés pour leur laisser place dans l'histoire. Il faut actualiser les faits pour les faire basculer du côté du passé dans leur matérialité comme dans leur moralité.

Du crime, il faut s'en souvenir une bonne fois pour toutes, une dernière fois avant de ne plus en parler, et passé un certain délai, avoir même l'interdiction d'y faire référence publiquement. Si l'on veut passer directement à la phase d'oubli sans passer par celle du jugement, on risque de sombrer dans la mémoire bloquée, c'est-à-dire dans le deuil pathologique. Le drame de l'impunité, lorsque le crime n'est pas reconnu comme crime, en apporte la preuve par les souffrances spécifiques qu'elle provoque autant pour la communauté politique que pour les personnes.

Déjà la réactivation porte en elle son évacuation, ce que montre le caractère non répétable d'un jugement. Le pouvoir de la justice de remonter le temps s'épuise en s'exerçant. Les différentes voies de recours conduiront à un jugement *définitif*, comme disent les juristes, c'est-à-dire à un épilogue. La décision pourra être commentée, voire critiquée, mais non reprise. Si le temps biologique peut être remonté par la justice, le temps du procès, lui, est à sens unique, il ne peut être remonté (sauf à engager la procédure lourde et très exceptionnelle de la révision). *Non bis in idem*, disent les juristes : on ne refait pas deux fois le même procès. Le recours à un procès est une arme à coup unique, pas un fusil à répétition. C'est ainsi que le procès chasse irrémédiablement le temps. La capacité d'imposer un épilogue social à toute affaire est d'ailleurs de plus en plus difficile, comme en témoigne l'affaire du sang contaminé sans cesse relancée. Plus la force symbolique du procès s'affaiblit, plus il est difficile de mettre un terme au procès, et donc de bénéficier de son aptitude à maîtriser le temps.

Un tel rapport au temps distingue également le travail de l'historien de celui du juge. Outre le fait qu'ils ne portent pas le même regard sur le passé [1] (l'historien, à la différence du juge, n'a pas la prétention de changer le cours de l'histoire en interférant par ses décisions), le travail de celui-ci est toujours contraint par une échéance : il doit se prononcer en arrêtant la délibération infinie (ses décisions ne s'appellent-elles pas précisément des « arrêts » ?). L'historien ne peut-il pas réinterpréter *sans arrêt* tel événement historique ?

Il y a donc deux sortes d'oublis pour la justice, la prescription et l'amnistie. Le premier interdit la justice, le second l'assume. La réhabilitation qui consacre la fin de la peine, l'amnistie qui l'efface ou la grâce présidentielle qui n'en annule que les effets, ne sont que les précipitations d'un processus de purgation qui est l'essence du judiciaire. Il se distingue de la prescription qui, nous l'avons vu, est une forclusion et non un oubli.

La justice a deux fonctions principales : dire le droit et prononcer une peine. Elle s'oriente vers une tendance *restauratrice* ou *rétributrice* suivant qu'elle insiste plutôt sur l'une ou sur l'autre. Peut-être que, à l'encontre de certaines idées reçues, la peine est secondaire par rapport à l'obligation de dire le droit. Parfois les dimensions du crime sont telles qu'il n'est pas possible d'apporter à tous une justice complète, avec des faits juridiquement prouvés, des peines effectives pour les coupables et des indemnisations civiles aux victimes. La Commission Vérité et Réconciliation, qui se tient aujourd'hui en Afrique du Sud, inaugure une forme de justice plus restauratrice que rétributrice, qui préserve l'essentiel de la justice : dire le droit. Cette justice s'attache plus à restaurer la dignité de celui qui dépose [2] qu'à dégrader celle qu'elle juge, plus à restaurer

---

1. Voir à ce sujet Carlo Ginzburg, *Le Juge et l'historien : considérations en marge du procès Sofri*, Lagrasse, Verdier, 1997.
2. « Etre reconnu comme personne à part entière, pouvoir raconter son histoire devant une commission nommée par un président que vous avez élu, c'est inestimable » (Desmond Tutu, *op. cit.*, p. 66). N'est-ce pas le propre de la dignité que d'être capable de se raconter devant une instance officielle ?

l'unité morale de la communauté politique qu'à en écarter l'un de ses membres.

La purgation de la mémoire apparaît comme une fonction anthropologique essentielle de la justice. Et si toute cette dépense symbolique, tout ce luxe procédural n'avaient en définitive d'autre fonction que de produire du définitif ? De faire basculer la mémoire vive, non encore purgée et toujours grosse de violences potentielles, en une mémoire apaisée ?

Mémoire et santé mentale

par Julia KRISTEVA

Certaines formes d'oubli sont constitutives de la mémoire.

Pour commencer, une déperdition de l'excitation est nécessaire afin qu'elle puisse laisser une trace, qu'elle puisse se mémoriser : nous disons que l'excitation est *différée*, et cet « oubli » — *différance* — est une condition de la mémorisation.

D'autre part, pour se défendre contre une excitation-douleur insoutenable, l'appareil psychique oublie sa charge traumatique : cet « oubli » — *refoulement* — est une protection de la vie psychique contre l'intolérable qui risque de la désorganiser.

Cependant, ce mécanisme de l'oubli défensif, de bénéfique qu'il est initialement, génère, s'il s'installe et se généralise, l'amnésie, l'inhibition de la pensée, le symptôme somatique, l'angoisse.

L'invention de Freud consiste à montrer que c'est en levant l'oubli, en faisant l'*anamnèse*, et notamment l'anamnèse des traumatismes infantiles, que le psychisme peut reprendre une vie optimale : sans inhibition-symptôme-angoisse, et se retrouver capable de créativité.

On oublie de rappeler que cette anamnèse n'a rien à voir avec l'*hypermnésie*. L'hypermnésie est l'échec de l'oubli : échec du *refoulement*, ainsi qu'échec du *lien à l'autre*. Le Tout-mémorisé peut constituer un monde envahissant, menaçant, impossible à synthétiser, où les autres me nuisent, me font mal, me détruisent. Le Tout-mémoire est le monde de l'enfer que sont les autres, dont je n'oublie jamais qu'ils me font mal à force d'être, et qu'ils me feront mal quoi que j'en pense. Je décris ici le monde paranoïaque.

Or, Freud écrit cette phrase énigmatique : « J'ai réussi là où le paranoïaque échoue » (lettre à Ferenczi, 6 octobre 1910). Dans le contexte qui nous intéresse, il faudrait l'entendre ainsi : je réussis

à lever l'oubli, sans pour autant tomber dans l'hypermnésie persécutrice. Comment la psychanalyse réussit-elle ce « miracle » —
lever l'oubli sans échouer dans l'hypermnésie, si tant est qu'elle y
parvient et quand elle y parvient ?

A la place de l'hypermnésie, l'analyse propose de *donner du sens*
à l'inoubliable qu'est le trauma.

On a trop souvent dit que la psychanalyse sexualise l'essence de
l'homme, quand on n'a pas dit qu'elle l'intellectualise : tout dans
le sexe, tout dans les mots. Ni l'un ni l'autre, la découverte de Freud
consiste à donner un *sens amoureux* qui *transforme le souvenir*.
J'ai été blessé(e), trahi(e), violé(e) ; je vous le dis ; votre attention-
confiance-amour me permet de revivre cette blessure-trahison-viol
autrement. Je lui donne désormais — et à chaque nouveau lien
amoureux — un autre sens, supportable. Je n'efface pas la blessure-
trahison-viol. Je lui *donne*, il faudrait dire, je lui *par-donne*, un
autre sens, nous lui pardonnons un autre sens.

Telle est l'alchimie du *transfert* : transformation du souvenir au
cœur d'un nouveau lien dont on souhaite l'intensité à la hauteur du
lien amoureux.

Cette réactivation de la mémoire traumatique dans un nouveau
contexte amoureux qu'est le transfert (faut-il rappeler que sans
transfert, il n'y a pas d'analyse ?) est un pardon : une autre variante
bénéfique de l'oubli. Après l'oubli-déperdition de l'excitation pour
qu'elle puisse s'engrammer, après l'oubli-défense, l'oubli-freinage,
l'oubli-refoulement, vient l'oubli *par-don*. Je reprends ce mot à la
théologie, pour lui donner une signification forte, qui intéresse la
santé mentale, au sens de possibilité de *renouvellement*.

Le pardon n'est pas un effacement : il opère une *coupure* dans
la chaîne persécutrice des causes et des effets, une *suspension du*
temps à partir de laquelle il est possible de commencer une autre
histoire. Hannah Arendt, qui a tenté à sa façon de laïciser ce terme,
rappelle que les mots grecs *aphienai, metanoein* signifient renvoyer,
changer d'avis, revenir, refaire son chemin ; l'acte de pardonner
aux vaincus n'existait pas chez les Grecs ; nous le retrouvons chez
les Romains ; mais c'est le Kippour biblique, et surtout le développement de ce thème dans les Evangiles, notamment Matthieu (VI,
14-15), qui insiste sur le fait que, certes, Dieu seul pardonne, mais
la suspension des crimes et des châtiments est d'abord le fait des

hommes : « Si vous pardonnez aux hommes leurs manquements, votre Père vous pardonnera aussi... »

Au cœur de l'analyse, c'est l'interprétation pour autant qu'elle est amoureuse, qui requiert la valeur de « par-don » au sens de « possibilité de recommencer ». L'interprétation amoureuse et vraie est la condition de renouvellement de ma vie psychique. A partir de là, je ne fais pas semblant que « ça » n'a pas eu lieu — faire semblant me conduirait au cynisme et au jeu de rôles dont je suis capable, mais qui, à la longue, m'épuisent. Je ne me fixe pas non plus dans une lamentation mortifère, hommage incurvé à l'agent qui m'a infligé ma blessure, ma trahison, mon viol. Notre nouvel amour m'éclaire ce crime autrement : je repars non pas à zéro, mais à nouveau.

Entre l'hypermnésie et l'oubli, la seule issue pour le porteur d'un trauma, c'est... de devenir un amoureux perpétuel. Le plus étonnant est que certains y arrivent — ce qui en fait des émules de Don Juan, mais pourquoi pas ? C'est une autre histoire. De fait, la figure la plus discrète de cet éternel amoureux qui ne cesse de par-donner ou de se par-donner un trauma inoubliable, n'est-ce pas... l'analyste lui-même, ou elle-même, quand il/elle existe ?

J'entends votre question. Si telle est la dynamique de la santé mentale vue du divan, peut-on la transposer dans la société ? Réponse : très prudemment, cela va sans dire, car la logique sociale ne dépend pas que des motivations psychiques... Sous cet angle cependant, posons-nous la question : qu'est-ce qui, dans la vie de la cité, peut offrir ce cadre optimal pour une réinterprétation de la mémoire, avec amour et pour amorcer le par-don (au sens de transformation de la violence persécutrice en recommencement) ?

La réponse est aussi simple qu'introuvable : il nous faudrait une société confiante en ses valeurs et projets — qui ne se contente pas de célébrer les crimes ni de les condamner, mais de les analyser en proposant d'autres solutions aux mêmes conflits.

Au contraire, quand on manque de valeurs et de solutions, on se fige dans le rôle de l'hypermnésique qui n'interprète pas, mais se complaît dans le rôle de la victime (réelle ou potentielle) d'un ennemi. Je ne sais pas qui je suis, dit le citoyen de cette société en déperdition ou en dépression, il n'y a plus rien, mais je n'oublie pas que j'ai un Diable qui me fait être.

Il est à craindre que nous soyons entrés dans une histoire où il n'y a que des héros négatifs : des acteurs de l'horreur dont nous sommes les spectateurs ou les victimes. Si tel est le cas, la santé mentale de cette société-là est en danger : notre vie psychique — en tant que possibilité de recommencement, de renouvellement, de *liberté* — est en danger. La psychanalyse, alors, se propose comme *une* des voies intimes possibles, capables de remédier à cette impasse.

Débat

DE LA SALLE

Après la Seconde Guerre mondiale, en France, il y a eu des procès très rapides qui auraient empêché la mémoire de se constituer. Il est paradoxal pourtant de constater qu'en France les partis de l'extrême droite sont si importants. Y a-t-il une relation entre ce qui s'est passé et ce qui se passe maintenant ?

HENRY ROUSSO

L'épuration a commencé très tôt en 1944 et s'est terminée très tard : elle a duré dix ans avec des phases d'intensité variable. Le gros de l'épuration se situe entre la Libération, septembre-octobre 1944, et 1946-47. Est-ce qu'elle a été trop rapide ? C'est un jugement sur lequel je ne peux pas me prononcer. Je citerai un mot de Joseph Rovan à propos de l'épuration d'après-guerre, de la dénazification et de certaines formes d'épuration qui ont pu commencer à voir le jour dans les pays de l'Est : « Pour être bonne, une épuration doit être brève et sanglante. » C'est un mot terrible. Une épuration — en tout cas celle que je connais bien, celle de l'après-guerre en France — est un processus qui doit manquer de distance et qui s'organise autour de l'urgence. Dès lors que la distance s'installe et qu'il existe une justice « normale ou normalisée », les catégories d'incrimination, l'attitude des magistrats changent du tout au tout. L'un des problèmes de la France est que l'épuration a été à la fois trop rapide et trop lente : elle a frappé tout de suite, comme elle pouvait, mais elle a duré très longtemps.

L'anamnèse de Vichy, la relecture que la France fait de son passé depuis une vingtaine d'années est concomitante de la montée d'une extrême droite. Je ne fais pas de relation de cause à effet. Je constate qu'à peu de chose près, il y a une concomitance entre ce réveil de la mémoire et cette montée ou remontée de l'extrême droite sur des bases qui peuvent nous paraître comme inscrites dans des mouvements des années trente ou quarante. Ce devoir de mémoire-là a-t-il servi en tant qu'instrument et arme politique dans les combats du présent ? Ne devons-nous pas inventer de nouvelles formes de combat politique plutôt que de rester les yeux rivés sur un passé qui nous fournit des modèles, de la nostalgie, mais aucune arme politique pour aujourd'hui ?

ANTOINE GARAPON

On assiste à une sorte de pénalisation de la vie politique où notre seule réponse est de faire des procès. C'est une sorte de détournement du procès qui ne fait que juger des hommes pour des actes qu'ils ont commis. Il reste à faire de la politique entre nous pour définir des projets et à inventer des instruments pour les accomplir.

JULIA KRISTEVA

L'épuration est une terreur contre la terreur, ça ne transforme pas la mémoire traumatique, ça ne lui donne pas la possibilité de se transformer. Le procès, la fixation obsédante sur les mêmes crimes, s'ils ne s'accompagnent pas d'une interprétation et de nouveaux projets pour cette société, risquent de nous enfermer dans une hypermnésie que j'ai nommée tout à l'heure comme un culte des héros négatifs. Ce qui me paraît être un danger pour notre société. Nombreux sont ceux qui, conscients de ces dangers, essayent de transformer en promesses cette commémoration. Mais ceci exige une transformation de fond en comble de nos objectifs sociaux et de nos projets de vie, et pas seulement une fréquentation du passé. D'où l'idée d'amour et de projet que j'essayais de lancer sur le plan individuel, auxquels le climat social ne se prête guère, mais pour lesquels une certaine partie de ce pays — et en tant qu'étrangère, je le sens bien — a les forces pour œuvrer.

DE LA SALLE

A la question cruciale qui lui est posée, Antigone répond : « Je ne suis pas ici pour haïr. Je suis ici pour aimer avec les autres. » Elle n'oublie pas, elle transforme. Cette transformation s'opère justement par le lien amoureux, amoureux dans le sens universel du terme.

Selon Nietzsche, « nous n'abordons jamais les faits réels ». Les faits en tant que tels passent par une sorte de boîte noire, la boîte noire de la perception, et par la suite par la boîte noire de l'oubli, qui les transforment, mais qui peuvent les rendre fructueux, c'est-à-dire créateurs.

JULIA KRISTEVA

Votre intervention me conforte dans ma réflexion. Je partirai de ce que vous avez rappelé à partir de Nietzsche, à savoir que nous n'abordons pas les faits réels avec la mémoire, y compris dans la remémoration analytique. Mais je voudrais établir une distinction avec le refus d'aborder le fait réel par défense et oubli. La personne qui, sous l'effet d'un viol ou d'un crime, dit : « Je ne veux pas savoir, je ne peux pas aborder ces faits, je me constitue une personnalité (que nous appelons le *faux-self*) qui me conduit à des jeux de rôle, peut-être même à du cynisme », a une manière mortifère de ne pas aborder le fait réel. Cette personne-là vient nous voir pour essayer d'élaborer son Antigone, sa créativité, son roman. La relation analytique optimale — et Dieu sait qu'elle n'est pas toujours optimale — lui permet éventuellement de créer. L'écrivain, par exemple, par le jeu des métaphores et des autres figures rhétoriques, de la vocalise, de la musique dans la langue, des rôles les plus subtils et les plus plastiques de son imaginaire, constitue alors un discours, jamais exactement dans les faits, mais vivant, recommençant. La créativité esthétique est une voie très importante pour une forme d'oubli créatif.

DE LA SALLE

On parle d'une nécessité de recul pour que la justice fasse son travail. Mais les juristes ne sont pas des historiens, et faire un procès, c'est uniquement décider si quelqu'un est coupable ou non. Aux historiens ensuite de travailler sur les décisions de justice.

DE LA SALLE

Il y a également le point de vue des victimes qui ne peuvent pas attendre.

ANTOINE GARAPON

Ce sont deux tâches absolument différentes. On ne peut pas condamner quelqu'un sans avoir établi des faits. Pour établir des faits, la justice n'a rien trouvé de mieux que de le faire de manière contradictoire, c'est-à-dire en croisant plusieurs regards sur des faits identiques.

DE LA SALLE

Concernant les crimes de guerre et les crimes contre l'humanité, le principe de l'imprescriptibilité a été organisé au niveau universel. Or, le fait que ces crimes peuvent, au niveau national, faire l'objet d'une amnistie — et je pense particulièrement à l'Algérie — me paraît douteux.

Au niveau politique, la tentation de procéder à l'oubli afin de pouvoir négocier avec d'anciens criminels et de sauvegarder la paix est toujours là. On pense au cas de l'ex-Yougoslavie. Mais si on a cru nécessaire d'oublier le rôle qu'avait joué Monsieur Milosevič dans les crimes commis en ex-Yougoslavie, les événements du Kosovo semblent démontrer aujourd'hui qu'il y a des limites au jeu de Tartuffe.

ANTOINE GARAPON

Le procès doit trouver son *kairos* — son juste moment —, ni trop près, ni trop loin des faits.

La prescription est une construction du droit continental. Le droit de *Common Law*, lui, ne connaît pas la prescription.

Il y a, c'est vrai, des effets pervers à l'amnistie et on sait l'usage que l'extrême droite fait de la loi d'amnistie des événements d'Algérie.

DE LA SALLE

Plus que des créations de juristes, la prescription, l'amnistie semblent être des remèdes politiques qu'ils ont accepté d'inscrire dans les lois pour servir le politique. La grâce est évidemment une survivance d'un régime d'un autre âge. La prescription, que vous dites ne pas être connue dans les régimes de *Common Law*, tend à disparaître depuis qu'on a instauré l'imprescriptibilité des crimes contre l'humanité. A propos de cette dernière notion, comment se fait-il que, alors que les victimes réclament des poursuites pour les crimes contre l'humanité et qu'ils ressentent de façon si vive le besoin de justice, il puisse encore exister des institutions comme la prescription, qui ne font qu'aviver le mal ?

ANTOINE GARAPON

Détrompez-vous . l'amnistie et la grâce sont aujourd'hui des moyens de gestion de la population pénale. La prescription est une institution très importante pour la réhabilitation des anciens délinquants ou des personnes qui ont été condamnées. On ne voit que la dimension politique de l'amnistie, mais elle a une dimension juridique et sociale extrêmement importante. La justice est une instance qui peut être actionnée par tous les citoyens, cette question n'est pas celle de la justice, elle est celle d'une société qui a recours — et ça c'est nouveau — à la justice pour vider des querelles qu'elle a avec elle-même.

DE LA SALLE

Pour discuter des procès de la Libération, il faut quand même tenir compte du fait que, pendant la guerre, la justice a été extrêmement docile. Rappelons-nous qu'un seul magistrat a refusé de prêter serment d'allégeance à Pétain, ce qui ne lui a d'ailleurs pas valu une belle carrière après la Libération. Quant au procureur général Mornay, qui avait prêté allégeance à Pétain, il a lui-même fait le procès de Pétain. Il faut donc voir que, sous la pression des événements des deux premières années de la guerre, cette justice ne pouvait pas être sereine. Elle avait des choses à se faire pardonner, notamment la Chambre de justice spéciale.

DE LA SALLE

Récemment, un SDF qui avait avoué un viol a finalement été innocenté parce que le prélèvement de sperme ne l'incriminait pas. Dans un cas comme celui-là, doit-on le juger une deuxième fois pour l'innocenter ? Est-ce que, en soi, une preuve matérielle est plus forte que tout témoignage ou tout aveu ?

ANTOINE GARAPON

La justice ne peut donner qu'une vérité conventionnelle. Je pense à l'affaire Sofri qui agite nos amis italiens et dans laquelle la révision, qui est le mécanisme qu'ont trouvé les institutions juridiques pour revoir des procès qui semblent avoir été injustes, a été refusée. Dans ce cas-là, pourtant, la seule possibilité qui existe est la révision d'un procès.

HENRY ROUSSO

Rappelons trois choses.

Les principes de l'épuration ont été établis par le gouvernement provisoire de la République française et non par les magistrats. Deuxièmement, les magistrats qui ont jugé sur l'épuration ne sont pas ceux qui ont siégé sous l'Occupation, du moins pas en totalité. Il y a eu une épuration de la magistrature, beaucoup plus sévère qu'on ne le croit, et qui a eu pour fonction de faire en sorte que ces magistrats ne puissent siéger dans les cours de justice. Troisième élément important, et qu'on oublie constamment : les cours de justice qui ont jugé à la Libération étaient de petites cours d'assises, mais les jurés étaient des résistants ou en tout cas des gens choisis par la Résistance. Donc, s'il faut faire le procès de l'épuration, qu'on fasse le procès de tous les responsables, et pas seulement des magistrats.

DE LA SALLE

Que faut-il transmettre aux nouvelles générations ? Faut-il tout dire, tout raconter ? Ou faut-il cacher la mémoire pour les préserver ?

JULIA KRISTEVA

C'est une très belle question à laquelle il est difficile de répondre. Je ne pense pas qu'on puisse tout dire. Il faudrait essayer de dire ce qu'on peut, en tout cas, ne pas cacher, et essayer de transmettre au plus vrai la souffrance qu'on a subie. Si on ne parle pas de la génération antérieure, quelque chose du trauma intergénérationnel reste enkysté ; on sent le malaise mais on ne peut pas le nommer. La possibilité de mettre en récit la mémoire passée est quelque chose de très important. On ne pourra jamais le faire totalement.

En France comme aux Etats-Unis, dès qu'il y a un conflit, on fait appel à la justice. On est en train de créer une espèce de nouveau dieu qui serait la jurisprudence et qui réglerait tous nos problèmes. C'est un grand progrès de la démocratie que d'avoir des instances qui peuvent régler ces questions difficiles, mais il

conduit à une inflation du juridisme qui nous épargne le devoir
de développer de la mémoire vive individuelle, élaboratrice, historique, discutante, symbolique, méditante, toute une richesse de
la pensée humaine qui risque de se figer en lois et en prises de
mesures. Il faut prendre garde à ne pas délester notre mémoire
sur le juridique.

DE LA SALLE

Croyez-vous que le temps donne davantage d'objectivité ? Tout
souvenir est une reconstruction quel que soit le moment où se
place ce souvenir. Est-ce que le temps donnera plus d'objectivité
à un témoignage alors que, souvent, le souvenir est conditionné
par ce qu'on a vécu entre l'événement et le moment où on le
raconte ?

ANTOINE GARAPON

Ne confondons pas le temps de la police — qui est le temps de
la conservation des preuves — et le temps de la justice, qui est une
élaboration collective sur des faits. Ce que vous dites est probablement exact lorsqu'il s'agit du souvenir immédiat des faits, qui est
le problème de la police. En revanche, la justice est une élaboration,
une maturation — et les termes qu'emploie Julia Kristeva pour le
travail personnel sont transposables sur le plan collectif : la justice
est une élaboration collective, à plusieurs voix, par des gens qui
n'ont rien à voir les uns avec les autres — avocats, témoins, procureurs.

DE LA SALLE

La subjectivité des historiens est trop grande aujourd'hui. Il y a
encore quelques historiens qui nient la Shoah. Le travail des historiens ne devrait-il pas être additionné pour que leur subjectivité soit
réduite et qu'on approche davantage de la vérité ?

HENRY ROUSSO

Je vais vous surprendre : je suis assez d'accord avec vous. Pour moi, le travail de l'historien est un travail où la pluralité est très importante. C'est un travail de confrontation.

Quant aux historiens qui nient la Shoah, ce ne sont pas des historiens, ce sont des négationnistes.

Chapitre 3

LA MÉMOIRE EMPÊCHÉE

par

François GROS
Junzo KAWADA
GAO Xingjian

La bioéthique, ou la mémoire transposée

par François GROS

La science du cerveau, qui tente de déchiffrer les mécanismes de la connaissance sous ses différentes formes, nous apprend des choses remarquables sur les phénomènes de mémoire. On est en mesure désormais d'en préciser les processus élémentaires au niveau neuronal. Ces processus élémentaires reposent sur des réactions biochimiques dont les phénomènes de mise en jeu commencent à être appréhendés d'une manière de plus en plus fine au niveau cellulaire. Les biologistes nous expliquent par exemple comment fonctionnent (ou s'altèrent) les diverses manifestations de cet extraordinaire phénomène où se côtoient l'affleurement à peine conscient de sensations fugaces, sensations vite oubliées, mais préparatoires à l'action, le stockage prolongé d'une information appartenant à un passé souvent très lointain, ou encore la résurgence plus ou moins rapide de ces souvenirs enfouis. Il y a donc, neurobiologiquement parlant, une grande diversité dans la manière de se souvenir et d'en tirer parti : mémoire à court terme, mémoire à long terme, mémoire de travail, etc.

En cette affaire, la biochimie, l'électrophysiologie, l'emploi des méthodes exploratoires non agressives, mais aussi le recueil des données pathologiques, l'analyse du psychisme, tout cela a permis de reconstituer la trame essentielle de ce que l'on pourrait appeler notre mémoire « cérébrale ». Ces données scientifiques fournissent des éclairages parfois saisissants à qui cherche à analyser les choses au premier niveau ! Pour autant, on est encore loin de pouvoir expliquer la richesse intellectuelle et émotionnelle du souvenir ; moins encore sa raison d'être qui est l'une des particularités marquantes de la personne, dont Spinoza nous dit qu'elle est comme une « essence en soi ». L'homme trie dans ses souvenirs comme s'il choisissait un livre dans une énorme bibliothèque. Parfois le livre tombe de l'étagère sans que nous le recherchions, parfois nous ne trouvons pas l'ouvrage à consulter.

La mémoire, pourrait-on dire, c'est l'homme dans toutes ses facultés « d'être » : elle peut être ce sanctuaire individuel et inviolable du passé vécu, ou un sentiment partagé, collectif : mémoire de célébration, mémoire de vengeance, mémoire du fait historique (objective, mais émotionnellement neutre), mémoire entretenue ou mémoire refoulée. Refoulée parce que les souvenirs qu'elle rejette seraient contraires dans leur résurgence consciente au principe spinozien de la personne en tant que « fin en soi », dans ce qu'elle peut et doit avoir de stable et d'identitaire. Cette mémoire-là, celle que Freud a débusquée dans les moindres recoins, c'est celle des humiliés, de ceux pour qui faire revivre intellectuellement « l'indicible » est source d'une insupportable souffrance. Comment expliquer tout cela ? Y a-t-il un pourquoi à cette forme de souffrance mnésique ? Serait-ce là la marque de quelque attitude rédemptrice ? Mais dans quel but ? Qu'y a-t-il à expier ? Quelle faute à racheter dans le fait d'être exclu par l'autre ? Quel crime ont commis les enfants juifs livrés par le pays des droits de l'homme et du citoyen pendant la rafle du Vel' d'Hiv' ? Quelle que soit la réponse (si toutefois il y en a une) à ce qu'Elie Wiesel a appelé le « silence de Dieu », cette mémoire-là confronte l'individu à une certaine représentation de sa propre espèce, une espèce dont elle nous révèle les limites. Avec la Shoah, certains n'ont-ils pas tenté de faire franchir à leurs semblables ce qui pourtant constitue les limites extrêmes de l'espèce humaine dont chaque être pensant se réclame, et de les exclure de la mémoire historique ? Sans doute, comme le dit encore Elie Wiesel, notre société s'efforce-t-elle d'exorciser cette perte de mémoire par un discours de banalisation. Quoi qu'il en soit, la « mémoire » de ce « mal radical », dont l'extermination des juifs, des Tziganes d'Europe par les nationaux-socialistes mais aussi celle des Japonais d'Hiroshima et de Nagasaki ont signé l'avènement de masse, ne saurait être réductible à une symbolique du souvenir, si puissante soit-elle, parmi les survivants. Pour ma part, mû sans doute aussi par un certain mécanisme de « refoulement », j'éprouve de la réticence face à l'idée d'Hans Jonas qu'une « heuristique de la peur » peut être génératrice d'une éthique nouvelle car admettre cette heuristique, n'est-ce pas déjà justifier ce passé indicible ? Il n'y a peut-être d'ailleurs, comme le dit Hannah Arendt, rien à expliquer dans cet avènement de masse tant le mal est une composante exacerbée, mais hélas banale, de l'espèce humaine. Pourtant, depuis plus d'un demi-siècle, notre société pense qu'il y a *quelque chose à faire* : reconstruire la subjectivité individuelle et plurielle au sens d'Emmanuel Lévinas à travers un nouveau dialogue et dans un nouvel espace d'interaction au sein de l'espèce humaine précisément ! C'est là que peut intervenir la bioéthique, désormais conçue comme une « mémoire transposée » dans le présent et l'avenir. Entre le discours sur la science humaniste, tel que l'ont tenu les grands noms de la physique (Marie Curie, Langevin) ou de la biologie (Jean Rostand) à la fin des années trente, et le *big bang* techniciste de notre temps à visée économique et marchande (celui des *high tech*, des biotechnologies, de l'informatique), il y aura eu la Shoah, les expériences perpétrées par les médecins nazis dans les camps, l'extermination de plus de 70 000 aliénés mentaux dans les asiles sur fond d'euthanasie raciste prônée par de grands noms de la science allemande, américaine ou française... Il y a eu aussi le « silence » (sinon toujours la complicité) que gardèrent des scientifiques européens de renom[1].

C'est sans doute pourquoi, en y ajoutant le constat que la science n'a pas su répondre aux prophéties d'antan sur le bonheur de l'humanité, « l'écorce d'austère sévérité qui recouvre les sciences ne cache plus désormais, aux yeux de beaucoup, qu'une propriété mentale parmi d'autres ! La science n'est plus la seule voie comme on l'a pensé à la fin du XIXe siècle et au début du XXe. Ce jeu de la raison se singularise par la nature particulière de son échange avec le monde extérieur, mais cette relation originale ne lui donne désormais droit à aucun privilège moral »[2].

Cependant cette désillusion morale n'a pas provoqué de rejet. D'une part, parce que nous sommes entrés si puissamment dans une civilisation du technique qu'on voit mal ce qui conduirait à s'en dégager. D'autre part, parce que la prise de conscience du passé, mais aussi d'un présent riche en événements biomédicaux d'une portée sans précédent (cf. les progrès de la génomique) place la société dans une attitude faite à la fois d'espoir et de crainte ; une

1. Benno Müller Hill, *Science nazie, science de mort*, Paris, Odile Jacob, 1989.
2. France Quéré, *L'Ethique et la vie*, Paris, Odile Jacob, 1991.

attitude qui la conduit à la recherche d'un nouveau « contrat » en matière de morale et de droit, donc d'une nouvelle forme d'éthique. C'est dans le domaine de la bioéthique que la recherche de ce nouvel équilibre « individu-société » est la plus patente. Si le terme de « bioéthique » a été introduit, il y a près d'une trentaine d'années, par l'Américain Van Rensselaer-Potter, à la faveur d'une réflexion générale concernant la survie de l'individu humain face à son environnement, le mouvement de responsabilisation des chercheurs a, en réalité, pris son véritable essor avec le groupe « Pugwash » fondé par Bertrand Russell et Albert Einstein, après l'utilisation de la bombe atomique, puis avec le code de Nuremberg (1947) sur la morale médicale, à la suite des jugements du Tribunal militaire international. S'ensuivirent peu après : la Déclaration universelle des droits de l'homme des Nations unies (1948), la déclaration d'Helsinki (1974) et les diverses versions qui, à sa suite, cherchaient à définir les règles relatives à toute expérience sur le sujet humain, et qui érigèrent le principe du « consentement éclairé ». La suite est connue du lecteur : création en 1983 du Comité consultatif national d'éthique pour la recherche médicale, édiction, en 1994, d'une loi de bioéthique, constitution par l'UNESCO d'un Comité international de bioéthique, présidé par Noëlle Lenoir... On assiste aujourd'hui à un foisonnement de comités, de règles et de recommandations se rapportant, pour beaucoup d'entre eux, à la reproduction humaine, au génie génétique ou, plus récemment, au clonage, sans oublier de nombreux aspects de la recherche en neurosciences, en psycho-physiologie humaine... Le mouvement d'idées s'est donc peu à peu converti en un réseau institutionnel et législatif : la mémoire d'une certaine science et d'une certaine médecine (et, par extrapolation, celle d'une certaine recherche) s'est transposée en un dialogue pluriel entre scientifiques et « utilisateurs » de la science et de la médecine. La question principielle porte sur la façon de poursuivre la recherche (que personne ne souhaite, en son tréfonds, voir arrêtée) sans aller « trop loin ». Comment réconcilier le respect de la subjectivité individuelle avec l'équilibre et le progrès sociétaux ? On reproche souvent à la bioéthique, en France comme ailleurs, d'emprunter une démarche et une organisation par trop procédurales, ou de ne pas donner toute sa place à une concertation démocratique pleinement représentative. On lui reproche aussi de répondre davantage aux interrogations culturelles, souvent locales, professionnelles, voire nationales, plutôt qu'aux valeurs morales universelles.

C'est sans doute oublier que la bioéthique, comme le dit D. Roy, « repose sur des personnes vivantes et non pas sur des principes universels ». La bioéthique, en dépit des reproches qui peuvent lui être adressés, représente une tentative caractéristique de cette fin de siècle qui cherche à transposer en actions positives le souvenir d'un passé trop lourd. « Inscrite totalement dans l'action, dit Christian Byk, elle ne permet pas de savoir précisément tout ce que nous voulons, mais elle nous assure cependant que nous possédons des fils conducteurs que nous pouvons suivre à travers des débats ouverts et autocritiques. »

La bioéthique, ce n'est la solution ni à l'angoisse justifiée de ce monde, ni aux inégalités et aux malheurs de l'homme. C'est un projet sociologique propre à notre temps, qui va dans la bonne direction pour autant qu'il invite concrètement à une véritable solidarité au sein de notre société et, plus généralement encore, au sein de notre espèce ! Un projet n'a pas de sens sans le « rêve » qui l'anime. Comme le dit Lucien Sève : « En de tels moments, l'optimisme de la volonté n'a rien d'insensé. » « Si tu n'espères pas l'inespéré, dit Héraclite, tu ne le trouveras pas. »

La mémoire corporelle : le patrimoine immatériel

par Junzo KAWADA

La mémoire n'appartient pas uniquement au domaine mental.

Le langage déjà, qui est le support fondamental de la mémoire, en même temps que le moyen principal de sa transmission, se réalise par un enchaînement coordonné de mouvements physiques des organes vocaux et articulatoires, conditionnés par d'innombrables répétitions.

Cette remarque s'applique aussi à l'écriture, en particulier lorsqu'il s'agit des *kanji*. En effet, ces idéogrammes d'origine chinoise, qui transmettent l'idée par la perception visuelle, s'acquièrent par l'apprentissage corporel répété des mouvements de la main qui écrit. Il serait impossible sinon de retenir dans une mémoire qui ne serait pas physique plusieurs milliers d'idéogrammes aux innombrables formes graphiques. Le système des signes *kanji* se fonde donc sur les fonctions sensori-motrices.

Dans beaucoup de sociétés africaines s'est élaboré un système de langage tambouriné qui émet des messages verbaux, non pas par les mouvements des organes vocaux, mais au travers de mouvements des mains battant la membrane du tambour, des mouvements cadencés acquis par apprentissage corporel depuis l'enfance.

De fait, la culture tout entière est constituée de pratiques corporelles quotidiennes — manières de se saluer, de rire, de pleurer, de marcher, de manger, etc., propres à chaque culture. Selon l'expression de l'anthropologue français Marcel Mauss, c'est au moyen de l'*habitus* acquis par un apprentissage gestuel qu'un enfant entre dans la vie sociale d'une culture. Cet *habitus*, dont l'essentiel n'est autre que la mémoire corporelle collective, est en même temps à la base de l'histoire de « la longue durée » au sens braudélien.

L'une des caractéristiques de la mémoire corporelle en rapport avec l'histoire est qu'elle résume dans le présent du corps tout le passé d'une culture. Elle est en cela un réceptacle de l'histoire.

La mémoire corporelle joue un rôle essentiel dans différents métiers manuels (ceux qu'on appelle en anglais les *performing arts*). Ces métiers « traditionnels » ont, jusqu'à présent, assuré une riche diversité au patrimoine immatériel de l'humanité. Contrairement à la tendance actuelle qui, par des moyens mécaniques et électroniques, produit une uniformisation de la production et de la communication, dans ces métiers, les connaissances techniques et artistiques sont acquises, pratiquées et transmises d'une génération à une autre par la mémoire corporelle de chaque individu.

Une telle transmission se réalise au sein d'une famille ou d'un groupe particulier, où les novices s'appliquent à acquérir les connaissances de leur métier, par la répétition de techniques du corps particulières.

De génération en génération, l'art de ce métier — au sens originel du mot *ars* en latin — atteint un haut niveau d'élaboration. Ce type d'apprentissage est long et pénible et il est souvent imposé contre la volonté individuelle des apprentis.

A cause de la contradiction qui existe entre le souci d'élaborer une qualité particulière et le type de la contrainte imposée à la liberté des individus, des organismes internationaux de défense des droits de la personne comme l'OIT (ILO) dénoncent ce système d'apprentissage.

Dans la société japonaise, on s'oppose au caractère « féodal » du système de relations « patron-client », appelé *iemoto*. Le système de *iemoto* est un système de clans en vigueur dans les métiers du théâtre, de la musique et de l'artisanat, comme pour le *Nô*, la danse *nihon-buyoo*, le chant *kiyomoto*, le *sadoo* ou « cérémonie du thé », l'*ikebana* ou « arrangement floral », la céramique d'art, etc. Chacun reconnaît le niveau de sophistication exceptionnel atteint grâce à ce système fermé en même temps qu'il dénonce l'oppression exercée sur les individus.

La situation est identique dans le système de castes en Inde et, en Afrique occidentale, dans les groupes endogames d'artisans et d'artistes.

En outre, le contexte socioculturel où se situaient ces métiers disparaît. Les produits ou les représentations sur scène auxquels ce système aboutit n'ont plus la valeur et la popularité d'autrefois, et les jeunes, même ceux qui sont nés dans ces milieux, s'en désintéressent.

Souvent, les produits de fabrication industrielle dépassent en qualité les produits de fabrication manuelle réalisés par une main-d'œuvre non qualifiée. C'est la situation du tissage manuel traditionnel en Inde, sévèrement concurrencé par le tissage industriel mécanisé et perfectionné, qui n'est plus dans les mains des colonisateurs étrangers comme au temps de la résistance anti-coloniale organisée par Gandhi, mais dans les mains de compatriotes.

Il reste que ces métiers, transmis dans de petits groupes locaux au moyen de l'apprentissage des techniques du corps, constituent un patrimoine immatériel précieux pour l'humanité.

Actuellement, un programme de l'UNESCO réfléchit à la manière de transmettre ce patrimoine immatériel. Sauvegarder le patrimoine immatériel, c'est sauvegarder des individus dont la mémoire corporelle est aujourd'hui empêchée. C'est protéger la connaissance des techniques du corps relatives à une certaine fabrication.

A l'exemple de l'institution japonaise des « Ningen Kokuhoo », ou « trésors nationaux vivants » qui existent depuis 1955, d'autres pays, comme la République de Corée en 1964, la République des Philippines en 1973, la Thaïlande en 1985 et plus récemment la Roumanie et la France ont créé un système semblable pour honorer et protéger les maîtres d'art. En 1989, l'assemblée générale de l'UNESCO a adopté une recommandation destinée à encourager tous les Etats membres à établir un système comparable.

Il reste à motiver des jeunes pour succéder à ces maîtres et revitaliser leurs connaissances dans le contexte actuel.

L'essence du patrimoine immatériel réside dans le fait qu'il est porté par des détenteurs vivants, et qu'il existe un peuple vivant pour jouir de ses fruits. Momifier ce patrimoine immatériel serait le déshonorer. Les jeunes ne reprendront la succession de leurs aînés que si l'on accepte leur créativité.

Ainsi la langue, le mode de vie nomade et le patrimoine immatériel du peuple San (Bochimans) sont menacés de disparaître sous l'effet de la politique sédentarisatrice et nationalisatrice du nouvel Etat-nation du Botswana, dirigé par les Tswana. Les Tswana sont des cultivateurs-éleveurs appartenant à la famille linguistique bantu. Ils sont venus du nord au XVIIe siècle, après avoir envahi le territoire occupé par les San et chassé ces autochtones dans la région désertique du Sud.

Or nationaliser veut dire assimiler la langue et le patrimoine immatériel des minoritaires à la langue et à la culture des majoritaires. La situation est semblable chez les Aïnou du Japon, ainsi que pour d'innombrables minorités dans différentes régions du monde.

Le cas des Saami de Scandinavie du Nord semble être une exception heureuse et peut-être exemplaire. Ils étaient autrefois nomades et éleveurs de rennes, mais aujourd'hui, l'élevage ne constitue plus qu'une faible partie de leurs activités de subsistance de base (30 % des Saami de Finlande sont éleveurs de rennes, et 10 à 15 % des Saami de Suède et de Norvège).

Du point de vue de la langue, le saami, qui appartient à la famille finno-ougrienne, est assez éloigné du finlandais, qui appartient pourtant à la même famille, et très différent du suédois et du norvégien qui sont de la famille indo-européenne.

La langue des Saami a toujours été divisée en plusieurs fractions dialectales, et ils n'ont jamais connu de système politique unifié, malgré leur revendication d'autonomie depuis la fin du XIXe siècle vis-à-vis des trois Etats concernés.

Ils ont à présent obtenu une autonomie socioculturelle, et leur langue est utilisée dans les régions autonomes saami comme langue officielle, dans les administrations et pour les affaires culturelles, ce qui encourage les jeunes à l'apprendre et à participer aux activités fondées sur leur patrimoine immatériel.

C'est leur solidarité socioculturelle à travers trois Etats qui a donné tant de force aux mouvements autonomistes saami. Chez les Aïnou du Japon, des tentatives sont faites également pour tisser des liens avec d'autres peuples arctiques ; mais les divergences socioculturelles et politiques entre les Aïnou et les autres ethnies arctiques, comme les Inuit (les Eskimos), les chasseurs-pêcheurs de la Sibérie orientale tels que les Nivkhi (les Giliyak) ou les Chukchi, sont trop profondes. Partout dans le monde, les chasseurs nomades sont les plus opprimés car leur mode de vie est incompatible avec les principes de l'Etat : le territoire, le recensement, l'imposition, la scolarisation.

Il faut souhaiter que la communication et l'échange d'informations s'établissent entre les différents détenteurs du patrimoine immatériel dans différentes régions du monde.

La tâche la plus difficile consistera à chercher un nouveau type de rapports communautaires, fondés non sur des liens féodaux, mais sur la volonté libre des individus, dans les rapports maîtres-apprentis comme dans la relation entre les émetteurs et les récepteurs des fruits du patrimoine. Ici encore, comme dans le cas de la solidarité entre minorités culturelles opprimées, c'est hors du cadre de l'Etat-nation qu'il convient de trouver les moyens de créer un nouveau contexte apte à sauvegarder et à enrichir la diversité des cultures de l'humanité.

La mémoire de l'exilé

par Gao *Xingjian*

L'exil politique, s'il n'est plus un sujet tabou, reste un problème délicat pour un intellectuel chinois.

Il en est ainsi depuis l'apparition, à la fin du siècle dernier, des intellectuels sur la scène politique chinoise. En 1898, les réformistes Kang Youwei et Liang Qichao se réfugièrent au Japon, après l'échec de la réforme constitutionnelle de l'Empire de la dynastie Qing. De même le grand révolutionnaire Sun Yat-sen s'exila à plusieurs reprises à Hawaii, puis au Royaume-Uni où il fut emprisonné, et au Japon entre 1894 et l'avènement de la République en 1911. Parmi les hommes de lettres, on peut citer également Guo Moruo, le poète et historien communiste, réfugié au Japon après l'échec en 1927 de l'insurrection communiste de Nanchang, ainsi que le libéral Hu Shi, qui gagna les Etats-Unis en 1948, juste avant la prise du pouvoir de Mao Zedong.

Pour comprendre la situation particulière des exilés chinois, il faut remonter à l'origine même des intellectuels en Chine. Dans la société traditionnelle, les mandarins faisaient partie du régime impérial et féodal ; ils possédaient une charge ou remplissaient un office au service du pouvoir. La doctrine du confucianisme pesait lourd et les esprits libres ne se trouvaient que chez les lettrés qui vivaient en ermites, loin de la cour. Du grand poète Qu Yuan (343-290 avant notre ère) au philosophe Li Zhi (1527-1602), cette fuite spirituelle et cet exil intérieur (souvent dans des régions reculées de l'Empire) ont engendré les pages les plus belles de la littérature. Mais l'intellectuel dans le sens moderne du terme n'est apparu en Chine qu'avec le fameux mouvement du 4 mai 1919, très marqué par l'influence de la culture occidentale. Cette époque ne dura malheureusement guère plus d'une décennie. L'invasion japonaise et les guerres civiles successives mirent un point d'arrêt à cette période bénie pour les jeunes intellectuels chinois. Submergés par la lutte entre nationalistes et communistes, les intellectuels perdirent vite leur indépendance et leur esprit critique. La censure fit rage.

Après la fondation du régime communiste, les Chinois qui n'avaient pas de parents à l'étranger ne purent guère quitter le continent. Les mouvements politiques que le Parti lançait les uns après les autres contraignirent plusieurs millions d'intellectuels à subir le *laogai*, cette soi-disant « rééducation » par le travail forcé dans les prisons et les camps. Pendant la Révolution « culturelle », bien peu purent s'échapper pour rejoindre Hong Kong. Et plus rares encore sont ceux qui prirent la parole une fois à l'étranger.

Ce n'est qu'après la tragédie de Tian An Men, en 1989, que l'ampleur du massacre contraignit plusieurs centaines d'étudiants et d'intellectuels à prendre la fuite. Parmi eux se trouvaient des leaders du mouvement démocratique, des étudiants comme le Ouïgour Wu-er-kaixi et la jeune pasionaria Chai Ling, mais également beaucoup d'intellectuels célèbres tels que le politologue Yan Jiaqi, le critique littéraire Liu Zaifu, ou de nouveaux hommes d'affaires comme Wan Runnan, le président de la société d'informatique Stone. Citons encore l'astrophysicien Fang Lizhi et Wei Jingsheng, le leader du mouvement démocratique, expulsés respectivement en 1990 et 1998 par les autorités chinoises.

Par ailleurs, des milliers d'étudiants qui faisaient leurs études en Occident, ainsi que des écrivains, des poètes (Bei Dao et Gu Cheng), des artistes (Ma Deshen) et des journalistes (Liu Binyan) en visite à l'étranger se virent contraints de devenir eux aussi des réfugiés. Cette vague d'exilés, qui revêt un caractère nettement politique, est importante pour tout intellectuel chinois, qu'il soit à l'extérieur ou à l'intérieur de la Chine. Aujourd'hui la conscience semble s'être enfin éveillée, qu'il s'agisse de l'Etat ou du développement de l'individu.

Entre exilés politiques et Chinois anciennement immigrés, il existe malheureusement un certain décalage. La mémoire des Chinois d'outre-mer est différente : elle s'appuie plutôt sur la culture ancestrale. Les Chinois d'outre-mer ne sont pas en conflit direct avec le régime chinois actuel, dans la mesure où ils ont des intérêts économiques avec le continent. Au contraire, pour les intellectuels récemment exilés, ce sont leurs expériences personnelles, la richesse spirituelle née de leurs épreuves, et surtout la force et la vitalité nécessaires pour leur nouvelle vie qui comptent.

Qu'ils appartiennent ou non à des groupes constitués, les exilés ont créé plusieurs revues — politiques comme *Le Printemps de Pékin (Beijing zhi chun)* ou culturelles et littéraires comme *Orienta-tion (Qingxiang)*. Nombreux sont les écrivains, artistes, chercheurs ou professeurs qui cherchent à s'intégrer au pays où ils vivent tout en s'efforçant de garder leur voix individuelle. Ils écrivent et publient, non seulement en chinois, mais également, tel Ovide exilé chez les Gètes, dans une langue qui n'est pas la leur.

J'ai fait ce choix — huit pièces de théâtre, deux recueils d'essais, un roman, des expositions de peinture — au moment même où, à Pékin, mes manuscrits, correspondances et documents divers étaient définitivement confisqués par la Sécurité publique. En fait, l'exil a donné naissance non pas à la nostalgie, mais à une sorte de renaissance créative.

Ce n'est pas le cas de tous les exilés. Certains tombent malades ou se suicident dans des circonstances parfois dramatiques comme le poète Gu Cheng en Nouvelle-Zélande. Le système communiste a affaibli l'indépendance de l'individu. Le travail et la sécurité sociale que fournissait l'Etat ont progressivement mis les intellectuels au service du pouvoir, et mis sous tutelle leur liberté d'expression personnelle. C'est pourquoi un certain nombre d'intellectuels ont renoncé à l'exil et sont retournés en Chine. Chacun son choix. La liberté n'est jamais gratuite.

A plusieurs reprises, j'ai connu l'exil intérieur en Chine. Au début de la Révolution « culturelle », j'ai ainsi brûlé quelques dizaines de kilos de manuscrits, tout en continuant à écrire en cachette lorsqu'on m'a envoyé à la campagne. J'ai commencé à publier mes écrits au début des années quatre-vingt en pratiquant moi-même l'autocensure, mais cela n'a pas empêché les autorités chinoises d'interdire mes pièces, notamment *L'Arrêt de bus (Chezhan)* en 1983. J'aurais mieux fait de renoncer à toute autocensure et d'écrire ce que je voulais sans penser à être publié. Je me suis mis alors à écrire mon roman *La Montagne de l'âme (Ling shan)* que j'ai terminé en France. Le massacre de 1989 m'a poussé à écrire tout de suite une pièce, *La Fuite (Taowang)*, pour régler définitivement mes comptes avec ce pays. C'est pourquoi j'ai particulièrement apprécié l'hospitalité qui m'était offerte par la France.

Tout homme cultivé est multiculturel. Je ne me suis pas borné à écrire mes souvenirs de Chine, ni à écrire seulement en chinois. Ma première pièce *Au bord de la vie*, directement écrite en français, a été créée à Paris au Théâtre du Rond-Point et montée en Australie, en Italie, en Pologne et à New York. Et j'avais déjà écrit trois pièces dans la langue de Molière avant d'obtenir la nationalité française.

C'est l'homme qui a créé l'histoire et la culture. L'homme d'abord, la mémoire ensuite. Le patrimoine dont on a besoin n'est de toute évidence pas fondé sur une mémoire déformée, imposée par des pouvoirs totalitaires, mais sur des mémoires différentes, plus riches et plus vivantes. Des mémoires individuelles et plurielles. C'est cela que les exilés peuvent apporter.

On n'imagine pas la puissance que le régime actuel exerce encore sur les esprits, même sur les dissidents. Il devient difficile de ne pas employer la langue de bois, qu'il s'agisse du système politique encore au pouvoir ou de la nation chinoise. Nationalisme et communisme se sont toujours renforcés l'un l'autre, en dépit des aberrations les plus graves. Grand Bond en avant, Révolution « culturelle » et répression de la place Tian An Men montrent que la mémoire, autant que l'histoire, n'a cessé de bégayer.

Troisième Partie

CAS DE MÉMOIRE

Préambule

par Françoise HÉRITIER

La mémoire n'existe qu'avec son contraire, l'oubli. Nous avons vu comment, à long terme, l'entrée dans la mémoire individuelle s'accompagne toujours d'une sélection sévère et d'une recomposition.

L'oubli et les altérations sont inévitables et pourtant toute transmission d'un savoir, toute capacité d'entreprendre, toute continuité sociale ne peuvent exister sans mémoire. Oublier les morts, c'est faire comme s'ils n'avaient jamais existé. Les témoignages individuels sont sources d'innombrables difficultés.

On attend de la mémoire qu'elle soit fidèle et vraie alors même que chaque témoignage sur le passé donne une trace qui est à chaque fois unique en raison de la sélection et de la recomposition dont elle a fait l'objet. D'où le recours nécessaire aux traces dont se sert l'historien : par une étude croisée multiforme, le document donne accès à une mémoire historique, critique, qui vise à atteindre une vérité objective.

Mais ce qui est vrai du souvenir tapi dans nos synapses et si fortement marqué par les composantes individuelles, est vrai aussi du document. Nous en connaissons en anthropologie sociale un bel exemple intitulé « Le chasseur du vingt octobre ». C'est là le titre d'un article, publié dans les années trente dans la revue disparue *Le Minotaure*, qui décrit les funérailles d'un chasseur dogon. Pour la première fois, une équipe d'ethnologues avait photographié l'événement à des endroits stratégiques. Les prises d'un seul photographe n'auraient donné qu'une image du rite, authentique, mais limitée et biaisée. Alors que l'ensemble des prises, ordonnées selon les lieux et la temporalité, permet de dresser un compte rendu qui cerne une vérité objective du déroulement d'un événement, même si cet

ensemble n'a que peu de rapports avec la conscience vécue de chacun des participants.

Encore faut-il qu'il y ait des traces. Il est difficile pour les
pauvres, les sans-gloire, les misérables, d'exister dans la mémoire
collective et dans l'histoire autrement que de façon négative. Ce
qui est vrai des pauvres, des femmes, des exclus de nos sociétés
est plus vrai encore des sociétés différentes des nôtres, que nous
qualifions, de façon ethnocentrique, de primitives.

De longs débats ont opposé de façon antagoniste deux types
d'histoire : l'histoire dite événementielle, rapide, brutale, active,
celle de nos sociétés en évolution perpétuelle et en changement
programmé, et l'histoire « froide » des sociétés primitives sans écriture, qui n'existeraient que dans la réduplication permanente de ce
qui fut et dans le respect de la tradition. Or, tout cela est faux. Ces
peuples aussi ont une histoire, reconstituable à partir de traces qu'il
convient d'aller chercher et parfois de reconstruire à partir des
mémoires individuelles.

Mais le travail de mémoire fait apparaître la résistance à se souvenir et la tendance à l'oubli et à l'aveuglement. Il est souffrance,
comme le travail de deuil et celui de gésine.

Chapitre Premier

LA MÉMOIRE GLORIEUSE
La transmission du patrimoine

par

Jean-Pierre ANGREMY
Emile BIASINI
Michel DUCHEIN

La Bibliothèque nationale de France

par Jean-Pierre ANGREMY

Dans le dernier tome d'*A la recherche du temps perdu*, Marcel, arrivé légèrement en retard à la soirée-concert des Guermantes, est contraint de patienter quelques minutes dans la bibliothèque. Cette pause obligée n'est pas sans conséquence. En effet, la bibliothèque va, en quelque sorte, accélérer et concentrer le processus de ressouvenir : le narrateur va reprendre, dans une nouvelle saisie, plus ramassée, toute l'entreprise de la *Recherche*. Les « pavés luisants de Venise », le « coup de marteau sous les roues du train », la « madeleine », la « lecture de *François le Champi* », tout ce qui a soutenu l'investigation littéraire relative à la mémoire paraît stimulé et clarifié dans et par cette bibliothèque.

Il serait probablement excessif de donner à cet épisode une valeur par trop programmatique, mais il est frappant de constater qu'à l'autre bout du siècle, cette expérience n'est pas tout à fait sans échos. De façon très significative, c'est dans ce décor de bibliothèque que Proust interroge les pouvoirs de la mémoire comme s'il avait pressenti qu'allait revenir à la bibliothèque la charge de les maîtriser. Aujourd'hui, nos bibliothèques, dotées des outils informatiques, travaillent à mettre en œuvre les nouvelles puissances de la mémoire. Tout se passe comme si le besoin de mémoire, d'individuel qu'il était, avait fini par s'étendre et se structurer dans l'espace public au point de nous faire rêver parfois que l'extension des bibliothèques de recherche n'était, en quelque sorte, que la continuation de la recherche elle-même. Ainsi, le XXᵉ siècle, par l'effet probable d'une accélération de l'histoire, a-t-il relogé la valeur mémoire dans la bibliothèque.

Il ne s'agit pas pour moi de faire l'histoire de la mémoire de la bibliothèque ou de construire, comme l'aurait fait Pierre Nora, la Bibliothèque nationale de France en un nouveau « lieu de mémoire ». Mais je m'interroge, dans un moment clé pour la Bibliothèque nationale de France, sur le « besoin de mémoire ». Le besoin de mémoire est toujours lié à la conscience, plus ou moins douloureuse, de la fuite du temps et des bouleversements. Le monde qui, à la fin du XIXᵉ siècle, s'estompe, nourrit de sa disparition même la réflexion philosophique d'un Bergson et la méditation littéraire d'un Proust. En cette fin du XXᵉ siècle, le grand déménagement de la Bibliothèque, en octobre 1998, représente plus que le déménagement de livres, mais le déménagement d'un monde et de sa mémoire. En effet, douze millions d'ouvrages de la collection des imprimés abandonneront Richelieu pour Tolbiac et passeront d'une rive à l'autre de la Seine, et ce passage, comme tous les passages, ouvrira à une autre histoire. D'une certaine manière, passer de l'autre côté de la Seine pour les imprimés, ce sera passer de l'autre côté de soi. Un autre côté, nouveau, qu'il leur faudra découvrir et domestiquer.

Les livres repartent donc en voyage, après exactement 277 ans de sédentarité. Ils reprennent la route qui les avait conduits, à la fin du Moyen Age, d'Amboise, sous Charles V, à Blois, sous Louis XII, à Fontainebleau, sous François Iᵉʳ, avant de rejoindre, toujours sans domicile fixe, le collège de Clermont, puis le couvent des Cordeliers, jusqu'à ce que Colbert les eût installés rue Vivienne, et que l'abbé Bignon eût fini par les loger dans l'ancien palais de Mazarin, rue de Richelieu.

Souvent, au cours de ces presque trois siècles d'immobilité, les livres ont failli reprendre leur voyage. Après la Révolution, par exemple, qui avait vu entrer à la Bibliothèque nationale de France des centaines de milliers de livres confisqués aux bibliothèques des nobles émigrés, et à celles des ordres religieux, on songea à de nouvelles localisations dans Paris. Finalement, le tropisme du quadrilatère Richelieu fut plus puissant, et c'est dans la fixité qu'en quelque sorte la Bibliothèque bougea. Sous le Second Empire, on construisit la grande salle de lecture, dite salle Labrouste, dans la cour encore vide du palais Mazarin. La logique de saturation des espaces l'avait emporté sur celle de la conquête de nouveaux espaces.

Je voudrais, à ce stade, faire une remarque qui rapproche, sans les confondre, ce XIXᵉ siècle, où l'on songe à déménager sans y parvenir, et ce dernier quart du XXe siècle, où l'on parvient finalement à le faire.

Le XIXe siècle rêve de décongestionner la Bibliothèque. Les livres que la Révolution a fait entrer dans ses fonds ne tiennent plus, et la masse des lecteurs croît. Et puis, il y a, plus fondamentalement, la pression qu'exercent, vers 1840-1850, les effets de la transformation industrielle de la fabrication du livre. Le livre « industriel », comme l'appellent à l'époque ses détracteurs, fabriqué avec un nouveau papier, commence à circuler, à se multiplier et à pénétrer les intérieurs bourgeois. Cette innovation technique va conditionner l'explosion éditoriale de la deuxième moitié du XIXe siècle. Aujourd'hui, avec le numérique, et en moins de dix ans, il s'agit de bien plus que d'une innovation technique. C'est une révolution des modes d'inscription, l'apparition d'un support nouveau, qui bouleverse tout l'ordre du livre.

Il est probable que les historiens, ou ceux qui s'intéresseront un jour à l'histoire de la Bibliothèque, mettront en relation la décision qui a été prise de transférer les livres d'un site à l'autre *et* le mouvement irréversible qui s'est amorcé de transférer des données d'un support sur un autre. Etrange homothétie que cette correspondance entre les transferts : toute la mémoire du monde passe d'un lieu à un autre, c'est-à-dire d'un site à un autre, et du papier au dossier numérique.

C'est ce double transfert qui redouble notre besoin de mémoire. Ce double transport, nécessaire et désirable, a d'ailleurs souvent été vécu, et continue de l'être, comme un arrachement, une rupture dans la continuité des usages et des représentations. Sera-ce la fin de la « Nationale » ? Sera-ce la fin du livre ? La Bibliothèque est aujourd'hui au milieu du gué, entre Richelieu et Tolbiac, en train de franchir le fleuve, comme si, en le traversant, elle voulait faire comprendre qu'elle enjambait le siècle.

La Bibliothèque nationale de France, à la différence d'autres monuments plus univoques, comme la Tour Eiffel ou Notre-Dame de Paris, n'est pas un « lieu de mémoire » à une seule entrée. Elle est à la fois édifice et collection.

L'édifice, tout d'abord. L'architecte Robert de Cotte au XVIIIe siècle a sans doute adapté les bâtiments du quadrilatère Richelieu, mais c'est assurément l'architecte Labrouste qui aura construit le seul véritable espace nouveau dans la Bibliothèque, dans lequel a fini par s'incarner l'esprit de la Bibliothèque : la grande salle des imprimés. A cet égard, une étude commandée en 1996 a fait ressortir l'extraordinaire attachement de la communauté des chercheurs à cet espace. Cette salle basilicale a inspiré, à cette occasion, des commentaires très intimes, rapportant sa physionomie toute faite de rondeurs à celle d'une entité matricielle. Certains l'ont décrite comme une « grande cavité tiède », « protégée du monde » par ses murs aveugles, « tendue d'un silence cotonneux ».

Tous ces témoignages, évidemment, laissent à penser que pour les lecteurs ce transfert a constitué un bouleversement sans équivalent. Mais, depuis quelques années, nous avons travaillé à préparer cet autre transfert afin que les lecteurs finissent par aimer le cloître de Perrault, à Tolbiac, du même amour qu'ils ont aimé la Basilique de Labrouste, à Richelieu.

On le voit : ceux à qui, au bout du compte, revient la mémoire du lieu sont bien les lecteurs. Lecteurs anonymes, ou lecteurs célèbres comme Flaubert qui souffrait de rhumatismes au moment où il y écrivait *Bouvard et Pécuchet*, comme Rainer Maria Rilke qui, dans *Les Cahiers de Malte Laurids Brigge*, y décrivait les heures studieuses passées sous les coupoles, ou encore comme Walter Benjamin qui y passa plusieurs années à la même place (je crois que c'était à la 45), fouillant sans répit, annotant, prélevant du texte, pour construire ses essais comme des livres-bibliothèques.

A ces mémoires de lecteur, la Bibliothèque ajoute des couches extraordinairement diverses de mémoire. Les collections se constituent à des époques très différentes ; de la collection d'estampes de Marolles au XVIIe siècle jusqu'à celle d'Auguste Rondel pour les arts du spectacle, dans les années vingt, chaque collection a sa propre chronologie. Mais plus fondamentalement, si l'on surplombe l'ensemble des collections, on voit apparaître trois grandes masses mémorielles :

La mémoire monarchique tout d'abord, la plus ancienne, celle qui est liée à l'histoire des premiers temps, celle des 980 manuscrits rangés dans la Tour de la Fauconnerie de Charles V, celle des manuscrits grecs que François Ier fait rassembler grâce à Guillaume Budé...

Et puis vient la mémoire d'Etat qui, à travers l'institution du dépôt légal, instaure une continuité qui dépasse la durée de vie des rois et qui organise la centralité monarchique autour d'un pôle de savoir à croissance continue.

Enfin, la mémoire de la nation qui, après la confiscation des bibliothèques d'émigrés et d'ordres religieux, va entamer un geste de restitution des œuvres du génie national au peuple, qui aujourd'hui trouve de nouveaux développements dans la politique du réseau.

Cette conjugaison de mémoires rend encore plus délicate la tentative de brosser une histoire de la mémoire de la Bibliothèque et d'en fédérer les significations.

A faire le tour des lieux et des collections, on pourrait penser que la mémoire de la Bibliothèque se réduit à l'accumulation de trésors, à l'entassement des souvenirs, bref à une mémoire tombale. Mais il est une autre dimension à la mémoire, plus dynamique, moins exclusivement patrimoniale. Cette autre dimension, c'est celle qui assimile la mémoire à un processus inséré dans la chaîne du temps et de la transmission. Car la mémoire est en même temps trois opérations : elle est un acte qui, d'abord, emmagasine, qui, ensuite, mémorise, et qui, enfin, rappelle.

Ces trois temps de la mémoire ont, bien évidemment, leur équivalent en bibliothèque : emmagasiner, c'est acquérir ; mémoriser, c'est classer ; rappeler, c'est interroger. Si l'on veut aller vite, on pourrait dire qu'à ces trois temps de la mémoire ont correspondu dans l'histoire des politiques plus ou moins volontaristes. L'époque médiévale a insisté sur l'acquisition, l'époque moderne sur le classement, et l'époque contemporaine est en train de faire une place immense à l'interrogation.

A l'époque médiévale, dominée par la problématique de la capacité humaine de mémoire, c'est-à-dire les arts de la mémoire, la bibliothèque monarchique est occupée par le souci de l'acquisition de livres, et particulièrement de beaux livres. Charles V, le bibliophile, constitue une collection de livres considérable pour l'époque, tous à disposition de l'étude et du contentement exclusif du roi. A Vincennes, dans les donjons du château, Charles V en emmagasine d'autres, plus luxueux, destinés à composer une sorte de mémorial à la gloire de la dynastie. On conserve encore aujourd'hui de cette période les merveilleuses « Grandes Chroniques de France ». L'acquisition est fonction du bon plaisir du roi, mais elle est aussi une manière de thésauriser. Charlemagne n'avait-il pas vendu au IXe siècle sa bibliothèque d'Aix ?

Lorsqu'au XVIe siècle les monarques sont contraints, par l'ordonnance de Moulins, de ne plus aliéner le patrimoine de la Couronne, les bibliothèques du roi vont se transformer en bibliothèques royales. La continuité de la collection est protégée, et les acquisitions s'ajoutent aux acquisitions. Au processus d'acquisition « décousu » comme dira Montaigne, le principe du dépôt légal sous François Ier ajoute le principe d'acquisition automatique. Principe bien mal respecté jusqu'à ce que Colbert intervienne dans les affaires et fasse croître considérablement en quelques années les collections. C'est à ce moment-là que Nicolas Clément propose de classer les livres selon un ordre méthodique. Les livres sont ainsi classés et hiérarchisés selon cinq disciplines : religion, jurisprudence, histoire, philosophie et sciences, belles-lettres, et subdivisés à travers 23 lettres de l'alphabet — les 4 premières lettres, à la religion, les dix suivantes au droit, etc. Mais l'essentiel du problème de ce classement est que, dans cette mémoire, on classe à la fois selon l'ordre des savoirs, mais également selon l'ordre de la production éditoriale, c'est-à-dire des formats, et, par voie de conséquence, selon la capacité des rayonnages. Le bibliothécaire n'est pas un encyclopédiste libre. Ainsi, les bibles hébraïques seront-elles rangées en deux groupes : les grands formats et les petits. L'autre limite à cette classification, c'est que l'ordre méthodique — ordre fermé — doit savoir « encaisser » l'arrivée constante, de plus en plus rapide, au XVIIIe et au XIXe siècle, des ouvrages toujours plus nombreux du dépôt légal. L'ordre méthodique se combinera avec l'ordre alphabétique, mieux à même de traiter les livres dans leur ordre d'arrivée. Progressivement l'ordre des livres, dans les rayonnages, disparaît derrière l'ordre des savoirs et les catalogues finissent par s'affranchir de la dimension matérielle pour ne plus retenir de la Bibliothèque que sa surface intellectuelle.

L'époque contemporaine, à travers la révolution numérique, a mis, comme je l'ai dit, l'accent non plus sur l'acquisition, non plus sur la classification, mais sur l'interrogation. Je note au passage que dans cette translation, on est passé, du même coup, de la bibliothèque comme lieu de la mémoire glorieuse du monarque, « miroir de sa sagesse », à une bibliothèque « miroir des savoirs », et peut-être même davantage, à travers cette priorité donnée à l'interrogation, « miroir du lecteur lui-même ». Car chaque navigation dans les mémoires — bases de données ou bases textuelles — est à chaque fois singulière et, à chaque fois, ce sont les savoirs qui s'enroulent autour d'une question inédite, et non plus des lecteurs qui tournent autour des savoirs.

Aujourd'hui, la bibliothèque virtuelle, en théorie et à terme, permettra d'interroger non plus seulement, comme on le faisait sur les fichiers papiers, les titres des livres ou leur notice mais l'étendue même des textes numérisés. L'époque moderne avait mémorisé, à travers le classement des titres, selon une logique métonymique, c'est-à-dire la partie, ou le titre, pour le tout. Aujourd'hui, nous numérisons le tout du texte, et lorsque nous interrogeons la bibliothèque, nous n'interrogeons plus l'ordre des titres, c'est-à-dire l'ordre des livres, mais nous interrogeons, comme l'avait pressenti Michel Foucault, l'ordre des discours.

Sans doute cette tâche immense de la numérisation nous fait ressembler aux copistes des bibliothèques médiévales où, dans le secret des *scriptoria*, on copiait les livres pour les protéger de la barbarie environnante et les faire passer à la postérité. De la même façon, les bibliothèques modernes numérisent, c'est-à-dire qu'elles « copient ». Avec une différence de taille néanmoins : la mémoire à l'œuvre dans les abbayes de Corbie, de Saint-Denis, de Cluny ou d'ailleurs, consistait en une mémoire de reliquat, reliquaire d'une période lumineuse, antiquité ou christianisme conquérant. Toute cette mémoire, itérative, répétitive, scolastique, faisait l'objet d'une dévotion particulière : elle était hiérarchisée à un passé indépassable. La mémoire que nous constituons aujourd'hui et qui consiste à tout enregistrer — son, image, texte —, et d'une manière pratiquement totale, la rend de fait plus prosaïque, plus banale, désacralisée. Il y a, dans ce phénomène, quelque chose de positif : en abandonnant ainsi les Autorités, on offre à chacun la chance de réfléchir hors les jugements d'autorité. En revanche, cette période nous installe dans une situation anthropologique nouvelle : celle, étrangement merveilleuse, du tout-mémoire. Situation certes séduisante, mais aussi paralysante si l'on s'en tient aux projections qu'en fait Borges dans son texte célèbre *Funès ou la mémoire*. Cette sur-mémoire peut-elle s'identifier à un « patrimoine » ? Lorsqu'on peut tout transmettre, cela s'appelle-t-il encore « léguer » ? J'ai la nostalgie, c'est vrai, de cette vision shakespearienne de la transmission, qui apparaît dans le monologue d'Ariel dans *La Tempête* :

> « Par cinq brasses sous les eaux
> Ton père englouti sommeille
> De ses os naît le corail
> De ses yeux naissent les perles
> Rien chez lui de corruptible
> Dont la mer ne vienne à faire
> Quelque trésor insolite. »

La période nouvelle qui s'ouvre devant nous nous éloigne à jamais de la perpétuité des pères, c'est-à-dire de la notion traditionnelle de patrimoine. Nous devons penser sans le soutien, sans la vigilance ou la veille de la tradition. Nous sommes destinataires d'un legs immense, mais sans viatique. Comme l'écrivait le poète René Char dans un texte qu'a commenté Hannah Arendt : « Notre héritage n'est précédé d'aucun testament. »

De l'Aquitaine au Grand Louvre, gestion du patrimoine national

par Emile B*IASINI*

Dans ce débat de caractère philosophique et éthique sur la mémoire et sa conservation, je suis amené à parler de moi en praticien des opérations dont j'ai eu la charge et qui consistaient précisément à aménager, actualiser les lieux de mémoire, car l'ensemble des créations du passé et du présent, créations qui procèdent bien sûr de la mémoire collective, doit être ouvert au plus grand nombre.

L'une d'entre elles, l'opération « Grand Louvre », consistait à utiliser la totalité du palais du Louvre pour y installer confortablement le musée. Ce palais fait partie de la mémoire collective patrimoniale. Il n'existe en France aucun immeuble du passé qui représente de façon aussi continue l'histoire de notre pays.

Le premier Louvre a été construit au début du XIIIe siècle par Philippe Auguste et tous les responsables de la France, qu'il s'agisse de rois, d'empereurs, de présidents, ont contribué à cette réalisation.

Les responsables de demain seront sans doute amenés à leur tour à créer autre chose.

Depuis la Convention, le musée est installé dans le palais du Louvre où les collections royales sont exposées pour tous les citoyens. Jusqu'à cette période récente, le musée était installé dans le Louvre de la façon la plus inconfortable qui soit et manquait de tout. La visite du Louvre ancien était quelque chose d'indigne et de pitoyable qui donnait une impression de dénuement absolu. Il fallait donc mettre le musée à l'aise et il fallait en même temps respecter le palais.

A présent, la fréquentation du musée du Louvre est passée de 3 millions de visiteurs en 1983 à 6 millions en 1995. Ce n'est qu'un commencement et le Louvre accroîtra encore sa fréquentation au bénéfice de tous. La volonté de le rendre accessible à tous a été au centre de notre action et l'actualisation des lieux de mémoire paraît être une chose fondamentale si on veut précisément garder vivant non pas le culte mais les racines sans lesquelles il n'est pas de personnalités, individuelles ou collectives, qui puissent se développer de façon convenable.

Le palais du Louvre est une bâtisse. Il occupe au sol une surface supérieure à six hectares, son périmètre est de plus de deux kilomètres et sa surface développée représente, étage après étage, seize hectares. Il fallait, pour le faire évoluer, une conception architecturale.

Pour ce faire, mon choix s'est porté sur l'architecte Ieoh Ming Pei, parce qu'il était chinois et américain, c'est-à-dire qu'il représentait à la fois le respect d'une tradition, le respect des sources d'une conscience nationale, et le culte et la pratique de la technique avec une grande audace dans ses expressions.

Il a étudié un parti qui consistait à occuper non seulement l'ensemble du palais, mais l'espace intermédiaire, à savoir la cour Napoléon. A la suite de quoi, le musée qui n'occupait dans le palais du Louvre que l'aile dite « du bord de l'eau », suivant l'expression d'Henri IV, et qui était longiligne, est devenu un quadrilatère ; d'où l'idée, au centre, d'un lieu d'accueil.

Le résultat, on le connaît : le musée est devenu un lieu confortable pour ceux qui le pratiquent et pour ceux qui le gèrent. Un chiffre seulement : on admet que, dans ce type de gestion, la part des surfaces d'exploitation et celle des surfaces de visite doivent être à peu près égales ; il en est de même dans les théâtres. Au départ, au musée du Louvre, le rapport entre ces deux parties était de 20 % pour les gestionnaires, les réserves, etc., et de 80 % pour les salles de visite. Désormais, une nouvelle surface étant créée, le rapport est devenu de 45 à 55 %. Le musée dispose de tous les moyens d'accueil, de gestion et de réserve. L'accueil était insignifiant, il est maintenant devenu matériellement agréable.

La pyramide, qui est l'expression extérieure de cette réalisation, a soulevé beaucoup de polémiques. Les gens n'aiment pas *a priori* que leur cadre change. Et pourtant la réalisation était infiniment respectueuse du palais du Louvre. Le palais a été restauré entièrement. On a dépensé un milliard pour restaurer douze hectares de façades, douze hectares de toitures. On peut reconnaître aujourd'hui qu'il n'a absolument pas été défiguré. La pyramide n'est pas venue comme un objet du dehors, elle est venue du dedans : Pei voulait pouvoir recevoir de la lumière dans l'espace d'accueil et que l'on voie le musée dès l'accueil. La pyramide est au contraire un hommage au Louvre et elle est maintenant entrée dans les mœurs.

En 1970, j'avais eu une expérience de développement du patrimoine autrement plus délicate : celle de l'aménagement de la côte aquitaine. A ce moment-là, dans l'après-68, commençait à se développer de façon assez diffuse l'idée d'environnement, de respect des lieux, de l'existence d'un patrimoine naturel. En Aquitaine, l'opinion publique se mit à s'intéresser à la protection du pays car l'exploitation touristique avait déjà abouti à la destruction de certaines régions et à la falsification, à la sophistication de lieux comme la Costa del Sol, la Floride, la mer Noire ou chez nous la Côte d'Azur. Un pays qui s'adonne au tourisme perd son visage et souvent son âme. Or, tandis que de bons esprits tentaient de faire une politique de respect du pays, la réalité promotionnelle ordinaire commençait à se développer et la côte aquitaine se remplissait de projets de construction sur la dune, de villes nouvelles, et ceci contre toute préoccupation écologique.

Je m'oppose absolument à ce qu'on entend par ville nouvelle. Une ville, c'est précisément l'expression d'une mémoire qui se continue, qui s'actualise. Une ville nouvelle n'a qu'un mérite, c'est qu'elle finit par devenir une ville ancienne et qu'à ce moment-là elle fonctionne comme un véritable rassemblement d'individus.

En Aquitaine, à contre-pied de ce qui a été fait dans le Languedoc par une mission équivalente, avec la construction de routes et de villes nouvelles, on s'est surtout soucié des habitants. A ce titre, on a immédiatement donné un coup d'arrêt à tous les projets ordinaires. Tout ce qui était en train de se faire a été bloqué et deux cent mille hectares de terrains sensibles tout au long de la côte ont été gelés. Jacques Chaban-Delmas a accepté cette mesure qui était un peu insolite et qui était peu politique au sens immédiat du terme. Nous avons pris la maîtrise des lieux, nous avons déclaré inconstructibles quatre-vingt-quinze secteurs qui sont considérés aujourd'hui comme une grande réserve de nature. Cet ancien lieu de tourisme sauvage est redevenu la plus grande réserve européenne ;

nous avons réussi à conserver et à actualiser cette conservation. Il est toujours possible, à coups de règlements autoritaires, d'interdire sans pitié toutes les divagations touristiques. Mais nous sommes parvenus à faire comprendre aux habitants d'Aquitaine eux-mêmes qu'il s'agissait de *leur* problème. C'est pourquoi l'association continue ; des élus, des corps professionnels, l'opinion publique continuent encore aujourd'hui à faire appliquer les règlements et les dispositions que nous avons prises pour la protection de la nature et pour l'aménagement d'un développement touristique maîtrisé. C'est le meilleur hommage que peut rendre la population à cette action qui, au début, lui a été imposée, mais qui, parce qu'elle a été accompagnée d'une politique d'animation permanente des responsables du patrimoine, qui expliquaient comment cette action respectait profondément l'âme et le visage de l'Aquitaine, lui a permis de comprendre les règles que nous avions fixées.

Cela restera un exemple de rapport possible aux lieux de mémoire qui affecte l'univers physique mais surtout l'univers social.

Les Archives nationales

par Michel Duchein

Selon la définition donnée par l'article 5 du décret du 3 décembre 1979, les Archives nationales sont le dépôt central des archives de l'État, où sont conservés, traités et communiqués tous les documents produits par les organes centraux de l'Etat depuis ses origines, ainsi que par les services, établissements et organismes publics dont la compétence s'étend à l'ensemble du territoire français. S'y ajoutent, pour l'Ancien Régime, en vertu des lois révolutionnaires, les archives de diverses institutions religieuses et civiles de Paris et de la région parisienne, dont certaines remontent à l'époque mérovingienne.

Tout cela représente aujourd'hui un ensemble de quelque 400 kilomètres linéaires de rayonnages, en accroissement constant.

Il s'agit, non de publications et d'ouvrages littéraires, mais de documents dont la loi du 3 janvier 1979 donne la définition stricte : « Documents produits ou reçus par les services ou organismes dans l'exercice de leur activité. » Ce sont donc essentiellement, pour ce qui concerne les Archives nationales proprement dites, des dossiers gouvernementaux, administratifs ou judiciaires, dont l'immense majorité est manuscrite ou dactylographiée — auxquels il faut ajouter, pour les années récentes, une proportion non négligeable de documents sur support électronique.

Contrairement à ce qu'on croit souvent, la part des documents anciens (antérieurs à la Révolution française) est relativement faible, à peine un dizième du total, ce qui s'explique aisément étant donné la rapidité d'accroissement annuel des documents nouveaux en provenance des ministères et autres organismes.

Il faut remarquer que les Archives nationales ne sont qu'un élément d'un vaste réseau d'archives régionales, départementales et communales, qui totalisent un linéaire de rayonnage de plus de

3 000 kilomètres. Tous relèvent d'une direction des Archives de France, et obéissent à la même loi fondamentale du 3 janvier 1979 qui s'applique aussi aux archives des ministères des Affaires étrangères et de la Défense, dont la gestion est autonome.

Bien que formant un établissement unique, les Archives nationales sont aujourd'hui réparties entre cinq sites, peut-être six dans quelques années. Le centre principal, appelé Centre historique des Archives nationales, à Paris, conserve tous les documents antérieurs à la Révolution et la plus grande partie de ceux du XIXᵉ siècle. A Fontainebleau se trouve le Centre des Archives contemporaines, où sont reçus les versements des ministères et administrations centrales, en gros les documents postérieurs à la dernière guerre. Aix-en-Provence abrite le Centre des Archives d'outre-mer qui conserve des documents des anciennes colonies devenues indépendantes et de l'ancien ministère de la France d'outre-mer. A Roubaix est le Centre des Archives du monde du travail, consacré aux archives des entreprises et des syndicats. Enfin le château d'Espeyran, dans le Gard, sert de dépôt central pour tous les microfilms des Archives de France, qui se chiffrent par dizaines de milliers.

Dans les années à venir il est prévu de construire à Reims un grand bâtiment pour y loger les archives de la Vᵉ République.

On peut regretter qu'une volonté gouvernementale ne se soit pas imposée pour conserver groupées à Paris, ou du moins en proche région parisienne, l'ensemble des archives qui reflètent l'histoire de la nation, comme c'est le cas pour la Bibliothèque nationale. Une logique de décentralisation ou de déconcentration a prévalu depuis une trentaine d'années au grand dam des chercheurs et de l'unité organique de la mémoire nationale.

Tous les documents conservés aux Archives nationales ne sont pas d'origine publique. Un nombre croissant d'entre eux proviennent de familles, d'associations, d'entreprises, voire de personnes privées, et entrent aux Archives par don, par legs, par dation, par achat, ou même en simple dépôt. La distinction juridique entre archives publiques et privées est de plus en plus floue et ambiguë. Il suffit de songer au statut d'une firme comme Renault ou d'une banque comme le Crédit Lyonnais, qui ont été successivement privées, puis nationalisées, puis privatisées en tout ou en partie. Même le statut des papiers des chefs de l'Etat, des ministres, des cabinets ministériels est loin d'être au-dessus de toute interrogation.

Dès qu'on parle d'archives, on ne peut pas ne pas évoquer la question qui, entre toutes, occupe l'opinion publique et suscite interrogations et polémiques : celle de leur accessibilité.

La société actuelle est, au moins en théorie, celle de la transparence. Il semble donc logique qu'au nom de la démocratie les documents des archives — qui sont, après tout, en majorité d'origine publique, et qui appartiennent au patrimoine commun de la nation — soient librement accessibles. Telle est d'ailleurs la formulation de la loi du 3 janvier 1979, héritière en cela de la loi fondatrice du 7 messidor an II (25 juin 1794).

Mais même dans les sociétés les plus démocratiquement ouvertes, il existe des informations qui ne peuvent être divulguées sans restriction et sans délai. La vie privée des personnes, dont d'innombrables données figurent dans les documents administratifs, doit être protégée. La conduite des affaires publiques exige aussi — que ce soit en matière de défense, de maintien de l'ordre, d'économie, de politique monétaire, de relations internationales — la protection de certains secrets. Aucun pays au monde ne rend publiques toutes ses archives dès leur création. Encore faut-il fixer des délais d'accessibilité, clairs et connus de tous, et c'est là que tout se complique.

Pour la vie privée, on peut à la rigueur admettre des délais secrets correspondant à la durée de la vie des personnes — cent ans par exemple après la naissance, ou dix ans après la date de la mort si celle-ci est connue. La loi française, quant à elle, ignore la notion de protection de l'honneur ou de la réputation des familles après la mort des individus : il n'en est pas de même dans certains pays, où certains documents restent pour cette raison soustraits à l'investigation publique pendant de très longues durées.

L'appréciation est plus difficile lorsqu'il s'agit de déterminer les délais de consultabilité des documents en fonction des intérêts de l'Etat ou de la collectivité. Il ne manque jamais de chercheurs, ou de simples curieux, pour soupçonner que le refus de communication de documents d'archives recouvre une volonté d'occulter des informations dérangeantes pour le pouvoir ou pour les hommes publics. Qu'il me suffise d'évoquer le problème des archives de la période de Vichy, qui revient périodiquement à l'avant-scène des polémiques, bien que la grande majorité d'entre elles soient aujourd'hui librement communicables.

La loi française fixe des temps de communicabilité qui laissent peu de marge à l'interprétation personnelle et à l'arbitraire, car le délai d'accès aux archives judiciaires, quelles qu'elles soient, est fixé à cent ans. Des cas marginaux existent cependant, et aussi des lacunes dans les définitions. Des autorisations exceptionnelles de consultation de documents non librement communicables peuvent être obtenues, mais après justification du caractère sérieux de la demande, et non sans avoir pris des précautions pour protéger la vie privée des personnes citées dans les documents.

Il reste que les délais de non-communicabilité (ou de secret) sont, en France, relativement longs pour certaines catégories de documents qui, précisément, intéressent souvent les historiens. Si le délai général est de trente ans, comme dans la plupart des pays occidentaux, avec même beaucoup de documents accessibles dès leur création en vertu de la loi du 17 juillet 1978, des délais de 60 ans, 100 ans et même 120 ou 150 ans s'appliquent à des documents qui, pour la plupart, touchent à la vie privée des personnes : état civil, documents notariaux, dossiers judiciaires, dossiers de police, dossiers médicaux, etc. Une nouvelle loi est actuellement à l'étude pour réduire certains de ces délais, sans pour autant violer la vie privée. Ce n'est pas une question simple. Pour ne citer qu'un seul exemple, un condamné ayant purgé sa peine a droit à ce que les documents de sa condamnation ne soient pas livrés au public de son vivant. De même pour les documents de l'état civil et les documents de police. La nouvelle loi, qui doit être promulguée au cours de l'actuelle législature, devra tenir compte de tous ces éléments.

Mais ce n'est pas tout de communiquer les documents à un public de chercheurs qui ne cesse d'augmenter et de se diversifier : historiens, étudiants, généalogistes, simples curieux.

Encore faut-il les avoir collectés. C'est là une des difficultés majeures pour les Archives nationales. Des lois successives (en dernier lieu celle du 3 janvier 1979) ont établi que les services publics doivent verser périodiquement aux Archives les documents dont ils n'ont plus besoin pour leur fonctionnement. Cette production documentaire est évidemment gigantesque : elle occuperait, rien que pour les Archives nationales, plusieurs milliers de mètres de rayonnage chaque année si elle devait être reçue et conservée intégralement. Personne ne peut raisonnablement l'envisager. Il faut donc effectuer des tris, l'opération centrale de toute gestion archivistique : des tris, c'est-à-dire des destructions, parfois massives, avec toute la responsabilité que cela comporte vis-à-vis des chercheurs de l'avenir.

Des règles de tri ont été élaborées, avec la collaboration d'historiens et de responsables des organismes producteurs. Les critères sont nombreux : l'utilité administrative ou juridique des documents, mais aussi les divers usages que pourront en faire les chercheurs, parfois pour des informations fort éloignées de leur utilité première. Dans certains cas on conserve tout, ou à peu près tout. Dans d'autres, on détruit tout ou presque tout, après un certain délai. Dans la majorité des cas, on procède à un échantillonnage ou à un tri sélectif en fonction de l'intérêt historique présumé des sujets ou des personnes concernées. Certains documents sont conservés dix ans, vingt ans, selon leur intérêt administratif ou juridique, puis détruits ; d'autres sont conservés indéfiniment pour être mis à la disposition des chercheurs, immédiatement ou à terme.

Cela implique une considérable responsabilité dont les archivistes sont sans doute plus conscients que les producteurs des documents. On peut reprocher aux Archives nationales de trop conserver, plutôt que l'inverse, si on les compare à d'autres archives analogues dans le monde.

Le point faible du système est la jonction entre les organismes producteurs des documents et les Archives nationales. Pour éviter les destructions intempestives, il faudrait presque un archiviste dans chaque bureau, derrière chaque fonctionnaire : des milliers d'archivistes — un rêve, ou un cauchemar !

A défaut, la France a mis au point, depuis la dernière guerre, un système imité depuis dans plusieurs pays : celui des missions des Archives nationales dans les ministères. Ces archivistes sont délégués au sein des ministères et de certains organismes centraux de l'Etat, pour veiller à la régularité et à la bonne organisation des versements aux Archives. Ils procèdent sur place aux premiers tris, afin qu'on ne transfère pas aux Archives des documents dépourvus d'intérêt. Ils rédigent des états de versement, sortes d'inventaires des documents versés, qui servent aux recherches avant que soient élaborés, plus tard, des inventaires définitifs.

Ces archivistes en mission — malheureusement trop peu nombreux pour s'occuper de tous les ministères et de tous les organismes nationaux — sont le premier échelon du système de régulation et de contrôle des versements aux Archives nationales. Le deuxième échelon est le dépôt central de Fontainebleau, auquel on a donné le nom de Centre des archives contemporaines, où arrivent les versements. Ils y sont enregistrés, définitivement triés et classés, pour être mis à la disposition des chercheurs lorsque les délais légaux sont atteints.

Le centre de Fontainebleau reçoit aussi les versements qui sont effectués sous forme de bandes ou disques d'ordinateur, et dont la consultation soulève encore des difficultés juridiques et techniques qui sont loin d'être toutes résolues.

Un dernier point intéresse au plus haut degré les chercheurs : celui des moyens de recherche qui permettent de s'orienter dans cette masse énorme de documents de toutes époques et de toutes provenances.

Depuis sept siècles, les archivistes ont rédigé des inventaires, des répertoires, des catalogues. Certains sont sommaires, d'autres détaillés. Il en existe par sujets, par noms de lieux ou de personnes, surtout par provenance des documents. Beaucoup sont imprimés, certains seulement dactylographiés ou même manuscrits, sur feuillets ou sur fiches. (Ceux qui sont manuscrits ont été, heureusement, microfilmés à titre de sécurité.) Mais le nombre de ces instruments de recherche — plusieurs centaines, peut-être plusieurs milliers — rend leur utilisation délicate pour un chercheur non expérimenté. Même les archivistes ont parfois de la peine à s'y retrouver. Depuis une quarantaine d'années, on publie des guides à l'intention des chercheurs, qui débroussaillent le maquis. Malgré tout, certains fonds d'archives restent peu fournis en inventaires : l'analyse de milliers et de milliers de dossiers prend infiniment plus de temps que le catalogage des livres dans une bibliothèque.

D'autre part, il est beaucoup plus difficile de normaliser au plan international la description des dossiers d'archives que celle des livres, car la constitution même des dossiers et leurs méthodes de classement varient d'un pays à l'autre. C'est tout récemment, en 1994, qu'a été publiée par le Conseil international des archives la première norme dans ce domaine. Elle commence à s'appliquer en France ; on peut penser que dans quelques années elle se sera généralisée, ce qui facilitera l'utilisation internationale des archives.

Dans le même esprit, les instruments de recherche seront progressivement diffusés sous forme de CD-ROM (certains le sont déjà) et mis en réseau sur l'Internet. Les problèmes posés sont gigantesques, les investissements nécessaires aussi.

En attendant, que ce soit à Paris, à Fontainebleau, à Aix-en-Provence, à Roubaix, les Archives nationales sont ouvertes à tous, sans distinction de nationalité ni de diplôme universitaire ou scolaire, et sans avoir à justifier d'un sujet de recherche, sauf s'il s'agit de solliciter une autorisation par dérogation pour consulter des documents qui ne sont pas librement communicables aux termes de la loi. Au même titre que les bibliothèques, mais dans une optique de documentation fondamentalement différente, les Archives nationales et les autres archives publiques de France sont bien un des piliers des institutions patrimoniales gardiennes de la mémoire du pays.

Débat

J'aimerais beaucoup que, dans les projets de l'Académie universelle des cultures, soit envisagé un accès universel aux archives des autres civilisations dans le monde, de façon que nous puissions, par ce moyen, connaître les autres pays et avoir un accès fondé sur la connaissance des autres à travers leur passé, leur histoire et leur culture.

MICHEL DUCHEIN

En ce qui concerne la question de l'accès aux sources de l'histoire des peuples du monde entier et du caractère universel des cultures, il faut dire d'abord que les archives au nom desquelles je parle ne sont que la mémoire écrite. Or des quantités de civilisations — je pense à l'Afrique au sud du Sahara — ont ignoré l'écriture pendant de longs siècles. Ce n'est pas aux archives qu'on trouvera des sources sur l'histoire des sociétés orales, c'est par d'autres catégories de sources.

D'autre part, depuis quarante ans, le Conseil international des archives, qui est un des organismes de l'UNESCO, travaille précisément sur les archives internationales. J'y ai moi-même travaillé en Afrique, en Amérique du Sud, en Asie du Sud-Est, pour essayer d'ouvrir, d'uniformiser, de rendre cohérentes les méthodes de gestion des archives. Ce n'est pas un domaine inexistant. Mais il existe malheureusement dans le monde des régimes qui refusent l'accès à leur mémoire. Pendant quarante ans, jusqu'en 1989, et même un peu au-delà, l'accès aux archives soviétiques était totalement impossible ; on nous disait qu'elles étaient librement accessibles, mais il suffisait d'y aller pour s'apercevoir que c'était fermé à double et triple tour.

Je ne crois pas qu'actuellement, un historien qui voudrait travailler sur les archives de l'Irak ou de l'Iran trouverait les portes grandes ouvertes. C'est sur la démocratisation des sociétés qu'il faut faire porter l'effort, parce que quand une société est démocratique, ses archives le deviennent automatiquement.

DE LA SALLE

Où se situe la limite entre archives privées et archives publiques ? Les archives du fameux fichier de Vichy sont essentiellement accessibles aux ayants droit, c'est-à-dire aux membres de la famille des disparus, des déportés. Ne peut-on pas considérer que le libellé même du fichier, indépendamment des renseignements personnels et privés qui figurent en réponse au questionnaire, est un matériau de caractère public ?

MICHEL DUCHEIN

D'origine, ce fichier est indéniablement public puisqu'il a été fait par l'administration de Vichy. Mais ce n'est pas parce qu'un document est public d'origine qu'il est obligatoirement libre d'accès. Ce fichier contient de nombreux renseignements d'ordre privé sur la vie des personnes, c'est pourquoi il entre, comme tous les dossiers de police, dans la catégorie des documents qui, afin de protéger la mémoire des gens, sont réservés pendant cent ans. Etant donné le caractère exceptionnel de ce fichier qui a mené des êtres humains jusqu'à Auschwitz, certains exercent une forte pression pour le rendre public, mais ce n'est pas à l'Etat de décider de jeter à la curiosité publique les renseignements qui figurent dans un fichier qui touche essentiellement à la vie privée.

DE LA SALLE

N'y a-t-il pas des éléments qui sortent du cadre privé ?

Lorsque, indépendamment du nom, plusieurs fichiers indiquent comme motif de l'internement « en surnombre dans l'économie nationale », ce fait ne concerne ni Monsieur X, ni Monsieur Z, c'est une référence à une mesure qui a été prise par l'autorité publique. Lorsqu'en face de la mention « conjoint », alors qu'on s'attend à lire le nom de jeune fille du conjoint, on lit simplement « Juive », ça n'est plus Madame Esther, Malka ou autre, c'est une mention qui traduit un critère et une décision de caractère public.

Il ne s'agit pas de livrer en pâture des noms, des prénoms, des domiciles, des lieux de naissance, mais un certain nombre d'indications qui illustrent le fonctionnement de l'institution publique à un moment donné et qui sont extrêmement intéressantes à analyser pour l'historien.

MICHEL DUCHEIN

Le caractère exceptionnel du fichier juif est tellement reconnu par les plus hautes autorités de l'Etat que le président de la République a pris une décision unique : il l'a fait déposer au mémorial juif de la rue Geoffrey-l'Asnier. Il n'est plus conservé aux Archives nationales, mais au mémorial juif.

En ce qui concerne les archives des camps, il y a bien sûr dans ces archives des éléments qui ne sont pas privés, mais il y a aussi des éléments privés, alors comment voulez-vous faire ? Il faudrait mettre des lunettes avec des verres opaques sur un œil, en disant : vous ne regarderez pas ce qui est de nature privée, mais vous regarderez ce qui est de nature publique. Pour cela, la loi a prévu la réponse : ce sont les autorisations exceptionnelles. Elles sont données très libéralement, puisque Jean Favier indique que, pendant qu'il était directeur général des Archives de France, il a eu plusieurs dizaines de milliers de demandes de communications exceptionnelles et qu'il en a refusé trois. Un historien qui veut vraiment étudier ces choses peut obtenir l'autorisation d'y accéder. Il s'agit simplement d'en faire la demande en indiquant le but des recherches qu'on poursuit.

DE LA SALLE

Je travaille au Centre juif de documentation contemporaine. Il est inexact, excusez-moi, Monsieur, qu'on ait accès par l'intermédiaire du CDJC aux fiches qui sont présentes chez nous maintenant. Il faut d'abord écrire aux Archives nationales et c'est elles qui transmettent la photocopie de la fiche de la famille que vous avez demandée. La mise à disposition ne dépend que des Archives nationales.

MICHEL DUCHEIN

Cela prouve que ce sont bien des archives publiques qui relèvent du régime juridique des archives publiques.

Chapitre 2

LA MÉMOIRE DOULOUREUSE
La mémoire des vaincus, la mémoire des victimes

par

Harris Memel-Fotê
Claude Mutafian
Per Ahlmark

La mémoire honteuse de la traite et de l'esclavage

par Harris MEMEL-FOTÊ

La mémoire humaine est en même temps objective et idéologique, chargée tantôt de l'amour de soi et d'exaltation de la liberté, tantôt du mépris de soi et d'esprit de soumission. Si, comme fonction psychologique de conservation du vécu, la mémoire, individuelle ou sociale, ne peut être dite honteuse, nous la qualifierons néanmoins ainsi lorsque les souvenirs dominants qu'elle évoque s'accompagnent d'un sentiment de dégradation, voire de déchéance [1].

En premier lieu, dans sa structure complexe et contradictoire, ce sentiment se présente comme un rapport de soi à soi — reconnaissance non seulement intellectuelle de la pure subjectivité mais encore morale d'une subjectivité « dégradée, dépendante, figée » ; il dérive, à son tour, d'une rencontre active et conflictuelle avec autrui d'où le moi sort diminué, « chosifié », avec un coefficient négatif d'avoir, de faire et d'être, dans une vision de l'Autre triomphant chez qui s'est accru le coefficient d'avoir, de faire et d'être. Anthropologiquement parlant, ce double rapport de soi à soi et de soi à autrui s'inscrit, en dernière analyse, dans un rapport social où une communauté dispose et hiérarchise les personnes, à tous moments, selon des critères de valeur que sa culture a institués et que chaque époque recompose.

En deuxième lieu, la mémoire honteuse comporte des *degrés :* à la honte d'avoir mal agi en enfreignant la coutume, la morale ou la loi, s'oppose la honte, plus grande, d'*être* ou de *n'être pas* : être pauvre, être casté, être esclave ; cette honte d'*être* peut être un legs, un héritage, au sens social.

En troisième lieu, en disant *honnir* quelqu'un ou *faire honte* à

---

1. Jean-Paul Sartre, *L'Etre et le Néant.*

quelqu'un, on reconnaît au moins deux sources de la honte : d'un côté, l'adversaire qui, intentionnellement, me « dégrade », auteur actif, direct de la honte, mais aussi l'allié ou le dépendant qui commet un acte dont la honte rejaillit sur moi parce que je suis solidaire de lui ; de l'autre, deux objets de la honte : la personne qu'on dégrade et la conduite qu'on juge honteuse.

En dernier lieu, deux types de réactions opposées résultent de la mémoire honteuse : des réactions négatives, plus ou moins douloureuses, qui agréent à l'auteur actif de la honte (mépris de soi, dissimulation, silence, fuite...) et des réactions positives, plus ou moins joyeuses, qui réhabilitent la victime (indignation, haine de l'autre, colère, révolte...).

Pour illustrer la richesse et les contradictions de la mémoire honteuse, l'exemple de la traite et de l'esclavage négriers nous a paru significatif. Si, en effet, la traite et l'esclavage des Africains noirs sont aussi anciens que ceux dont les autres peuples ont été victimes, il reste qu'ils ont constitué sous l'économie capitaliste la forme extrême, jamais dépassée, du phénomène, « la plus gigantesque tragédie de l'histoire humaine par l'ampleur et la durée [1] », qu'on évalue cette ampleur au nombre de personnes déplacées — les démographes l'estiment aujourd'hui, du VIIIe au XIXe siècle, toutes traites confondues, à environ 26 millions —, qu'on l'apprécie au nombre des personnes disparues (13 % pour le total des 11,7 millions d'êtres humains exportés vers l'Amérique entre 1450 et 1900) [2], ou qu'on l'estime aux effets de toute nature provoqués à l'échelle universelle. En réinterrogeant les mémoires écrits et les témoignages oraux des victimes, cette mémoire honteuse se trouve entretenir deux rapports majeurs à l'histoire. Condition nécessaire, en tant que source et matière pour l'histoire de la traite et de l'esclavage, cette mémoire idéologique impose des limites à dépasser pour construire une histoire objective et universelle de la liberté.

---

1. Jean-Michel Deveau, *La France au temps des négriers*, Paris, France-Empire, 1994, p. 7.
2. Catherine Coquery-Vidrovitch, « Traite négrière et démographie », *in De la traite à l'esclavage du* XVIIIe *au* XXe *siècle*, Actes du colloque international sur la traite des Noirs, Nantes, Centre de recherche sur l'histoire du monde atlantique, Nantes et Société française d'histoire d'outre-mer, Paris, 1985, p. 57-110.

Une source plurielle

Trois sources principales donnent accès à cette histoire idéologique. La première vient des victimes dont nous avons trois ou quatre catégories. Il y a les esclaves africains, directement déportés du continent, *bossales* selon l'appellation d'Amérique latine : Phillis Wheatley (Sénégal), Jacques-Elisa-Jean Capitein (Côte-d'Ivoire), Ottobah Cuguano (Ghana), Olaudah Equiano, dit Vassa (Nigeria). Il y a les *vernacles*, créoles des îles, *worso* d'Afrique manding tel Boubakar Boureima (Niger), afro-américains, dits aujourd'hui « africains-américains », comme Othello (Baltimore), F. Douglass (Boston), Josiah Henson (Boston), Solomon Northrup (Buffalo), Harriet Ann Jacobs, Sojourner Truth (Boston). Il y a enfin les *marrons :* ce sont par exemple Thomas Hedgebeth et Harry Thomas (USA), c'est Esteban Montejo (Cuba) et ce sont les rebelles ou révolutionnaires contemporains qui sont leur postérité idéologique : un Aimé Césaire, un Malcolm X[1].

La deuxième source est celle des négriers : guerriers et razzieurs, marchands, hommes de loi et penseurs, leurs complices, proprié-

---

1. Phillis Wheatley, *Poems on Various Subjects, Religions and Morals*, Londres, 1773 ; Ottobah Cuguano, *On Being Brought from Africa to America, Liberty and Peace, Réflexions sur la traite et l'esclavage des nègres*, Paris, 1788 ; J.E.J. Capitein, *Dissertatio politico-theologica de servitute libertati christianae non contraria, quam sub praeside* ; J. Van den Honert, *Publicae disquisitioni subjicit* ; J.E.J. Capitein, *Lugduni Batavorum* (1742) ; Olaudah Equiano, dit Gustave Vassa (1754-1797), *La Véridique Histoire par lui-même d'Olaudah Equiano, Africain, esclave aux Caraïbes, homme libre*, traduit de l'anglais par Claire-Lise Charbonnier, Paris, Editions caribéennes, 1983 ; Boubakar Boureima, *in Quand nos pères étaient captifs*, récits paysans du Niger, traduits et édités par Jean-Pierre Olivier de Sardan, Paris, Nubia, 1976 ; Othello, *Essai contre l'esclavage des nègres*, Paris, 1788 ; Frédéric Douglass, *Vie de Frédéric Douglass, esclave américain*, traduit de l'anglais par S. K. Parkes, Paris, Pagnerre, 1848 ; Josiah Henson, *The Life of Josiah Henson* (1849) ; Solomon Northrup, *Twelve Years a Slave* (1853) ; Harriet Ann Jacobs (1813-1893), *Incidents of a Slave Girl written by Herself*, edited by Jean Fagan Yellin, Cambridge, Harvard University Press ; Sojourner Truth (1797-1883), *The Narrative of Sojourner Truth*, 1850 ; Thomas Hedgebeth et Harry Thomas, *in* Benjamin Drew ed., *The Refugee ; or The Narrative of Fugitive Slaves in Canada* (1856) ; Miguel Barnet, *Esteban Montejo, esclave à Cuba. Biographie d'un « cimarron » du colonialisme à l'indépendance*, traduit de l'espagnol par Claude Couffon, Paris, Gallimard, 1967 ; Aimé Césaire, *Cahier d'un retour au pays natal*, Paris, Présence africaine, 1971 ; *Et les chiens se taisaient*, Paris, Présence africaine, 1989 ; Malcolm X, *Le Pouvoir noir*, Cahiers libres, 89-90, traduit de l'américain par Guillaume Carle, Paris, François Maspéro, 1966.

taires-planteurs ou industriels : c'est, au XVIIIe siècle, Jean-Gabriel
Stedman (1748-1797) et, au XIXe siècle, Théodore Canot ou Louis
Garneray (1783-1857)[1].

La troisième source comprend d'une part les « Justes », membres
de la société civile regroupés dans les associations anti-esclavagistes, religieuses ou laïques et, d'autre part, les Etats, dans leurs
fonctions ambivalentes de législateurs du Code noir et des décrets
d'abolition de la traite et de l'esclavage.

Une matière multilatérale

A chacune de ces sources correspond une mémoire dont l'enquête peut et doit déterminer la genèse, le contenu, la fonction et
la signification. Citons-en deux : celle de l'esclave dont les marchands et les propriétaires sont les auteurs, et celle de l'abolitionniste pour qui la condition des esclaves et ceux qui en sont
responsables constituent les sujets.

Voici la mémoire honteuse de l'esclave. Elle est la plus longue,
la plus tragique et la plus intégrée. Elle embrasse, de l'Afrique à
l'Amérique ou au Moyen-Orient, toutes les humiliations subies
comme captif déporté, comme marchandise vendue et achetée,
comme propriété exploitée sous tous les rapports. Chez tous les
esclaves qui ont laissé un témoignage, un complexe de honte
explique la même psychologie de la narration : du côté du narrateur,
manque de confiance en soi, méfiance à l'égard des autres, hésita-
tion, dissimulation du moi, et, du côté du lectorat, pour crédibiliser
le témoignage écrit ou oral, attestation formelle des autorités familiales, administratives, politiques ou littéraires. Deux concepts résu-
ment dans les mémoires la nouvelle identité advenue aux esclaves :
abrutissement et abêtissement. Ils sont d'abord le produit des
diverses formes de violence matérielle exercée par les négriers qui

---

1. Jean-Gabriel Stedman, *Capitaine au Surinam. Une campagne de cinq ans
contre les esclaves révoltés* (1772-1777), Paris, Sylvie Messinger, 1989 ; Théodore
Canot, *Confessions d'un négrier. Les aventures du capitaine Poudre-à-canon, tra-
fiquant en or et en esclaves* (1820-1840), Paris, Payot-Rivages, 1993 ; Louis Garneray, *Le Négrier de Zanzibar, voyages, aventures et constats*, Paris, Editions
Phébus, 1985.

représentent autant de formes de déshumanisation : violence militaire (enlèvements), violence économique et sociale (déportations,
enchères qui disloquent les familles, résidences arbitraires, travail
forcé, objets de prêt, de legs, de viols...), violence politique (lois
d'exclusion, lois de ségrégation entre Blancs et Noirs, entre
esclaves et affranchis ou coutumes d'assimilation des affranchis aux
esclaves), violence culturelle (interdiction d'instruire les esclaves,
voire de les évangéliser).

Trois aspects caractérisent cette déshumanisation. C'est le déracinement, écologique et anthropologique, dont la brutalité radicale
retentit sans consolation, si ce n'est la consolation eschatologique,
dans l'âme d'un Othello, d'un Cuguano, d'un Equiano, voire de la
tendre Phillis Wheatley, au XVIIIᵉ siècle. C'est l'infirmité existen-
tielle, qu'évoque Frédéric Douglass au XIXᵉ siècle, des individus
sans ancêtre connu, sans date de naissance généralement attestée,
sans nom propre, sans famille stable, sans parole civique et sans
possession. C'est l'abrutissement, état intermédiaire entre l'homme
et la bête, et c'est l'abêtissement, état touchant à l'état animal ; ces
deux états sont les fruits conjugués du système concentrationnaire
et de la discipline de la plantation, de l'omnipotence du maître et
de l'ignorance des esclaves qui ne rêvent que de fêtes dans un
monde où règnent le carcan, le fouet et la prédication religieuse et
qui croient le Blanc fait pour la liberté et le Noir fait pour l'esclavage (Thomas Hedgebeth). Ce n'est pas seulement le négrier qui
voit dans les Noirs « des bêtes de somme », bonnes à être jetées à la
mer pour alléger le vaisseau arraisonné, c'est aussi la représentation
qu'ont les esclaves d'eux-mêmes, associés dans les marchés aux
chevaux et aux porcs et moins considérés que ces animaux — « on
vendait les nègres comme on vend les petits cochons et j'ai été
acheté aussitôt », rappelle le centenaire Esteban Montejo.

Mais l'action matérielle seule n'a pas suffi à produire ce rapport
social et sa représentation, une action idéologique y a ajouté ses
effets. Le racisme, qui aplatit l'histoire culturelle sur le fait biologique, fait de l'infériorité sociale de l'esclave une nature. Il donne
à un accident biologique une interprétation ontologique ou biologique ; il le postule comme une conséquence de la personnalité de la
victime avant la traite et l'esclavage, donc comme un état immuable
du Noir devenu « nègre », un état génétiquement transmissible par
héritage. On pense immédiatement à la théorie aristotélicienne de

l'esclavage naturel dans le monde grec et non grec. Il faut penser à la théorie de l'esclavage naturel des Noirs, selon Ibn Khaldoun et d'autres philosophes européens des temps modernes. Ensuite, les chrétiens esclavagistes, par le mythe de Cham comme ancêtre de la race noire, confèrent à cette ontologie un fondement théologique qu'a cru devoir justifier, à son tour, Jacques-Elisa-Jean Capitein, un esclave d'origine « côte-d'ivoirienne », devenu en 1742 missionnaire calviniste à Elmina.

En même temps que les marchands et les propriétaires réussissent à infliger la honte d'eux-mêmes à la majorité des esclaves et à consolider l'institution, le mouvement abolitionniste lutte pour extirper « cette honte de la civilisation occidentale et chrétienne » des Etats d'Europe et d'Amérique. Ce mouvement est animé par des membres d'associations anti-esclavagistes, religieuses ou laïques, partisans de la justice au sens des « droits de l'homme » (*human rights*), selon l'Evangile[1] et selon la raison des Lumières. Pour ce mouvement, les négriers qui abrutissent les Noirs deviennent eux aussi, dans l'entreprise d'abrutissement, de vraies brutes.

Dans la première phase de la lutte, la phase du militantisme religieux, inspirée dès la fin du XVIIe siècle par l'humanisme chrétien, les quakers, archétypes des « Justes » modernes, s'opposent à l'esclavage pour deux raisons : cette institution comme faute collective viole l'unité qui fonde « la fraternité et l'égalité » de tous les enfants de Dieu ; en outre, elle est une forme de guerre permanente puisqu'elle repose sur la violence de la traite, qu'elle est entretenue par la violence et qu'elle engendre la réaction armée des victimes. Ils entendent culpabiliser leurs coreligionnaires et décident d'exclure de leur communauté de Pennsylvanie les marchands (1774) et les propriétaires d'esclaves (1776), exemple qui fait tache d'huile dans les autres colonies (Vermont, Massachusetts, Connecticut, Rhode Island, New York...). Ce courant est relayé par les méthodistes en Angleterre à partir de 1780.

La deuxième phase, la phase du militantisme philosophico-politique, est celle des XVIIIe-XIXe siècles où s'épaulent des philosophes des Lumières, des économistes, des politiques et des écrivains ; il s'agit de criminaliser les marchands, les propriétaires,

---

1. Epître de saint Paul, I Corinthiens VII, 23 : « Vous avez été rachetés à un grand prix ; ne vous rendez esclaves de personne. »

voire les Etats, afin d'éradiquer l'esclavage. Des associations mili-
tantes sont fondées dans la mouvance des Révolutions et se développent pendant tout le XIXe siècle[1]. Leurs discours abolitionnistes
— ceux d'un Wilberforce en Angleterre, d'un abbé Grégoire et
d'un Victor Schœlcher en France — disqualifient l'institution qu'ils
accablent de toutes les épithètes négatives d'ordre moral et juridique : infâme, ignoble, exécrable, horrible, abominable, inique,
infernal, scélérat, criminel. Leur propagande politique, conjuguée à
l'insurrection des esclaves de Saint-Domingue (1791), arrache à la
Convention nationale, en 1794, une abolition de l'esclavage que
Napoléon Bonaparte révoque en 1802.

La troisième phase est la phase du militantisme politico-écono-
mique. Elle précipite la révolution sociale que l'évolution de l'économie capitaliste justifie et rend irréversible : d'abord entre 1800
et 1836, interdiction de la traite et union de « toutes les puissances
de la chrétienté » pour autoriser l'arraisonnement des navires, le
jugement et la condamnation des auteurs de traite illicite, ensuite,
de 1820 à la fin du siècle, abolition de l'esclavage[2].

L'époque contemporaine a hérité de la honte de ces deux
mémoires. On en trouve la trace dans la littérature créole des
Antilles françaises. Dans *Peaux noires, masques blancs*[3], Frantz
Fanon nomme négrophobie l'ensemble des comportements par lesquels les Antillais noirs et mulâtres, après s'être identifiés à l'Européen et après avoir intériorisé le racisme des Blancs contre les
Noirs, manifestent la haine pour leur race, pour l'Afrique d'où viennent leurs ancêtres esclaves, pour la culture de ce continent, pour
la langue créole et n'entendent nullement s'identifier aux Africains
avant l'apparition d'Aimé Césaire. Il n'est pas jusqu'à Césaire lui-
même qui n'avoue, dans le *Cahier d'un retour au pays natal*, avoir
partagé ce préjugé en prenant ses distances, dans un tramway, à
l'égard d'un vieux, grand, misérable nègre, « comique et laid », et

---

1. 1788 Society for the Extinction of the Slave Trade (Angleterre).
Société des amis des Noirs (France).
1824 Société anti-esclavagiste (Angleterre).
1833 Société anti-esclavagiste (américaine).
1834 Société pour l'abolition de l'esclavage (France).
2. Amérique (Chili 1823, Mexique 1829, Etats-Unis 1865, Porto Rico 1873,
Cuba 1885, Brésil 1888). Europe (Angleterre 1833, Danemark 1847, France 1848).
3. Frantz Fanon, *Peaux noires, masques blancs*, Paris, Le Seuil, 1971.

qui ne reconnaisse cette « lâcheté » passée. Cette négrophobie est commune aux créoles et aux afro-américains jusqu'à l'apparition des phénomènes de la renaissance nègre chez les seconds et de la négritude chez les premiers. Alors, la lutte contre le racisme s'est radicalisée aux Etats-Unis d'Amérique avec les Panthères noires et les Musulmans noirs jusqu'à ce que soit fondée l'Organisation de l'Unité afro-américaine (1964). On en trouve également la preuve dans le silence des savants et de l'opinion qui, en France en particulier, a entouré la traite négrière. Ce mutisme n'a été rompu que par les recherches minutieuses, dans les années soixante-dix, d'un jeune historien, Jean Mettas[1], dont les travaux ont permis à la ville de Nantes, grand port négrier français, d'accueillir en 1985 le Colloque international sur la traite négrière.

Pour l'histoire universelle de la liberté : les trois limites de la mémoire honteuse

De même que la mémoire honteuse comporte pour chaque victime un avant et un après, de même la mémoire sociale de la tragédie a deux frontières avec la liberté : en amont, le temps de la liberté dominante avant le XVᵉ siècle, et en aval, le temps de la liberté qui s'ouvre en Afrique et dans le monde au XXᵉ siècle. Mais, il ne faut pas oublier que sous un certain rapport la mémoire de la liberté ancienne a habité la mémoire honteuse : les deux ont été contemporaines comme on le voit chez Equiano, esclave africain, devenu homme libre et militant des droits de l'homme, ou Las Casas, prêtre humaniste qui est passé de la justification au regret de la traite négrière.

Du point de vue des « droits de l'homme », les limites éthiques de la mémoire honteuse s'affirment, sous forme de mémoire glorieuse, de façon permanente, à trois niveaux. D'abord, à côté de la résignation du plus grand nombre d'esclaves et de leurs oncles Tom, il y a l'insoumission et la résistance morale et pratique de ceux qui jugent et refusent le déracinement culturel, l'exploitation

---

1. Jean Mettas, *Nantes*, Saint-Denis, Société française d'histoire d'outre-mer, 1978.

sexuelle et économique, l'hypocrisie religieuse des propriétaires chrétiens et leur oppression politique ; il y a ensuite la contestation institutionnelle des marrons ; il y a enfin le mouvement abolitionniste de la société civile européenne et américaine. A son apogée ce mouvement ne devient pas seulement la politique des Etats républicains et démocratiques, cette politique devient celle de la communauté internationale (SDN, puis ONU), qui révoque cette mémoire et ses effets comme histoire passée et inaugure une histoire universelle de la liberté.

La mémoire honteuse des esclaves, des marchands et des propriétaires autant que des Etats esclavagistes a imposé comme un tabou à la conscience historique la traite et l'esclavage. Violer un tabou, ce n'est pas seulement commettre un sacrilège, c'est aussi provoquer un malheur pour celui qui le commet et pour son groupe d'appartenance. En Afrique, les chefs de lignage, au risque de déclencher un désordre et le démembrement du groupe, craignent de déconstruire une mémoire qui protège dans ses inégalités l'unité fictive de la société. Dans l'Europe démocratique, une telle déconstruction a été bloquée, rendue difficile, et retardée, à cause de la situation coloniale qui a reconduit dans les faits les inégalités entre les peuples et les races, selon la logique de la traite et de l'esclavage. La violation progressive et partielle du tabou a été rendue possible lorsque les guerres qui ont opposé au XXe siècle les puissances coloniales ont disloqué les mythes raciaux et nationalistes et affaibli les Etats. La persistance du tabou explique dans les récits la dissimulation qui prend la place de l'histoire, voire le mensonge des descendants d'esclaves qui se font passer pour ce qu'ils ne sont pas, selon la féroce dénonciation de Boubakar Boureima dans *Quand nos pères étaient captifs.*

En somme, la honte renvoie à la reconnaissance d'une déchéance associée à la souffrance ; la mémoire honteuse de la traite et de l'esclavage peut et doit donc être considérée sous deux rapports : celui de l'histoire de la traite et de l'esclavage, et celui de l'histoire universelle. Sous le premier rapport, il y a diverses sources de la mémoire : l'esclave, le marchand, le propriétaire, le militant abolitionniste, l'Etat esclavagiste ou abolitionniste et leurs variétés ; de même, dans la matière multiple, on voit s'opposer les mémoires totales, longues et tragiques des esclaves qui ont connu capture, enchère, déportation, torture, exploitation sexuelle, économique et politique, aux mémoires partielles des marchands et des propriétaires, celles des victimes à celles des défenseurs religieux et laïcs de la liberté, philosophes, politiques et Etats.

Mais sous le second rapport, les limites de la mémoire idéologique doivent être dépassées pour rendre possible la construction d'une histoire de plus en plus objective. Il s'agit non seulement de relier la tragédie individuelle et collective à la liberté collective qui la précède et qui la suit, mais encore de lire la *contemporanéité* de la mémoire glorieuse et de la mémoire honteuse. Dans l'ordre éthique qui est celui des « droits de l'homme », il faut rapporter la résignation de la majorité des esclaves à la résistance quotidienne des héros contre les humiliations, à la contestation institutionnelle des marrons et à l'abolitionnisme qui, d'une politique des Etats démocratiques, est devenu une politique de la communauté internationale. Dans l'ordre épistémologique, où la traite et l'esclavage négriers ont fonctionné comme un tabou, refoulant la connaissance objective, il s'agit, par la critique de l'idéologie et de l'économie politique qui la supporte, de surmonter cet obstacle, afin de construire, avec et malgré cette mémoire honteuse et son contraire, une histoire objective de la liberté humaine.

Une mémoire déniée : le génocide des Arméniens

par Claude MUTAFIAN

Dans la nuit du 24 avril 1915, en pleine guerre mondiale, l'arrestation puis l'élimination de six cents intellectuels arméniens de Constantinople décapitèrent la communauté arménienne ottomane, qui peuplait alors essentiellement l'Asie Mineure orientale, son territoire historique, la Cilicie dans l'angle de la Méditerranée et les grandes villes de l'empire. C'était le déclenchement d'un plan mis au point par les dirigeants jeunes-turcs, qui visait à supprimer la présence multimillénaire arménienne en Anatolie. Ce génocide fut mis en œuvre dans toutes les provinces de l'empire et non pas seulement dans les zones proches des fronts militaires. La guerre était un paravent rêvé pour regrouper la population arménienne, éliminer les hommes adultes, déporter femmes, enfants et vieillards vers les déserts syriens où périrent les derniers rescapés des massacres qui jalonnèrent l'exode.

Le processus avait en fait été déclenché en 1895 sous le sultan Abdoul Hamid. Il culmina en 1915-1917, pour s'achever en 1922 sous le président Moustafa Kemal. Un nettoyage ethnique réussi : des deux millions d'Arméniens ottomans au début du siècle, un million et demi ont été massacrés, il n'en reste en Turquie actuelle que quelques dizaines de milliers, pratiquement concentrés à Constantinople. Les autres ? Ce sont les vaincus, dépositaires de la mémoire des victimes, les rescapés et leurs descendants, réfugiés soit en Occident et dans le monde arabe, soit dans ce qui était alors l'Arménie russe, d'où allait émerger la république d'Arménie actuelle.

En 1919, les responsables jeunes-turcs en fuite avaient été jugés et condamnés à mort par les nouvelles autorités ottomanes. Deux ans plus tard, un tribunal allemand jugea le meurtre de l'un des dirigeants jeunes-turcs, Talaat Pacha, abattu en pleine rue à Berlin ;

l'Allemagne avait beau être l'alliée de la Turquie, le jeune justicier n'en fut pas moins acquitté par les jurés convaincus par l'abondance des preuves. Ces deux procès se tinrent « à chaud ». Très vite, tout sombra dans l'oubli, un oubli qui arrangeait tout le monde. En 1923, dans le traité de Lausanne, toute clause relative aux Arméniens avait disparu.

Les vaincus en furent réduits à se terrer dans l'horreur du passé. Beaucoup d'entre eux recherchaient un impossible oubli. Les rares récits de survivants n'apparurent que bien plus tard. Quant aux preuves, à quelques exceptions près, comme les recueils publiés par le pasteur allemand Lepsius, elles dormaient dans diverses archives. Ce peuple se trouvait brusquement expulsé du passé anatolien. Un mausolée fut érigé en l'honneur de l'un de ses bourreaux, Talaat Pacha. Il se dresse encore sur les rives du Bosphore, véritable fer rouge ravivant en permanence la blessure des vaincus.

Certes, les bourreaux sont tous morts maintenant, et il serait absurde d'en vouloir à la population turque actuelle. Mais l'Etat turc a pris le relais et s'obstine à nier l'évidence. Les nouvelles générations sont passées à l'offensive afin d'inscrire le forfait dans les annales de l'histoire. Finis les arguments sentimentaux fondés sur d'insupportables récits de souffrance, finie aussi l'utilisation de documents à l'authenticité plus que probable mais non garantie à 100 %, risquant par effet d'osmose de jeter la suspicion sur l'ensemble du dossier. Les archives françaises, américaines, allemandes, etc. sont en tout point convergentes et leur publication systématique ne laisse aucune échappatoire.

L'Etat turc s'est ainsi retrouvé en position défensive. Les vaincus ou plutôt leurs héritiers — mais ces héritiers ne sont-ils pas eux aussi des vaincus — se sont érigés en procureurs, empêchant désormais de rayer ou de réinterpréter le passé. L'historiographie officielle turque, par le biais de la Société d'histoire turque fondée en 1931, se résigna à reconnaître un fait arménien en Anatolie, mais dépourvu de toute culture. Sous l'influence d'agents étrangers, cette population, séculairement soumise, se serait un jour révoltée, rendant inévitable une répression, accompagnée de regrettables bavures.

Pourtant, récemment, en 1993, l'exposition sur le royaume arménien de Cilicie, dans la chapelle de la Sorbonne, fut dénoncée dans

la presse turque comme présentant un royaume qui n'aurait jamais
existé.

Pourquoi la communauté internationale reste-t-elle passive ?
Hier, Ankara se présentait devant l'URSS comme l'incontournable
accès aux précieux Détroits et devant l'Occident comme l'ultime
rempart face à la menace communiste. En échange, Moscou interdit
jusque dans les années soixante toute mention du génocide en
Arménie soviétique, et l'Occident garda un profil bas. Depuis la
chute du communisme, c'est face à la montée de l'islamisme, épou-
vantail pour l'Europe et l'Amérique, que la Turquie se pose en
rempart. Une fois de plus, les Arméniens en font les frais. Une
exception, l'Uruguay, qui a reconnu le génocide dès les années
soixante et où les manuels scolaires l'évoquent dans tous ses détails.
Les vingt mille Arméniens d'Uruguay ont droit à ce qu'on respecte
leur mémoire. Ailleurs, ce sont des euphémismes : on parle de
« massacres », voire pudiquement des « événements de 1915 ». En
1983 se tint sur les rives du Bosphore une grande exposition consacrée aux « Civilisations anatoliennes » de la préhistoire à nos jours.
Toute mention de l'Arménie en était bannie, et sur la carte accom-
pagnant le second volume du catalogue, relatif au Moyen Age,
l'Anatolie orientale est un désert absolu. Cette exposition était par-
rainée par le Conseil de l'Europe !

Et pourtant, le combat contre l'oubli, pour la préservation de la
mémoire, ne devrait pas connaître de trêve.

Réflexions sur le combat contre l'antisémitisme

par Per AHLMARK

Lorsque j'ai rencontré Elie Wiesel pour la première fois, c'était à New York, il y a vingt ans, il m'a mis en garde contre le danger grandissant que représentaient ceux qui nient l'existence de l'Holocauste. J'ai réagi de façon stupide. Je me suis exclamé : « C'est une plaisanterie ! Pourquoi ne pas nier aussi que le Japon ait attaqué les Etats-Unis à Pearl Harbor, ou prétendre que la bataille d'Angleterre n'a jamais eu lieu ! »

J'ai perçu un second signal d'alarme en 1983, lors d'une conférence sur l'antisémitisme qui se tenait en Norvège sous la présidence d'Elie Wiesel, un an après l'intervention israélienne au Liban. La Déclaration d'Oslo qui suivit cette conférence soulignait que les clichés antisémites les plus éculés étaient maintenant appliqués au sujet de l'Etat hébreu. Les antisémites avaient essayé de créer dans le passé une Europe nettoyée des juifs (*Judenrein*), ils essayaient maintenant de créer un Moyen-Orient purifié de l'État juif (*Judenstaatrein*).

Elie Wiesel devait lancer un troisième avertissement un an plus tard, depuis sa ville natale de Sighet, en Roumanie. « Rappelons-nous, dit-il, les héros de Varsovie, les martyrs de Treblinka, les enfants d'Auschwitz. Ils ont combattu seuls, ils ont souffert seuls, ils ont vécu seuls, mais ils ne sont pas morts seuls car une part d'entre nous tous est morte avec eux. »

Qu'ont-ils emporté avec eux ? Je répondrai : notre croyance qu'il y a des limites à la cruauté des hommes. Maintenant nous savons que cette cruauté n'a pas de limites. L'Holocauste a apporté la preuve qu'une idéologie totalitaire associée au pouvoir absolu pouvait nous conduire à des atrocités inimaginables.

Plus nous étudions l'Holocauste, plus nous comprenons comment certains phénomènes se développent dans des nations en crise, comment les images du « juif » se transmettent et se transforment au fil des siècles, pourquoi l'antisémitisme est toujours le signe d'un malaise grave au sein d'un pays ou d'une culture, pourquoi les attaques contre la liberté et l'Etat de droit commencent souvent par la persécution des juifs et se terminent toujours, si on n'y prend garde, par la destruction du pays lui-même.

Il y a dans cette haine éternelle une puissance maligne qui s'est adaptée à des sociétés pourtant très différentes au cours des deux derniers millénaires ; elle a toujours essayé de frapper les juifs au cœur de ce qui constitue leur existence (qu'il s'agisse de la religion ou de l'Etat) en exploitant les malentendus ou les prétendues différences (qu'il s'agisse de religion ou de race) ; en faisant appel à des mots d'ordre, à la jalousie, à la peur et au mépris aveugle ; en essayant d'inventer des boucs émissaires, d'organiser la discrimination, de préparer une nation au meurtre.

Puis-je comprendre cette puissance maligne ? Non, évidemment. Même Elie Wiesel ne prétend pas y parvenir. Mais ces avertissements nous font entendre un message crucial : « Souvenez-vous ! Ne manquez jamais de combattre l'antisémitisme dès qu'il se manifeste ! »

C'est ainsi que dans mon pays, il y a quinze ans, nous avons créé le Comité suédois contre l'antisémitisme, fondé sur les six principes suivants :

Premièrement : la lutte contre l'antisémitisme est un devoir commun pour les juifs et pour les non-juifs. De fait, puisque l'antisémitisme est un préjugé des non-juifs, c'est à eux de le combattre. Cependant, puisque les juifs sont les premières victimes de cette maladie des non-juifs et qu'ils la connaissent généralement beaucoup mieux que quiconque c'est pour eux une obligation de combattre l'antisémitisme pour s'en protéger. Juifs et non-juifs doivent donc coopérer. Notre comité est composé à peu près par moitié de juifs et de non-juifs.

Deuxièmement : il faut essayer d'obtenir le soutien d'un grand nombre de personnalités de toutes opinions politiques et religieuses, représentant le patronat et les syndicats, les écrivains, les journalistes, les artistes et tous les autres milieux. Il faut leur demander de se joindre à nous ou de nous prêter au moins le prestige de leur nom.

Troisièmement : il faut réagir immédiatement à toute manifestation d'antisémitisme. Si un journal important publie la lettre d'un lecteur prétendant que les juifs essayent de « dominer le monde », il faut écrire une réponse, demander un rendez-vous au rédacteur en chef et expliquer les risques qu'il nous fait courir en publiant des absurdités pareilles.

Si un journaliste insinue que les juifs ont autrefois « exécuté rituellement des non-juifs », il faut expliquer au public ce que représente cette fable. Là encore, il faut rencontrer son rédacteur en chef, assigner le journaliste en justice, exiger des excuses publiques.

Quatrièmement : il faut systématiquement analyser et condamner tout parallèle entre les Israéliens et les nazis. On a ainsi qualifié l'intervention israélienne de 1982 d'« holocauste », on a accusé Israël d'appliquer la « solution finale » aux Palestiniens. On a qualifié Beyrouth-Ouest de « nouveau ghetto de Varsovie », on a donné à l'étoile de David la forme d'une svastika.

Nous avons tous le droit de critiquer la politique israélienne, mais nous connaissons les effets de cette campagne qui cherche à établir un parallèle entre les nazis et les Israéliens. Elle a été celle de l'Union soviétique : on y assimilait Israël à l'Allemagne nazie et la presse publiait des caricatures des dirigeants israéliens habillés en officiers SS.

Depuis les années soixante-dix une telle attitude a gagné l'Europe occidentale. On banalise le nazisme et on démonise les Israéliens. Les juifs auraient enfin donné la preuve qu'ils pouvaient se rendre coupables d'une bestialité analogue à celle de leurs anciens oppresseurs. Les victimes ou les petits-enfants des victimes de l'Holocauste feraient aujourd'hui aux autres ce qu'hier ils ont subi.

Il ne faut jamais hésiter à se pourvoir en justice. Il ne faut pas se laisser décourager par ceux qui prétendent qu'alors nous refusons aux autres la liberté d'opinion. Dans la plupart des démocraties, c'est aujourd'hui un crime de diffamer une race ou un peuple. La diffamation des minorités ethniques n'a jamais contribué à renforcer la démocratie. Utiliser un tel argument contre ceux qui résistent au néo-nazisme est contraire à la mémoire et à l'histoire.

En Europe centrale, l'antisémitisme est souvent plus virulent et plus répandu qu'en Europe occidentale. On y trouve un grand nombre d'articles de journaux et de brochures antisémites. De nouvelles éditions du *Protocole des sages de Sion* y ont été remises en circulation. Et puisque la plupart des pays d'Europe centrale souhaitent faire partie de l'Union européenne, il serait souhaitable que l'Union européenne adopte une législation qui rende la diffamation raciale incompatible avec l'adhésion. Il faudrait qu'elle exprime son inquiétude devant la réhabilitation de certains citoyens de ces pays qui ont collaboré avec l'Allemagne nazie, tels Tisot en Slovaquie, Antonescu en Roumanie, etc.

Sixièmement, dès qu'ils montrent le bout de l'oreille, les négationnistes doivent être attaqués en justice. Les exemples de la France et de l'Allemagne montrent que transformer le négationnisme en délit freine les activités des néo-nazis et des nationalistes d'extrême droite. Nier l'existence de l'Holocauste, c'est détruire la mémoire qui est le bouclier protecteur des juifs. Après avoir pris leurs vies aux juifs, les antisémites leur prennent maintenant leurs morts en prétendant qu'ils n'ont jamais été tués. Or, puisqu'ils ne sont plus là, la conclusion est que six millions de juifs européens n'ont jamais existé sur notre planète. C'est vraiment le degré ultime de l'annihilation. En osant prétendre que ce sont les juifs eux-mêmes qui ont inventé l'Holocauste pour tromper les non-juifs, on transforme le crime en accusation contre les victimes. Ceux qui mentent de la sorte sont précisément ceux qui sont susceptibles de perpétrer ces crimes à nouveau. Ils nient l'existence de l'Holocauste parce qu'ils aimeraient achever la tâche que Hitler n'a pas eu le temps de mener à bien.

Il y a neuf ans a été créée à Stockholm la station de radio européenne la plus violemment antisémite et pro-nazie depuis la fin de la Seconde Guerre mondiale. Elle s'appelait Radio-Islam et n'avait rien à voir avec les études islamiques. Son rédacteur en chef, Ahmed Rami, proclamait que le pouvoir juif est « comme le cancer ou le sida » contre lesquels nous ne pouvons pas nous défendre. « J'appelle de tous mes vœux un nouvel Hitler ! » s'exclamait-il.

Lors du premier d'une longue série de procès contre Radio-Islam, notre comité ne reçut pratiquement aucun soutien. Seuls quelques rares journaux condamnèrent les propos de la station de radio. Un assez grand nombre d'intellectuels même prirent la défense de cette station radiophonique en disant qu'elle traitait de la Palestine ou de sujets théologiques. Après qu'une vingtaine de chefs d'accusation eurent été retenus contre Radio-Islam, l'atmosphère commença à changer lentement. Finalement, la station de radio fut fermée, son

rédacteur en chef envoyé en prison. Il reste qu'aucun chef de gouvernement ne nous avait apporté son soutien, qu'il s'agisse du Premier ministre socialiste Ingvar Carlsson ou du Premier ministre
conservateur Carl Bildt. Pressés pourtant de prendre parti, ils refu-
sèrent de faire la moindre déclaration.

Il y a quelques mois pourtant, un nouveau Premier ministre
s'aperçut, en ouvrant son journal, que les lycéens suédois étaient
presque totalement ignorants de ce qu'était l'Holocauste. Profondément choqué, il montra ce sondage d'opinion au Conseil des
ministres et demanda qu'on prépare immédiatement une campagne
d'information dans les lycées sur le sujet. La campagne est en
cours. Cet homme s'appelle Göran Persson. Je ne le connais pas et
je n'ai pas voté pour lui. C'est un socialiste et je suis un libéral.
Mais j'admire son action dans ce domaine et je tiens à lui rendre
hautement hommage.

Désormais, l'ensemble des départements ministériels contribue à
la création d'un Centre national d'études scientifiques sur l'Holocauste. Les universités, elles, sont en train de financer d'autres projets de recherche concernant le nazisme et le racisme. Parents et
élèves vont se voir distribuer un livre érudit et très bien écrit sur
l'Holocauste. Tous ceux qui en feront la demande en recevront gra-
tuitement un exemplaire rédigé en suédois ou dans l'une des sept
langues les plus communément parlées par les immigrés de notre
pays. Un demi-million de foyers ont déjà reçu ce livre. Le gouvernement a d'autre part demandé à des experts de créer sur l'Internet
un site spécialement destiné aux jeunes et à leurs professeurs pour
faire le point sur l'antisémitisme. Des documents seront distribués
aux parents et aux enseignants des enfants de dix à douze ans pour
leur permettre d'organiser des réunions au cours desquelles on
débattra de la compassion, de la tolérance, de la xénophobie et des
droits de l'homme. Les écoles pourront emprunter des films et des
vidéos sur l'antisémitisme et l'extermination des juifs d'Europe.

Dans tout le pays, les enseignants se verront offrir la possibilité
de participer à des séminaires consacrés à la haine raciale, à la
musique (*white power*) et aux organisations néo-nazies. Quant aux
parlementaires et aux responsables de l'administration publique, on
organise à leur intention des visites dans les camps de concentration
de Pologne et d'Allemagne. Une documentation complète sera à la

disposition des enseignants et de ceux de leurs élèves qui souhaitent visiter les camps d'extermination.

Cette campagne d'information sur le thème de la mémoire est la première à avoir été lancée en Scandinavie sur une aussi large échelle. Il a fallu que nous attendions d'avoir un Premier ministre enfin déterminé à le faire.

Mais rappelons que l'antisémitisme frappe d'abord les juifs mais qu'il ne se contente pas de cette seule cible. Lorsque les antisémites s'attaquent aux juifs ou essayent de détruire notre mémoire, ils s'attaquent aussi à chacun d'entre nous.

Débat

DE LA SALLE

Nous essayons à l'Institut national de recherche pédagogique, avec un groupe d'enseignants, de promouvoir des actions de formation pour développer l'enseignement de la tolérance. Dès qu'on va sur le terrain, on s'aperçoit que l'enseignement de la Shoah est réduit à la portion congrue. Des Arméniens, il n'est quasiment pas question. Que faire pour généraliser ce qui se fait, ici et là, très bien, mais de manière très minoritaire ? On sent bien que la sensibilité du temps porte à faire en France quelque chose comme en Suède. On essaie de le promouvoir, aidez-nous. Que pouvez-vous faire pour nous aider ? Un tel projet demande des financements pour les programmes de recherche, les publications, les chercheurs. Il y a une bonne volonté partout affichée, mais ça ne passe jamais dans les faits. Aidez-nous.

FRANÇOISE HÉRITIER

Ce qui importe, c'est de débloquer des crédits et de mettre en œuvre une politique qui ressemblerait à celle qui a été conduite en Suède. Ce n'est pas seulement l'approbation des politiques qui est nécessaire, c'est également le nerf de la guerre : cela implique la collaboration des corps intermédiaires — des universités, de l'inspection générale, des enseignants, des syndicats.

DE LA SALLE

Vous considérez que la mémoire des Indiens massacrés en Amérique était une mémoire honteuse, si c'est le cas, pourquoi est-elle exclue de cette table ?

HARRIS MEMEL-FOTÊ

Je suis parti d'un exemple que j'ai dit « limite », c'est-à-dire que j'aurais pu présenter sur la mémoire honteuse toutes les traites et tous les esclavages, mais j'ai pris cet exemple limite parce que c'est le plus gigantesque. Les résultats que j'en ai obtenus valent pour toutes les traites et tous les esclavages. Je ne sais pas si, du point de vue méthodologique, on peut le faire, mais c'est ce que j'ai voulu faire. On peut faire une étude sur la mémoire honteuse des Nations unies à propos du génocide rwandais. Le but n'est pas de faire une histoire raciale ou une histoire ethnique, mais d'écrire une histoire vraiment mondiale de la modernité, parce que c'est toutes les races qui ont été concernées depuis le XVe siècle au moins jusqu'à l'époque contemporaine.

DE LA SALLE

On a parlé de l'enseignement de la tolérance aux enfants, mais il me semble que lorsque les enfants naissent dans des familles ouvertes sur les autres, ils sont déjà prédisposés à cet enseignement. La question de l'éducation morale et spirituelle des enfants est peut-être le devoir des politiques, mais c'est avant tout le devoir et la responsabilité des familles.

HARRIS MEMEL-FOTÊ

Dans les pays affligés par la mémoire honteuse, on ne revient pas sur ces problèmes dans l'éducation. Je connais des universités où on ne fait pas référence à l'esclavage en Afrique, parce que pour l'instant c'est encore une honte et beaucoup de chercheurs ne s'occupent pas de cela. Il y a de grandes universités où il n'y pas d'enseignement sur l'esclavage.

Les descendants d'esclaves enseignent avec rigueur à leurs enfants leurs origines et conservent les lignages qui les ont intégrés.

En Amérique on a fait mieux puisque, à partir de 1934, on a donné la parole aux anciens esclaves et il y a eu une documentation extrêmement claire qui fait qu'on a commencé à dépasser cette mémoire honteuse.

PER AHLMARK

En Suède, nous organisons actuellement plusieurs milliers de réunions entre des enseignants et des parents d'enfants de dix à douze ans. L'objectif de ces réunions est d'organiser un débat sur la tolérance, la xénophobie et les droits de l'homme. Cela donne aussi aux enseignants la possibilité de former les parents quant au message qu'ils doivent transmettre.

DE LA SALLE

Je suis enseignante en histoire et j'ai aussi de tout temps pensé qu'il était extrêmement important de donner la possibilité à nos lycéens, à nos étudiants de réfléchir, de se faire une idée par eux-mêmes. Il est bien vrai que nous en sommes tous réduits à trouver des solutions individuelles, ce qui n'est pas juste. Moi depuis quelques années, je fais des bibliothèques de classe. Il y a une quarantaine de romans par classe qui posent les problèmes de toute la planète, de tous les « moments durs », que ce soit l'Afrique du Nord, le monde indien, l'Afrique, l'ex-URSS et puis aussi le stalinisme, l'Europe centrale et le monde asiatique que l'on connaît mal. Mais j'avoue que ces solutions individuelles ne me satisfont pas complètement. Il serait bien plus important qu'on ne nous change pas constamment les programmes d'histoire, et que nous puissions travailler en profondeur.

J'aimerais qu'on ne cherche pas à éviter de poser certains problèmes. Dans ce sens, l'Académie universelle des cultures nous aide à les poser pour nous permettre de faire un pas de plus.

FRANÇOISE HÉRITIER

Vous avez parfaitement raison en posant le problème de ce contexte politique fondamental qui est celui de l'impérialisme et je crois que c'est une des questions qui est en toile de fond et qui aurait mérité à elle seule une matinée de débat.

Cela dit, permettez-moi de vous complimenter sur ce que vous avez fait vous-même, parce que ce choix que vous avez fait d'intéresser directement vos élèves et vos étudiants à travers une littérature romanesque ou autre, en provenance de divers pays du monde, c'est déjà un grand pas, par inter-connaissance, vers la tolérance.

DE LA SALLE

Vous avez fait allusion à la nécessité de dépasser la mémoire honteuse, ne pensez-vous pas qu'il serait nécessaire de montrer la contribution de la civilisation africaine au patrimoine universel ? Après tout, la civilisation pharaonique dont nous sommes très fiers est une civilisation africaine.

Je pense aussi à des gens comme Senghor qui, en son temps, a fait un travail remarquable pour réhabiliter cette civilisation. Quand on voit la polémique en France concernant la création d'un musée des arts dits primitifs, il faut souligner l'importance du travail de recherche à effectuer. Nous sommes malheureusement imprégnés, qu'on le veuille ou non, par les idées du XIXe siècle qui ont hiérarchisé les civilisations et les cultures, au point qu'on ressorte encore de nos jours des pseudo-idées sur l'« inégalité des races ». Je pense que nous sommes tous concernés et que nous devons faire un travail pédagogique en profondeur qui passe par la révision des ouvrages scolaires.

HARRIS MEMEL-FOTÊ

Le travail que nous devons faire est, en effet, un travail à plusieurs niveaux. Les chercheurs que nous sommes doivent faire leur travail de diffusion de ce qu'ils croient être la vérité de l'histoire de notre peuple et de l'histoire du monde en même temps. Nous devons aussi aider les hommes politiques à être plus justes dans leur conception des problèmes contemporains, car en Afrique beaucoup d'hommes politiques sont ignorants, beaucoup d'hommes politiques sont arrogants, beaucoup d'hommes politiques sont des tyrans et ne s'occupent que de leur pouvoir. Nous devons à la fois les combattre et aider à faire prospérer une nouvelle génération d'hommes politiques. Et enfin, il nous faut travailler en collaboration avec la société civile et promouvoir de nouvelles forces, en particulier chez les jeunes, pour que ce monde que nous voulons réussisse à exister au moins pour le siècle qui vient.

Chapitre 3

THÉRAPIE COLLECTIVE
DE LA MÉMOIRE
EN AFRIQUE DU SUD

par

Wole Soyinka

Thérapie collective de la mémoire en Afrique du Sud

par Wole Soyinka

Dans le délicat processus de transfert de pouvoir en Afrique du Sud, assistons-nous à la mise en place d'une solution de compromis entre des intérêts divergents ? Certes, nous ne sommes pas dans une position qui nous permette de pontifier ou d'exiger des mesures d'un purisme parfait. Nous n'avons pas eu à subir l'épreuve des quatre-vingt-dix jours renouvelables de garde à vue ni le bannissement et l'exil de nos proches. Nous n'avons pas été confrontés à la perspective d'une guerre civile interminable faute de trouver les moyens de lutter contre une formidable machine d'oppression. Nous n'avons pas eu non plus à trancher la terrible question politique qui se pose à chaque fois qu'il faut choisir jusqu'où la fin justifie les moyens. Tout ce que nous savons par expérience, c'est qu'il existe des moments où le pragmatisme dicte des compromis secrets afin de minimiser les dégâts infligés aux structures et de préserver des vies humaines, même au prix d'une certaine impunité pour les coupables.

L'Argentine et le Chili constituent autant d'exemples pertinents qui représentent cependant un véritable scandale au regard du sens moral et soulignent les limites de notre humanité. Dans l'idéal, on souhaiterait que les Galtieri et les Pinochet de ce monde subissent le même sort que les Ceaucescu et autres rebuts de l'humanité. Malgré ce constat et la conscience que l'Afrique du Sud est — comme toute autre zone plongée par l'Etat dans une situation d'anomie —, à bien des égards, dans une position unique, on n'en conserve pas moins l'impression que la formule adoptée pour rétablir l'harmonie sociale, qui consiste à faire de la vérité la base de la réconciliation, sape dans une certaine mesure l'un des piliers sur lesquels doit reposer toute société durable, c'est-à-dire la responsabilité, et en dernier recours, la justice. Une réalité qui est souvent commodément ignorée est que, dans le cas de l'Afrique du Sud, la culpabilité n'était pas limitée à l'état d'Apartheid.

L'un des aveux les plus courageux jamais entendus à l'issue de luttes révolutionnaires est celui du président Nelson Mandela : il n'a pas hésité à mettre l'ANC devant le bilan de ses atrocités et de ses entorses aux droits de l'homme. Ainsi, dans les camps et les centres de détention gérés par le mouvement de libération sur le territoire de pays amis comme la Zambie, la torture et les exécutions arbitraires étaient monnaie courante. Il y a aussi le cas mal élucidé de ce jeune garçon battu à mort par des membres du club de football de Winnie Mandela (en réalité ses gardes du corps) ou celui de cette jeune volontaire américaine blanche totalement acquise à la lutte anti-Apartheid poignardée par quatre brutes dans les rues de Soweto.

Les images télévisées des quatre meurtriers tirant profit de leur confession publique pour bénéficier d'une amnistie sont au cœur du dilemme auquel doit faire face la nation sud-africaine. Les parents de la victime accordèrent leur pardon et en présentant leur crime comme un crime politique, les auteurs ont rempli toutes les conditions qui les qualifiaient pour une rémission de leur peine.

Mais est-ce que les psychopathes qui profitent d'une lutte révolutionnaire doivent également bénéficier de l'onction de la victoire ? Les règles de moralité inhérentes à toute lutte de libération, quelle que soit sa violence, doivent permettre de qualifier pour ce qu'il est un lâche assassinat, faute de quoi on peut, une fois pour toutes, renoncer au concept même de lutte héroïque et d'actes exceptionnels. Quant aux geôliers de l'Apartheid, leur défilé, sans risque — au cours duquel ils relatent calmement et souvent avec un plaisir mal dissimulé leur rôle dans les enlèvements, les tortures, les meurtres, les mutilations, et au terme duquel l'absolution leur est accordée sans pénitence —, représente soit un exemple d'exaltation de la noblesse des sentiments humains, soit une glorification de l'impunité.

On a là, en tout cas, une idée de la gamme infinie des manières inventées par les hommes pour résoudre les crises sociales. C'est une consolation. Même si, en fin de compte, on porte un jugement négatif sur une telle procédure, elle représente néanmoins en elle-même un défi dont on ne peut nier l'intérêt. Après tout cet événement ne se produit pas dans un vide historique. Au Malawi, le pays qui borde la frontière septentrionale de l'Afrique du Sud, l'ancien président à vie a été traduit en justice pour répondre sur sa tête de ses actes politiques. Il fut acquitté sans doute, et en grande partie grâce à une question de procédure. Mais le fait d'avoir réduit l'ancien maître tout-puissant qui pouvait décider de la liberté et de l'emprisonnement, de la vie et de la mort, au même état d'incertitude que ses anciennes victimes constitue un modèle de rétribution sociale dont la validité ne peut guère être contestée. On n'a jamais mieux illustré ce vieux principe : aucune condition sociale n'est définitive.

L'exemple de l'Ethiopie est également très instructif. Il a manqué certes au procès par contumace de Mariam Mengistu cette symétrie thérapeutique qu'aurait apportée sa présence physique dans le box des accusés aux côtés de ses principaux complices dans les assassinats de masse qu'il a perpétrés. Les témoignages en provenance d'Ethiopie ouvrent un nouveau chapitre de la criminalité au nom de la raison d'Etat en Afrique. Jamais la bureaucratie n'avait enregistré aussi méticuleusement les détails des massacres. On y voit la conscience professionnelle tatillonne de ces gouvernants psychopathes qui contraste avec l'arbitraire d'un Idi Amin Dada ou d'un Mobutu. Tout y est précisément consigné : les méthodes d'élimination, la façon de faire disparaître le corps des victimes, le détail des tortures et les mesures de représailles contre les collègues ou les parents qui osent donner libre cours à des sentiments de sympathie ou de deuil.

Si lugubres qu'ils soient, le récit de ces faits et la publication de ces horreurs apportent aux victimes la faible consolation que procure la reconnaissance des souffrances endurées. Un tel processus, cependant, ne remplace pas l'effet de catharsis que produit la présence physique des inculpés réduits à quia par l'inversion des rôles. Ce sentiment va bien au-delà de la simple vengeance : c'est la reconnaissance de longues souffrances et de la volonté de résistance de la société, avec pour résultat final le rétablissement de son intégrité.

Au Rwanda, la communauté internationale a établi l'existence de crimes contre l'humanité dont les ramifications s'étendent au-delà des frontières du pays. Il faudrait multiplier les interventions de ce genre afin que tout crime mettant en jeu la cohésion d'une société soit jugé au-delà des frontières du pays où il a été perpétré, soulageant par là même la société concernée du fardeau du jugement et de la réconciliation, au moins pour ce qui est de la réintégration des coupables dans la société.

En bref, les crimes contre l'humanité doivent être jugés hors de l'espace politique où ils ont été commis de façon à laisser à la société qui en a été la victime le soin de reconstituer son propre tissu social à l'abri de l'intervention constante de la mémoire outragée.

Le problème que pose le choix de la méthode adoptée par l'Afrique du Sud est qu'elle exclut *a priori* la notion de criminalité et donc de responsabilité. C'est à la justice d'estimer la responsabilité, et tout le monde admet que la justice constitue un élément essentiel de la cohésion sociale. En fait, la justice représente l'élément distinctif fondamental de l'humanité.

Tout comme c'est faire du tort à la justice que de punir un accusé avant d'avoir établi sa culpabilité, c'est lui nuire gravement que d'absoudre les coupables avant d'avoir obtenu le moindre signe d'amendement ou de remords. Une telle attitude n'a en réalité qu'un seul objectif, celui d'encourager l'établissement de la vérité. Se pourrait-il que tout ce processus soit en sous-main l'application de ce principe théologique chrétien : « La vérité vous rendra libres » ? Ou bien est-il une réponse à ces leçons d'humanisme que nos penseurs et nos poètes, dans de rares moments de contestation du modèle européen, ont qualifiées d'exclusivement africaines ? Des poètes et chefs d'Etat comme Léopold Senghor seraient, j'en suis sûr, en parfait accord avec cette générosité des gens de couleur. Si le gouvernement de Nelson Mandela cherchait à obtenir l'appui des poètes africains pour son option « vérité et réconciliation », la poésie de Léopold Senghor lui apporterait d'amples justifications à l'appui de ses absolutions de masse, et Senghor enracinerait cette magnanimité dans le terreau généreux de l'humanité africaine qu'il considère comme un reproche permanent à l'Europe sans âme. La muse de Senghor n'est guère reconnaissable dans le monde qui nous entoure — et l'exemple tout frais du Rwanda devrait nous inciter à nous engager dans une telle voie avec une grande circonspection.

Mais la société sud-africaine sera-t-elle purifiée par cette manifestation de la vérité ? De fait, les révélations dont nous parlons ne concernent que des détails concrets. Elles reviennent à mettre des visages sur certains actes, à attribuer à des individus des responsabilités particulières dans le cadre d'une criminalité collective attestée, à entendre certains reconnaître des faits qu'ils avaient auparavant niés.

Rien de neuf donc, sinon le partage collectif des faits et leur versement aux archives de la nation. La question est de savoir si cette énonciation de faits connus contribuera effectivement à panser les plaies de la société. Parmi les calicots accrochés dans la salle de la Commission Vérité et Réconciliation, l'un dit « La vérité est guérison ». Mais en est-il réellement ainsi ? La vérité guérit-elle par elle-même ? Va-t-elle permettre la réconciliation qui est le but de ce processus héroïque ? Car il s'agit bien d'un processus héroïque, et même ceux d'entre nous qui ne se reconnaissent pas dans les béatitudes du discours chrétien ou bouddhiste admettent volontiers que le pardon est une valeur humaine autrement exigeante que la vengeance.

Je penche pour un pronostic défavorable. Dans ce creuset d'harmonisation, il manque un ingrédient à la fois moral et matériel — cet élément est le remords, et donc le repentir. Certes, on ne peut que constater l'existence de signes extérieurs de remords, sans être jamais tout à fait sûr qu'ils correspondent à un sentiment sincère.

Je n'ai pas assisté en personne à une réunion de la Commission Vérité et Réconciliation, mais j'en ai lu les comptes rendus et les récits faits par des témoins oculaires. Le groupe d'opposants nigérians auquel j'appartiens envisage déjà l'avenir de la nation après l'expulsion de l'actuel dictateur et de sa bande de tortionnaires et d'assassins et il a décidé d'emblée de suivre de près les travaux de la commission. J'espère que nous pourrons en tirer des enseignements utiles lorsque sera venu le moment de justice auquel toute notre nation se prépare. La liste des crimes commis contre le peuple nigérian en ce moment et au cours des années passées demande réparation — mon attention pour ce qui se passe en Afrique du Sud n'est donc pas dépourvue d'intérêt politique personnel.

Or, tous les comptes rendus des observateurs quels qu'ils soient s'accordent à dire qu'il n'y a pratiquement aucune manifestation de remords au cours de ces confessions publiques, ni aucune transformation visible chez les acteurs de ce drame sans précédent. J'ai le souvenir de scènes retransmises par la télévision, au cours desquelles d'anciens agents secrets du régime de l'Apartheid racon-

taient comment ils avaient piégé et arrêté des cadres de l'ANC.
Ils parlaient avec une certaine fierté professionnelle et racontaient
comment ils les avaient torturés un par un, les faisant — selon
leurs propres termes — « rôtir au barbecue » sous les yeux de leurs
compagnons obligés d'assister à la scène en attendant leur propre
tour. Et puis il y a eu aussi le spectacle incroyable de l'ancien chef
de l'équipe de football de Winnie Mandela, sorti de sa prison pour
témoigner sur son rôle personnel dans l'assassinat de Stompi.
Impeccablement vêtu d'un complet-veston, un œillet à la bouton-
nière, il est entré dans la salle en dansant, malgré les fers qui lu.
entravaient les pieds. La foule de ses partisans qui l'entourait dan
sait avec lui et lui faisait le salut de la victoire. Il raconta ensuite,
avec un petit sourire satisfait, et l'air de quelqu'un qui prend plaisir
à évoquer ses souvenirs, comment il torturait ses victimes, les lançait en l'air comme des sacs puis les regardait retomber sur le sol
avant de s'en débarrasser.

Devant de tels comportements, et après l'audition des aveux
d'autres criminels, je demeure convaincu que si on leur avait
demandé s'ils étaient prêts à recommencer, ils auraient répondu :
« Oui, dans des circonstances identiques, je referais la même chose
de a jusqu'à z. »

D'où provient alors la force qui confère aux victimes la grandeur
d'âme de dépasser le passé et de pardonner à leurs bourreaux ?

Je me souviens d'un documentaire dans lequel un militant connu
de l'ANC, libéré de prison et confronté à son ancien tortionnaire, le
regardait, un large sourire aux lèvres, avant de lui donner l'accolade
comme une sorte de bénédiction instinctive. Il rapportait les scènes
de son calvaire comme un homme en paix avec son passé, méta-
morphosé presque par une présence surnaturelle. Aucune rancœur
dans son témoignage. Au contraire, il ne cessait de rire en balayant
le passé d'un haussement d'épaules. Il parlait de sa nouvelle vie
— comme représentant en couches-culottes — comme s'il l'avait
toujours vécue. Le documentaire retraçait également la carrière de
son ancien tortionnaire. L'une de ses méthodes favorites d'interrogation consistait à forcer ses victimes à placer des fils électriques
entre leurs dents, puis à mettre le courant et à regarder ses victimes
se tordre de douleur dans tous les sens — pour couronner le tout,
il leur demandait ensuite si ça leur plaisait !

On ne peut s'empêcher de penser à ce que donnerait la transposition de telles scènes dans l'Etat policier nigérian. Est-il possible d'imaginer qu'il suffira un jour aux membres de ce corps en rapide expansion que sont les sadiques nervis nigérians de se pavaner à la barre des témoins et de confesser leurs crimes pour recevoir l'absolution ? Et qu'adviendra-t-il de l'homme qui donne aujourd'hui leurs ordres à ces tortionnaires, de l'homme qui a envoyé à l'échafaud neuf Ogonis innocents dont l'écrivain Ken Saro-Wiwa ? Sanni Abacha, le dictateur nigérian, a parfaitement compris l'énormité de cette mesure prise en dépit des protestations du monde entier et des garanties qu'il avait données en privé à d'autres chefs d'Etat africains, dont Nelson Mandela. Il a fait pendre ces hommes à la veille de la réunion d'une association de chefs d'Etat à laquelle il appartenait. Il les a fait pendre en dépit des protocoles dont il était cosignataire et en dépit de la réglementation d'arbitrage qu'il avait lui-même mise en place pour le tribunal chargé de juger Ken Saro-Wiwa et ses huit compagnons.

La société doit-elle aux criminels de ce genre — et en attendant encore de nouveaux crimes — la promesse d'une réconciliation qui représenterait une exaction supplémentaire à l'égard des victimes ? Je tiens à souligner une fois encore que cette stratégie de guérison sociale ne se déroule pas dans un contexte dont on pourrait évacuer la dimension historique, elle se déroule dans un contexte réel, au milieu d'événements tragiques. Pour présenter les choses un peu différemment, demandons-nous si certains aspects de cette formule ne représentent pas un détournement de la vérité et de ses impératifs, et par conséquent si cette formule ne recèle pas une condamnation implicite de l'impunité. Comment interpréter, en effet, un projet prévoyant l'absolution des péchés à un moment où la criminalité, loin de s'arrêter, ne cesse de croître ? L'exemple de l'Afrique du Sud n'est pas de ceux que nous oserions préconiser sans au moins quelques modifications. Cet exemple mérite néanmoins qu'on s'y arrête, et il permet de poser des jalons sur la route d'un avenir désirable car ce qu'il enseigne servira peut-être à mettre un terme au cycle infernal que le continent africain s'inflige à lui-même. Ce processus a indéniablement apporté la paix à de nombreuses consciences. Mais il faut concevoir la société comme un tout et force est de reconnaître que même l'addition des générosités individuelles morales et spirituelles n'est pas toujours suffisante pour assurer la survie collective d'une communauté. Dans les demeures et les foyers, des voix de paix s'élèveront, mais un monstre furtif hante les rues sinistres des ghettos comme les vestibules de marbre des puissants, un monstre encore tout fumant des crimes non expiés du passé. La société peut conforter son humanité par un geste de réconciliation, mais comment se protéger contre les récidives et les propensions prédatrices de ce monstre ? Les réponses sont aussi variées que les formes et les profondeurs des cicatrices qui marquent la mémoire sociale. Nous proposons un dénominateur commun : la restitution sous une forme ou sous une autre, ancrée dans la nature particulière de la société ou introduite à partir de l'histoire, de nouvelles structures de mémoire. Cette restitution serait une passerelle de transition reliant le fardeau écrasant de la vérité et de la mémoire à la grâce transcendantale de la réconciliation.

Chapitre 4

POUR OU CONTRE L'OUVERTURE
DES ARCHIVES DE LA POLICE
DANS LES PAYS D'EUROPE CENTRALE

par

Jacques Rupnik

Les enjeux intellectuels et politiques de l'ouverture des archives en Europe centrale et orientale

par Jacques RUPNIK

La question des archives et de leur utilisation fait partie d'un débat plus général sur la place que la « décommunisation » occupe dans la transition démocratique en Europe centrale et orientale.

Là où la transition avec l'ancien régime a été négociée, les demandes d'ouverture des archives et l'utilisation du processus judiciaire pour éliminer le personnel politique de l'ancien régime ont été beaucoup moins nombreuses. En Pologne, il y a eu plusieurs tables rondes entre Jaruzelski et les militants de Solidarité pour négocier la transition. On voit mal comment, ensuite, on aurait pu juger le général Jaruzelski. Mais là où s'est produite une rupture révolutionnaire, comme en RDA ou en Tchécoslovaquie, la réaction face au passé est très différente.

Le degré de résistance vis-à-vis de l'ancien régime doit être aussi pris en compte. Ceux qui ont résisté avec le plus de vigueur ne sont pas forcément tentés de régler leurs comptes avec le passé. C'est même le contraire qui arrive. La Pologne, qui a fermement résisté au communisme, n'a pas ouvert les archives de la police, alors que la RDA, qui n'a guère opposé de résistance, est le pays qui a permis l'accès le plus complet aux archives de l'ancienne Stasi. De même en Tchécoslovaquie, ou aujourd'hui en République tchèque, les anciens dissidents ou le président Vaclav Havel n'ont pas été de ceux qui revendiquaient l'ouverture des archives et la punition des représentants de l'ancien régime. Les populations compensent parfois leur passivité antérieure par un zèle purificateur.

Au sein des élites politiques post-communistes, deux attitudes prédominent : celle des partisans d'une rupture radicale, qui veulent d'abord régler le problème du passé et qui veulent écarter le personnel de l'ancien régime pour qu'il n'entrave pas la transition vers la démocratie. Dans la période nécessairement difficile qui s'annonce, on ne peut, selon eux, demander des sacrifices tant que les forfaits du passé sont restés impunis. D'un autre côté, il existe une attitude plus libérale qui refuse d'opposer le système communiste à une société innocente. Dès le 1er janvier 1990, Vaclav Havel évoque les différents degrés de collaboration et de compromission qui ont permis au système totalitaire de fonctionner pendant des décennies. Il faut récuser, pense-t-il, la vision réductrice qui oppose « les vertueux » et « les fautifs », et il est illusoire de penser régler les problèmes du passé par quelques décisions judiciaires.

Les uns donc mettent l'accent sur la rupture. Ils veulent fonder la nouvelle démocratie sur un principe de légitimité. Les autres privilégient l'Etat de droit et refusent la rétroactivité de la justice.

Certains pays ont décidé de laisser cette question de côté. Mais, à l'exception peut-être de la Hongrie, ceux qui n'ont pas traité le problème à temps le découvrent un jour ou l'autre : c'est le cas de la Pologne aujourd'hui, c'est le cas aussi de la Bulgarie.

D'autres, au contraire, ont fait de la question du passé un enjeu politique : les résultats sont préoccupants. Le Parlement albanais, par exemple, a voté une loi sur le « génocide communiste ». On a mis en prison les dirigeants de l'ex-parti communiste (Fatos Nano) qui était le principal parti d'opposition. C'était mal aborder la transition vers la démocratie. La suite est connue : l'effondrement de l'Etat albanais, la guerre civile. La tentative de régler une fois pour toutes les problèmes du passé totalitaire en décrétant une loi sur le génocide communiste a entraîné le pays dans une logique dangereuse de criminalisation de l'opposition politique. Revenu au pouvoir en 1997 (par les armes, puis par les urnes), le parti socialiste adopte la même attitude que ses adversaires. Sa logique d'exclusion et de criminalisation de l'opposition est devenue un obstacle à la formation d'une culture politique pluraliste et démocratique.

Il existe une attitude intermédiaire : celle de la Tchécoslovaquie et de l'ancienne Allemagne de l'Est. L'ouverture des archives a permis d'écarter les anciens dirigeants du parti communiste et les collaborateurs de la police politique des postes de responsabilité dans la haute fonction publique et dans la représentation politique. Il n'y a eu ni poursuite judiciaire, ni procédure pénale, mais un interdit professionnel d'une durée de cinq ans. C'est l'idée, somme toute élémentaire, que, pendant une période de transition, on doit écarter des rouages du pouvoir les réseaux des anciens appareils policiers. Rien à voir avec une « chasse aux sorcières » ou un « nouveau maccarthysme » comme l'ont prétendu, un peu hâtivement, certains défenseurs des droits de l'homme.

Dans l'ancienne Allemagne de l'Est, tous les citoyens ont eu un accès pratiquement illimité aux archives policières. Aussi, les sanctions professionnelles ont eu une ampleur considérable. Dans le Land de Saxe, 60 % des fonctionnaires de l'éducation, enseignants et administratifs, ont été renvoyés parce qu'on avait trouvé dans leur dossier la mention « collaborateur de la police politique ». La question de l'épuration est devenue un problème important dans les rapports entre l'Allemagne fédérale et les nouveaux Länder de l'Est. Du côté oriental, on a eu le sentiment que les archives de la police étaient abusivement utilisées par l'Allemagne occidentale pour écarter certains personnels de l'appareil d'Etat et des universités, pour faciliter le contrôle politique et favoriser la carrière de jeunes ambitieux venus de l'Ouest. L'Allemagne, alors, a été *divisée par la réunification*. Les différences de sensibilité politique et le vote PDS (ex-communiste) sont d'abord l'affirmation de l'identité distincte de l'ex-RDA. Il y existe une seule nation et un seul Etat mais il y a encore deux sociétés dont l'attitude diverge sur la question du passé.

Partout en Europe centrale et orientale, la gestion de ce passé récent est problématique. D'abord se pose la question du statut des archives de la police. Les rapports de la police communiste ne sont pas des « preuves » de culpabilité. Cet héritage de l'Etat totalitaire est une véritable bombe à retardement. C'est pourquoi il importe de créer une commission indépendante qui supervise l'accès aux archives et un système judiciaire qui permette des procédures d'appel. Ces conditions sont très difficiles à réunir dans des pays où le système judiciaire lui-même sort totalement discrédité de la période communiste.

Ensuite, il faudrait procéder au remplacement de la plupart des juges. Car ces mêmes juges qui envoyaient les dissidents en prison sont là aujourd'hui pour statuer en appel.

Enfin, ces archives ne visent, la plupart du temps, que des exécutants. En Allemagne de l'Est, par exemple, on a vu nombre de procès contre des gardes-frontières, mais aucun responsable n'a été inquiété. L'ancien ministre de l'Intérieur, Mielke, a été jugé, non pour avoir violé les droits de l'homme, mais pour avoir assassiné un policier au début des années trente dans la lutte antifasciste — en fait pour le seul acte politique dont il pouvait être fier ! L'ancien patron des services de renseignements, Markus Wolf, plastronne dans tous les débats télévisés en Allemagne, alors que ses agents sont devant la justice. Une caricature, dans un journal tchèque, met en scène deux anciens dirigeants. L'un demande à l'autre : « Qu'est-ce que tu penses de la loi d'amnistie ? » Ce dernier répond : « Pas de problème, moi je n'ai fait que donner des ordres[1] ! »

Qu'attend-on des archives policières ou des archives du parti communiste ?

Dans un domaine que je connais bien, celui de l'histoire du communisme tchécoslovaque[2], on constate qu'avec l'accès aux archives du Parti ou de la police, on apprend beaucoup de choses nouvelles *sur la façon* dont le « coup de Prague » de 1948 a été orchestré et sur la façon dont, en 1968, les Soviétiques ont pris la décision d'intervenir, mais on n'apprend rien de nouveau *sur le fond*. Ces documents nouveaux n'expliquent pas pourquoi le parti communiste tchécoslovaque a pris le pouvoir dans un pays situé au cœur de l'Europe où il n'y avait pas de troupes soviétiques, pas d'usage explicite de la violence et où le parti communiste avait obtenu 40 % des voix dans des élections libres. De même au moment du Printemps de Prague de 1968, ils ne décrivent pas les vrais enjeux et les limites de la réforme du système, ni ce que cet épisode représentait pour Moscou et le bloc soviétique. Il est intéressant de savoir quel jour et à quel moment Brejnev a pris la décision d'envoyer des troupes, mais est-ce que ça apporte grand-chose à ce que nous savions déjà ? On peut ensuite se demander si la politique des « soixante-huitards » tchèques était bonne ou mauvaise, audacieuse ou naïve, s'il fallait capituler ou résister. Ce sont des questions d'interprétation et de réflexion pour les historiens. Les archives peuvent nous aider dans cette recherche, elles ne rem-

---

1. Ceux des responsables communistes qui, en 1968, avaient préparé l'invasion soviétique de leur pays (Bilak, Incha, Jakès, etc.) et qui auraient théoriquement pu être poursuivis pour haute trahison ne l'ont pas été ou ont obtenu gain de cause devant le tribunal.
2. Jacques Rupnik, *Histoire du Parti communiste tchécoslovaque*, Paris, Presses de la Fondation nationale des sciences politiques, 1981.

placent pas le travail de l'historien, ni celui du policier, ni celui du juge[1].

De même, un historien américain vient de terminer une longue recherche sur les origines de la guerre froide et sur la politique menée alors en Union soviétique. Il conclut que, lorsque deux hypothèses ont été formulées sur l'interprétation de la politique soviétique, c'était presque toujours l'hypothèse la plus pessimiste qui était la bonne. Mais il ne propose aucune révélation sensationnelle. Les archives lui permettent de mieux évaluer, de mieux comprendre, peut-être même de mieux mesurer l'ampleur des crimes qui ont été commis. Elles ne donnent pas de réponses nouvelles aux questions de fond concernant le phénomène totalitaire et ses spécificités en Europe centrale et orientale.

En 1983, Milan Kundera a publié dans *Le Débat* un article intitulé « L'Occident kidnappé ou la tragédie de l'Europe centrale ». C'est la question qui hante encore tous les pays d'Europe centrale post-communistes. Quand la tragédie a-t-elle commencé ? Qui est responsable ? Qui est coupable ? Prenons à nouveau le cas tchécoslovaque. Est-ce que la tragédie a commencé en 1968 avec l'invasion soviétique ? Est-ce qu'elle a commencé en 1948 avec le coup de Prague ? Est-ce qu'elle a commencé en 1938 avec Munich et l'abandon de la Tchécoslovaquie à Hitler par les Occidentaux ? Ou faut-il remonter plus loin encore, à 1918, à la création même de la Tchécoslovaquie ? Etait-ce une utopie de créer des Etats-nations en Europe centrale ?

Selon la date retenue, la dimension politique est différente. Si c'est 1968, les responsables sont les Russes, si c'est 1948, ce sont les communistes tchécoslovaques, si c'est 1938, c'est Hitler et les Occidentaux, si c'est 1918, c'est le nationalisme et l'idée même qu'on peut créer des Etats-nations homogènes dans une Europe centrale qui ne l'est pas. Ce sont là des débats essentiels sur l'interprétation de l'histoire de ce siècle, et l'ouverture des archives policières ne nous aidera pas à y trouver de réponse.

Aujourd'hui, les historiens comme les nouvelles élites politiques à l'Est sont sommés de répondre à la demande de justice. Comment poser le problème de la « collaboration » et de l'épuration ?

---

1. Sur ce sujet, on lira avec profit le dossier « Mémoire et oubli du communisme » dans la revue *Commentaire*, n° 82 (été 1998).

Comment reconstruire l'identité d'une société, concilier la justice et le droit, après la « parenthèse » totalitaire ? N'était-ce vraiment qu'une parenthèse ?

Dans leur quête de l'innocence perdue, les sociétés post-totalitaires d'Europe centrale et orientale ne sont pas la société française face à certains traumatismes de l'histoire contemporaine. En France, il a fallu des décennies avant qu'une nouvelle génération d'historiens aborde sérieusement ce que Henry Rousso a appelé le « syndrome de Vichy ». Sur le plan judiciaire comme sur le plan politique, on en ressent encore les effets. En Europe centrale, le « syndrome de Vichy » ne fait que commencer.

Débat

DE LA SALLE

Il existe en Roumanie une Académie qui constitue des archives à partir de l'enregistrement de témoignages oraux des survivants. Ce travail permettra aux historiens du futur de disposer d'un matériau sur lequel ils pourront travailler. Beaucoup de Roumains souhaitent surtout obtenir le droit à la mémoire.

JACQUES RUPNIK

Ce qui compte en effet, c'est d'essayer de réfléchir à cette période, de recueillir les témoignages, de constituer une histoire orale du communisme. C'est au moins aussi important, sinon plus, que toutes les archives policières.

Quatrième Partie

MÉMOIRE ET FUTUR

L'AVENIR
NE PEUT-IL SE CONSTRUIRE
QUE SUR LA MÉMOIRE DU PASSÉ ?

par

Dominique LECOURT
Jacques LE GOFF
Jorge SEMPRUN
Alain TOURAINE
Laurent FABIUS

Préambule

par Umberto Eco

La mémoire triomphe toujours parce qu'il est très difficile d'oublier.

De l'antiquité grecque ancienne à l'époque baroque, on a cherché à développer la mnémotechnique, les arts de la mémoire. C'était un effort farfelu et sublime destiné à aider l'homme à se souvenir de *tout*, de la totalité du savoir connu. Mais en même temps qu'avait cours cette tradition mnémotechnique, on s'est posé le problème de savoir s'il existait aussi une technique pour oublier.

Selon les mnémotechniciens classiques, on oublie par maladie, par ablation cérébrale, par refoulement, par ivresse, par accident. Mais il est, paraît-il, impossible de vouloir oublier. On a très sérieusement cherché des techniques pour oublier. Geswaldo, dans sa *Plutosophie,* a proposé une expérience : imaginer une chambre remplie de symboles de souvenirs à oublier et se représenter en train de les jeter par la fenêtre. Mais l'expérience prouve que l'on n'a fait que renforcer les souvenirs qu'on voulait tuer. Ceux qui savent ce qu'ils veulent oublier — un amour malheureux, la mort d'une personne aimée, une humiliation brûlante — savent aussi que plus on se force à effacer un souvenir, plus l'image à effacer se place au centre de notre conscience.

Cette mécanique individuelle qui nous empêche d'oublier, cette impossibilité de faire un art de l'oubli personnel ne vaut pas pour les collectivités. Peut-être parce que la mémoire collective est déléguée à des spécialistes, aux historiens, aux archivistes, aux journalistes qui peuvent choisir le silence, la réticence, la censure.

Mais ce n'est pas seulement ça. Car elle sait parfois survivre aux censures du pouvoir et aux silences des historiens. Il arrive que, pour rétablir la concorde, pour favoriser une nouvelle alliance, le pouvoir politique se taise et passe sous silence la xénophobie, la mémoire d'une guerre, d'une invasion, d'une colonisation. Or la mémoire collective résiste : les gens chuchotent, la mémoire survit par les potins, la satire, les actes de méfiance quotidienne.

Ce n'est donc pas toujours la raison qui fait que les collectivités oublient. On devrait parler à ce propos d'un oubli métaphorique, car il n'y a pas effacement de quelque chose qu'elles savaient déjà, mais une absence de savoir. Ce qui s'est passé véritablement et qui reste dans les archives ne parvient pas jusqu'au corps social.

On découvre alors que les jeunes ont une notion imprécise du passé récent, qu'ils ne savent pas qui était Truman, qu'ils ne savent plus placer sur des coordonnées temporelles exactes la guerre de Trente Ans, qu'ils la confondent avec la guerre de Cent Ans.

Ce blocage de la mémoire collective semble toucher de plus en plus les nouvelles générations et même les adultes. L'origine en est l'excès d'informations mémorielles. Le savoir historique nous accable. Les gens du passé ne connaissaient leur propre passé que par des légendes, par des résumés fantaisistes. Mais le monde moderne a élaboré une technique historiographique rigoureuse, de sorte que nous savons aujourd'hui ce que nos ancêtres ne savaient pas. Ce dépôt de mémoire historique est devenu excessif.

Nous sommes saisis face aux archives du passé du même désarroi que devant cette archive du présent qu'est le *World Wide Web* sur l'Internet. Demande-t-on un renseignement sur un sujet donné ? On reçoit en réponse une liste de dix mille sites. Notre pouvoir de discrimination et de choix en est paralysé ; on renonce. Savoir trop, c'est comme ne rien savoir.

Il en est de même du savoir historique. Certains refusent consciemment de trop savoir. Dans un département de philosophie d'une grande université américaine, un éminent collègue avait fait afficher un avis annonçant : « Entrée interdite aux historiens de la philosophie. » Ce collègue m'avait expliqué qu'il n'est pas très important de savoir si telle ou telle idée a été élaborée par Aristote ou Descartes. Ou bien elle est fausse et il ne faut pas y réfléchir trop. Ou bien elle peut être vraie et valable pour moi et alors je dois le découvrir au cours de ma recherche personnelle. Et dans ce cadre personnel, elle prendra une valeur différente de celle qu'elle avait à l'origine. Ma réponse à mon collègue a été la suivante : « Tu vois, en sachant que cette idée a été proposée par Aristote, tu peux éviter des fautes que d'autres ont déjà commises. Tu peux découvrir que cela ne pouvait pas marcher. Ça peut t'aider. » Mais sa réaction était presque fondamentaliste, parce que cet excès de mémoire lui donnait l'impression qu'il accablait son pouvoir d'invention.

Or, le problème n'est pas de reformuler pour la énième fois le dictum *Historia Magistra Vitae*. Disons-le clairement, l'histoire ne nous enseigne pas comment agir, sinon Hitler n'aurait pas entamé la campagne de Russie puisqu'il avait sous ses yeux l'exemple historique de Napoléon. Elle ne nous enseigne pas comment agir, parce que nos désirs nous encouragent toujours à la relire avec mauvaise foi.

Pourtant, c'est la mémoire du passé qui nous dit pourquoi nous sommes ce que nous sommes et nous donne notre identité. Et les individus le savent, comme ces enfants trouvés qui se forcent à redécouvrir leurs origines pour guérir de ce manque physionomique qui les rend malheureux, psychologiquement imprécis, défigurés, parce que sans visage défini. Lorsque, dans certaines universités américaines, je vois des étudiants noirs qui refusent qu'on leur parle de Shakespeare ou de Jules César et n'acceptent que les cours sur les mythes dogons ou sur l'histoire de l'empire du Mali, j'éprouve la sensation d'une « ghettoïsation » nouvelle, parce que leur problème n'est pas seulement de retrouver l'identité culturelle de leurs ancêtres. Les Occidentaux eux aussi devraient acquérir cette même identité et étudier l'empire du Mali à côté de l'empire carolingien. Mais il ne faut pas étudier l'empire du Mali et laisser tomber Shakespeare, parce que l'identité d'un Noir américain dépend fatalement aussi de Shakespeare et de Jules César. Et s'il l'ignore, il ne comprendra même pas, lorsqu'il va voir *Titanic*, les émotions qu'il subit. En étant nés sur le continent américain, les étudiants noirs sont aussi les fils de la mémoire de l'Occident : les en priver ou se priver de cette mémoire représente un vol, une blessure, un diktat qui les marginalise une fois encore.

Vous voyez combien notre mémoire devrait être vorace, avaler tout pour reconstruire notre identité, que cela soit dans le tiers-monde ou en Europe. Dans la mémoire historique des écoles occidentales, il a fallu la création d'Astérix pour que les enfants italiens apprennent ce que les enfants français savaient déjà, à savoir qu'à côté de l'histoire des Romains, il y avait aussi l'histoire des Gaulois. Essayez d'imaginer ce que serait, pour les enfants d'Europe, un livre d'histoire qui parlerait en même temps des Celtibères et des Sarmates, de la révocation de l'Edit de Nantes et de l'émeute napolitaine de Masaniello, de Magellan et des raisons centenaires pour lesquelles le Kosovo ou le Liban sont ce qu'ils sont aujourd'hui, des protestants suédois et des juifs espagnols avant la *Reconquista*, de sainte Hildegarde de Bingen et de sainte Catherine de Sienne... 20 000 pages ! Il n'y a pas de quoi rire ! Des livres de 20 000 pages ou bien des manuels nationalistes ! Quelle sera la solution ? La solution est qu'il faudra choisir pour pouvoir maîtriser l'excès d'information.

Et pourtant il faudrait trouver un moyen de se souvenir de ce que nous n'avons jamais appris. Ce problème m'obsède depuis longtemps : quel avenir pour les livres ? Depuis le milieu du XIXe siècle, on a commencé à faire les livres avec du bois, et non plus avec du chiffon. Or, alors qu'un incunable est encore lisible aujourd'hui, un livre publié dans la deuxième moitié du siècle n'a guère plus de soixante-dix ans de vie, moins s'il s'agit d'un Vrin des années cinquante ; j'ai tous mes Gilson qui tombent en miettes. On sait qu'il y a plusieurs façons de sauver les livres : traitements chimiques (mais c'est paraît-il trop coûteux pour des bibliothèques qui ont dix millions de livres), mémorisation informatique (mais il y a la fragilité du support magnétique), microfilmage (mais le matériel est disponible seulement pour les savants), réimpression au fur et à mesure (mais alors l'éternité ne serait accordée que par les éditeurs, par les commerciaux). Il faudrait qu'un comité de savants décide quels livres sauver. J'espère de tout mon cœur ne jamais faire partie d'un tel comité, parce que je me sentirais coupable de parricide. Mais notre devoir maudit, et notre privilège non voulu, sera d'une manière ou d'une autre de décider de ce qu'il faudra se rappeler.

« Accablés par notre connaissance historique nous ne pourrons pas la refuser », proposait Nietzsche. Il avait raison : notre savoir historique nous accable. Mais nous devons refuser son refus et aller au-delà de son bien et de son mal.

Temps de la science, mémoire et histoire

par Dominique LECOURT

Une image de la science s'est imposée au monde depuis un demi-siècle en provenance d'Occident. Une image de toute-puissance soutenue par des institutions, une communauté et des pratiques qu'on a pu juger, selon les occasions, providentielles ou démoniaques. La Lune d'un côté, Dolly de l'autre. Ce sont, en définitive, les applications des résultats de la recherche qui focalisent l'attention. La science apparaît alors comme une course. Le présent est toujours plus vite aboli, périmé, donc inutilisable, renvoyé dans un passé dépassé. Le souci de tout homme de science consiste à ne pas se laisser devancer. Il peut tourner à l'obsession puisque, sur ce terrain comme sur d'autres, l'abandon de la course signifie la mort. A quoi bon dès lors s'intéresser au passé du savoir ? Cela reviendrait à se charger d'un poids qui vaudrait handicap. Le jeune Renan voyait déjà le savant comme quelqu'un qui avait « l'avenir dans le sang ». Le temps de la science moderne se présente comme celui d'une liquidation systématique et régulière de son histoire. La mathématisation n'en offre-t-elle pas l'instrument le plus sûr ? C'est la leçon que l'on croit pouvoir tirer de ce qui s'est passé dans les sciences physiques depuis Galilée. Chez les mathématiciens la rumeur court même qu'il faudrait être jeune, voire très jeune comme Evariste Galois, pour avoir une chance d'apporter du nouveau. On se plaît à déplorer le destin malheureux de grands esprits vieillissants, qui, encombrés de leurs glorieuses contributions passées, n'ont pas su par la suite discerner les voies de l'avenir. On évoque les réticences d'Einstein face aux développements de la mécanique quantique qu'il avait pourtant contribué à inventer en 1905.

Cette image de la science installe la prévision au cœur de son activité rationnelle parce que l'application en serait la finalité essentielle. Comment dès lors ne pas être tenté, comme Auguste Comte en son temps, de passer de la prévision à la prévoyance ? Sur la base d'une connaissance scientifique des phénomènes sociaux, ne pourrait-on pas maîtriser *d'avance* tout risque à venir ?

Telle fut encore l'inspiration du projet, conçu dans l'après-guerre, d'une « science de l'avenir » — la futurologie ou prospective — qui crut pouvoir mettre le calcul des probabilités au service de cette fin. La Commission pour l'an 2000 (déjà !), dirigée par Daniel Bell, s'assigna cette tâche pour le moins ambitieuse : le réexamen des prévisions issues de ses travaux ne peut manquer d'inquiéter. Ce qui, dans le passé lorsqu'il était présent, figurait l'avenir s'est-il depuis effectivement présenté ? Non. Rien ou presque de ce qui nous est arrivé d'essentiel n'a été prévu ; rien ou presque de ce qui a été prévu d'essentiel n'est advenu.

Pour ne prendre qu'un exemple cuisant : on s'interrogeait gravement, à la fin des années cinquante, sur la société de loisirs qui allait naître de l'automation. En fait de loisirs, on a eu le chômage, dont on ne saurait dire qu'il est le résultat de la seule automation.

Cette image d'une « science de l'avenir » correspond au vécu de nombreux chercheurs engagés dans la concurrence exacerbée des laboratoires, mais elle escamote purement et simplement la réalité de la *pensée scientifique*. Or, cette pensée institue entre le présent, le passé et l'avenir des rapports paradoxaux.

Alfred North Whitehead, l'un des pères avec Bertrand Russell de la logique mathématique, a bien formulé l'essentiel de ce paradoxe : « Une science qui hésite à se souvenir de ses fondateurs est condamnée, mais une science qui hésite à les oublier est également condamnée. »

La pensée scientifique ne construit les objets dont elle approfondit la connaissance qu'en *rectifiant* des pensées préexistantes. Une connaissance scientifique n'est jamais que le fruit d'un processus de rectification de pensées qui se révèlent avoir été des erreurs. L'histoire de la science s'écrit ainsi à l'irréel du passé : « Voici ce qu'on aurait dû penser. » Mais pour prononcer ce jugement, il faut avoir pensé comme on a effectivement pensé. Pour qu'Einstein fût possible, il fallait que Newton ait existé, même si Einstein fait apparaître les erreurs qui affectaient la pensée de Newton et montre à quelles conditions il aurait pu ne pas les commettre. Gaston Bachelard en tirait la leçon générale que « l'essence de la réflexion, c'est de comprendre qu'on n'avait pas compris ». Une histoire vivante habite ainsi toujours l'esprit scientifique, celle du *devenir* particulier dont chaque concept, chaque théorie se trouve toujours être le résultat. Perdre la conscience de ce devenir, c'est s'exposer à perdre le « sens du problème » par quoi se définit l'esprit scientifique même.

Il ne s'agit pas pour autant de cultiver la nostalgie des pensées anciennes, d'y voir un trésor à conserver, un patrimoine à préserver. Des pensées qui ont été rectifiées, élargies et complétées ne recommencent pas.

Le concept d'atome scruté et manié par la physique moderne n'a ainsi plus guère à voir avec celui qui s'était transmis de Démocrite à Newton en passant par Galilée. Georges Canguilhem avait raison de s'en prendre au culte du précurseur. Tant que la course n'a pas été courue, personne ne peut prétendre être arrivé à son terme. Sauf à nier l'effectivité de l'histoire. Mais le mouvement par lequel les chimistes et les physiciens se sont détachés du concept classique, se sont arrachés au système des évidences qui avait assuré son succès au XVIIIe siècle garde au contraire tout son intérêt. Il éclaire les traits les plus déroutants du concept actuel ; il garde une valeur d'enseignement sur ce qui distingue la pensée scientifique de toute autre forme de pensée.

La mémoire rationnelle est une mémoire vive qui ne cherche dans son passé que les motifs d'un élan qu'elle veut renouveler. Mais elle doit l'y chercher pour ne pas succomber à l'illusion paresseuse d'un processus linéaire et cumulatif où l'avenir ne serait que le prolongement du passé passant par le présent. Elle se révèle au contraire toujours habitée d'une « tension essentielle », pour reprendre une expression de Thomas Kuhn. Avec ses moments d'intensité, elle connaît des événements qui en ponctuent le développement de discontinuités radicales.

Comment transmettre cette allure singulière de la pensée ? La question me paraît cruciale pour l'avenir de la culture moderne. Chacun ressent la nécessité d'un changement dans l'enseignement des sciences. Ne conviendrait-il pas de le recentrer justement sur le devenir de la pensée scientifique qu'il ignore aujourd'hui superbement ? Ce serait tout bénéfice puisque ce devenir affecte de proche en proche toutes les autres formes de la pensée humaine — techniques, certes, mais aussi juridiques, religieuses, éthiques comme en témoignent les sciences du vivant. On réintégrerait ainsi la science dans la culture. Nous pourrions mieux apprécier et maîtriser le sens dans lequel nous souhaitons orienter les transformations qu'elle y induit.

C'est ici que vient sur le tapis la question encyclopédique.

De la très ancienne idée d'encyclopédie, notre enseignement semble n'avoir retenu que le projet illusoire d'un inventaire exhaustif, d'une totalisation ordonnée des savoirs et des savoir-faire. Le souci le plus aigu de ceux qui mettent en œuvre un tel projet devient alors celui de l'actualisation.

Les progrès fulgurants des nouvelles techniques d'information et de communication leur apparaissent comme un don du ciel. Les capacités de stockage et de mise à jour, l'accès potentiellement universel aux données, l'interaction entre la machine et ses utilisateurs seraient, selon certains, le gage d'une véritable révolution intellectuelle dont les pédagogues sont invités à tirer tous les bénéfices pour leurs élèves. Mais cette révolution ne commencera-t-elle pas plutôt le jour où l'on cessera de mettre cette extraordinaire puissance au seul service de la diffusion accélérée des résultats obtenus ? Ce qui importe, c'est la nécessaire réflexion collective qui, partant des questions vives de notre temps, rendra manifeste le mouvement de la pensée scientifique, permettra au plus grand nombre de prolonger ses élans, ses arrêts, ses repentirs, et de s'interroger sur ses incidences sur nos formes de vie. Les nouvelles techniques, bien maîtrisées, pourraient y contribuer.

N'en déplaise aux philosophes grincheux qui la dénigrent, le destin de la science n'est pas de dévaster la planète. Ses réussites intellectuelles et pratiques comportent au contraire une triple leçon d'audace, de modestie et de liberté qui pourrait se révéler très précieuse pour notre temps.

Son audace consiste à ne jamais s'incliner devant le réel comme devant un donné, mais à toujours scruter un champ de possibles qu'il s'agit de soumettre à l'épreuve de la réalisation, au risque de se tromper.

Sa modestie consiste à garder pleine conscience de l'inéluctable inachèvement du savoir. Nous ne pourrons jamais avoir prise que sur la part de l'inconnu que nous déterminons comme connaissable en fonction du déjà connu.

Quant à la leçon de liberté, elle tient à ce que la pensée scientifique a toujours su s'arracher à ses certitudes les mieux accréditées pour progresser. L'exercice de cette liberté demande d'autant plus de courage que désormais, du fait de la puissance acquise par les technologies, ce progrès affecte de plus en plus profondément le tout de la condition humaine.

Mais voici une quatrième leçon à tirer du progrès scientifique. A mes yeux la plus précieuse. Elle est proprement philosophique.

Ce progrès nous invite en effet à tenter de déceler dans le devenir les « faits porteurs d'avenir », selon le mot de Gaston Berger, à nous ouvrir à l'imprévu pour savoir en tirer le meilleur. Faute de quoi, nous nous condamnerions à faire advenir le pire, fût-ce à notre corps défendant.

La langue française a emprunté à sa sœur italienne un très beau mot pour désigner la posture qui s'indique ici : *l'alerte*. Pour voir de loin ce qui s'annonce, lui faire fête ou le repousser, tenons-nous sur la crête, sur la hauteur. Et soyons sur nos gardes. Prêts éventuellement à sonner l'alarme lorsque, d'un passé mal maîtrisé parce que incomplètement jugé, resurgit un monstre hideux.

Le temps du monde : Braudel revisité

par Jacques LE GOFF

Fernand Braudel a parlé du temps historique tout au long de son œuvre mais il en a traité surtout dans un article célèbre publié dans les *Annales* en 1958 et, vingt ans plus tard, dans son ouvrage monumental *Civilisation matérielle, économique et capitalisme (XVᵉ-XVIIIᵉ siècle)* [1].

A propos de la longue durée braudélienne, il ne s'agit pas de scruter et d'expliquer l'histoire sur une longue période (l'histoire braudélienne est aux antipodes de ces livres qui traitent « des origines à nos jours ») mais d'enquêter au niveau de l'histoire qui évolue, qui change lentement — infrastructures, ensembles, couches profondes matérielles et mentales. C'est un concept de rythme, non de durée numérique. Braudel récuse toute immobilité de l'histoire, lui qui s'est toujours intéressé aux dynamiques historiques.

Braudel a considéré le temps du monde du début du XVᵉ siècle à la fin du XVIIIᵉ siècle, pendant une grande phase de l'histoire du monde, celle de l'établissement du capitalisme en Occident et, avec l'expansion mondiale à peu près synchronique mais sans lien absolu de nécessité, par le moyen des découvertes géographiques, de la colonisation et de l'impérialisme, celle de la percée du capitalisme dans le monde.

Braudel en est venu à s'intéresser au *temps du monde* parce qu'il venait de forger, sur le modèle du concept allemand de *Weltwirtschaft*, la notion d'*économie-monde*, « fragment de l'univers, morceau de la planète économiquement autonome, capable pour

---

1. Fernand Braudel, *Civilisation matérielle, économique et capitalisme (XVᵉ-XVIIIᵉ siècle)*, Paris, Armand Colin, 1980, dont le tome III a pour titre *Le Temps du monde*.

l'essentiel de se suffire à lui-même et auquel ses liaisons et ses échanges intérieurs confèrent une certaine unité organique ». Ce concept a été suggéré par les premiers travaux de l'historien américain marxisant Immanuel Wallerstein. Braudel accorde un primat à l'économie, même s'il ne fait pas dépendre l'évolution historique de la seule économie et s'il ne limite pas l'essentiel des ensembles historiques et de leur dynamique à l'économie et aux aspects matériels de la civilisation.

S'aidant du concept de longue durée et des rapports espace-temps, Braudel définit alors ce qu'il appelle les règles du temps du monde.

La première règle est celle d'un « espace qui varie lentement ». Il s'agit de s'opposer à la primauté de l'événementiel de l'histoire traditionnelle, au temps court, au rythme haletant et superficiel des phénomènes historiques de surface et de localisation limitée.

La seconde règle apporte une précision capitale : pour Braudel il faut qu'il y ait « au centre une ville dominante ». Et il pense évidemment, selon le cours de l'histoire depuis le XVe siècle, à Venise, à Anvers, à Amsterdam, et, plus près de nous, à Londres ou à New York. Cette seconde règle s'éclaire par des considérations complémentaires : « les primautés urbaines se succèdent », le temps du monde est régi par « des dominations urbaines plus ou moins complètes ». Bien que Braudel, dans son grand premier livre *La Méditerranée et le monde méditerranéen à l'époque de Philippe II* (1949), ait tempéré la domination des villes par la multiplicité géographique et démographique des différents territoires de plaines et de reliefs, il accorde de plus en plus un rôle moteur aux villes dans l'histoire.

J'interromps un instant ma présentation de la conception braudélienne pour poser une question sans essayer d'y répondre. Quel est le rôle des villes dans l'activité de mémoire et la préparation de l'avenir ? Y a-t-il des mémoires urbaines et des mémoires non urbaines et, si c'est le cas, quel est le jeu entre elles ?

Braudel a bien vu la nécessité de tempérer, de complexifier la règle de la domination des villes. Il la nuance avec une troisième règle : « Les diverses zones sont *hiérarchisées*. » Pour lui, le poids des villes se différencie selon une division des espaces en zones par rapport au centre, et en périphéries évidemment définies selon leur éloignement du centre. Il repère aussi des *isolats*, des zones *neutres.* La marche actuelle à la mondialisation ne tend-elle pas à faire disparaître ces territoires et ces groupes hors du temps du monde, les jetant vers l'avenir au prix de la destruction de leur mémoire et des traumatismes qui en résultent ?

Arrêtons-nous pour faire rapidement le point. Le phénomène repéré dès les xvᵉ-xviᵉ siècles par Braudel connaît aujourd'hui une accélération et une généralisation brutales : c'est ce qu'on appelle la mondialisation. On y retrouve sans doute la problématique du centre et de l'espace mais, sauf à considérer que Washington (en dialectique avec New York et l'ONU) est le centre du monde actuel, on est frappé par l'institution d'un polycentrisme, incarné au plan économique et financier par les grandes places boursières mondiales, et aussi par la tendance à remplacer les centres par les *réseaux* (comme vient de le montrer Manuel Castells[1]). Ce relatif effacement des centres — phénomène épisodique ou évolution générale de l'avenir, je ne sais — ne peut dans l'immédiat qu'être aggravé par la mondialisation de la communication due à l'informatique et au *web*.

Le *web*, lui au moins, a une mémoire multiple qu'il importe de moraliser et d'historiciser. Les économistes n'en ont pas. Je tiens pour une cause importante des erreurs et du désordre de notre temps la négligence de la mémoire par la majorité des économistes, leur absence de culture historique dans la longue durée, celle qui explique le passé, le présent et l'avenir. Les économistes aujourd'hui font la pluie et le beau temps mais ils ignorent l'histoire climatique de l'humanité qui est un des éclairages indispensables aux choix du présent et de l'avenir. Heureusement, les scientifiques des sciences de l'univers et les écologistes, qui devraient toutefois acquérir eux aussi une culture authentique de la mémoire et de l'histoire, font de plus en plus entendre leur voix. Elle finira, espérons-le, par frapper les oreilles des économistes et des politiques qui privilégient leur avis.

Revenons à Braudel. Ce fut un historien trop intelligent, trop global pour n'avoir pas apporté d'importants correctifs au primat de l'économie et des villes. Après ces trois règles, Braudel précise que l'ordre économique n'est qu'un ordre face à d'autres : l'ordre culturel, l'ordre social, l'ordre politique. Dans l'ordre social, il ana-

1. Manuel Castells, *La Société en réseaux*, Paris, Fayard, 1998.

lyse la « division internationale du travail ». C'est ici que la hiérar-
chisation et les écarts qui s'approfondissent sont les plus brutaux
aujourd'hui et que le recours à la mémoire doit éclairer les progrès
sans détruire les identités élaborées dans la longue durée.

Dans l'ordre politique, au centre de l'économie-monde se loge,
toujours selon Braudel, « fort, agressif, privilégié, un Etat hors
série, dynamique, craint et admiré à la fois ». Si aujourd'hui l'économique et le politique se confortent souvent l'un l'autre, le paradigme braudélien n'est-il pas en passe d'être battu en brèche par un
dépérissement, voulu ou non, de l'Etat ? Faut-il donner pour avenir
politique aux nouveaux ensembles européens, continentaux, mondiaux, un Etat fort en mémoire de l'ancien ?

Braudel, à la fin de son œuvre — isolant peut-être trop les divers
ordres comme des facteurs, alors que l'histoire, me semble-t-il,
n'est pas faite d'un ensemble de facteurs mais d'une teinture pluri-
fonctionnelle —, privilégie l'ordre culturel dont il souligne la force
et la spécificité. L'organisation de l'espace est selon lui modelée
« autant par les cultures que par les économies ». Il fait une constatation d'historien très importante : « A l'intérieur de toute économie-monde, écrit-il, les cartographies de la culture et de l'économie
peuvent différer largement, s'opposer parfois. » Il y a là, je crois,
une justification historique aux efforts actuels pour faire de la
culture un contrepoids à l'économie et pour défendre, face à la
mondialisation, les exceptions culturelles, celles de cultures qui
résistent pour mieux aller de l'avant. La mémoire culturelle doit
être gage d'avenir.

Même si les conceptions braudéliennes du temps du monde doivent être modifiées à la lumière de la récente évolution historique
et si elles confirment que les plus grands historiens ne sont pas des
prophètes d'avenir, les conceptions essentielles de la longue durée
et du temps du monde éclairent toujours le rôle de la mémoire face
à l'avenir.

Ce qui me déçoit, je l'avoue, c'est que Braudel ne parle jamais
de la mémoire dans son modèle d'explication de l'histoire et que,
dans sa conclusion sur « hier et aujourd'hui à la lumière de l'économie-monde », il concentre sa vision d'avenir sur la seule considération de l'évolution démographique. Je retournerai à Marc Bloch qui,
il y a plus de cinquante ans, considérait la prévision comme un
devoir difficile mais nécessaire de l'historien. A ses yeux, l'histo-

rien, spécialiste de l'étude du changement, doit chercher à « prévoir en quelque mesure et surtout préparer la phase suivante ».

Pour cela, mémoire et histoire sont nécessaires. Il faut d'abord contrôler la mémoire spontanée, passionnée, affectivement sélective, par l'histoire qui, conduite selon les règles du métier et de l'honnêteté, rectifie la mémoire tout en s'enrichissant de son impulsion. Paul Ricœur a superbement éclairé les bonnes et les mauvaises passions de la mémoire et de l'histoire. La mémoire et l'histoire ne doivent pas être un fardeau, mais un tremplin. Mais, plus peut-être encore que l'histoire, la mémoire requiert une morale et des valeurs. Là où le passé montre le hasard ou les nécessités, l'avenir fait appel à la volonté, à cette part de libre arbitre qui est en nous. Au sein des collectivités et des solidarités, l'individu — trop négligé par Braudel — doit assumer sa responsabilité. Groupes et individus doivent avoir le courage d'une actualisation de la mémoire et de l'histoire pour un engagement dans l'avenir, un pilotage de l'avenir. Chacun de nous, à la place où il est, doit concourir à éclairer la route de l'avenir par une mémoire juste, inspirante et non paralysante.

Un passé sans avenir ? Les grandes utopies

par Jorge SEMPRUN

L'écrivain-philosophe allemand Walter Benjamin a vécu en exil à Paris de 1933 à 1940. En 1940 il s'est suicidé alors qu'il venait de franchir la frontière espagnole pour tenter de gagner l'Amérique. Benjamin a écrit en 1939, ici, à Paris, un texte sur l'histoire. A un moment tragique de sa vie personnelle et politique : c'est-à-dire après le pacte germano-soviétique, au moment où l'exilé antifasciste qu'il est cesse d'être suspect parce qu'il est antifasciste, mais le devient en tant que ressortissant d'un pays ennemi. Il est donc interné, lui antifasciste, en France, comme ressortissant d'un pays ennemi. Walter Benjamin écrit donc ce texte sur le concept d'histoire, un texte à la fois rayonnant et hermétique, comme la plupart des choses qu'il a écrites. Dans l'une des thèses qu'il développe, une phrase attire l'attention et nous incite à réfléchir sur le rapport au temps historique chez certaines figures importantes de l'utopie révolutionnaire. Benjamin écrit : « il plut au parti socialiste » (dans d'autres brouillons et notes il dit « au parti social-démocrate ») « de décerner au prolétariat le rôle de libérateur des générations *futures,* il devait ainsi priver cette classe de son ressort le plus précieux ». Je saute quelques lignes pour arriver à celle où il dit que « ce qui nourrira cette force [la force du prolétariat], c'est l'image des ancêtres enchaînés, non d'une postérité affranchie ». C'est une phrase paradoxale. On sait fort bien à quel point c'est l'illusion de l'avenir qui a, d'une certaine façon, animé, structuré l'utopie révolutionnaire au xxᵉ siècle. Mais selon Benjamin ce n'est pas cela. C'est dans la mémoire du prolétariat, dans la mémoire de l'oppression et de la souffrance que se forge la force révolutionnaire et c'est un des torts historiques des partis sociaux-démocrates d'avoir présenté cette illusion de l'avenir comme le moteur du mouvement.

Réfléchissons sur ce rapport au temps, à la mémoire, au passé et à l'avenir chez Marx et chez Staline ou, disons, à l'époque de Marx et à l'époque de Staline.

Dans toute l'œuvre de Marx, et peut-être principalement dans son œuvre de polémiste, de journaliste, d'historien du présent, dans ses grands livres sur la lutte des classes en France, se trouve le souci constant de l'analyse du passé. Son souci est de tirer au clair, avant de faire toute prévision, les origines, les racines, les causes historiques, les mouvements en cours, de faire un récit aussi de l'origine des souffrances du prolétariat. Même si ce n'est pas l'ordre de l'exposition logique, toute l'analyse du capital est fondée sur l'exposé de l'accumulation primitive, donc sur la souffrance inouïe qui a permis la création du capital — celle, tout au long des siècles, des esclaves, des prolétaires, des pauvres.

Parallèlement, il y a chez Marx un refus de décrire dans le détail les sociétés de l'avenir. Ce refus est fondé sur la volonté permanente de différencier son socialisme, qu'il qualifie de socialiste, du socialisme utopique. On ne trouvera dans Marx aucune description de la société future, mais seulement des indications de principe sur les conditions presque philosophiques de la possibilité d'une société différente. On ne trouvera nulle part une description d'un avenir radieux. C'est dans la critique des programmes du parti social-démocrate allemand, le seul grand parti de filiation socialiste de l'époque de Marx, qu'il fait quelques références très générales aux contours d'une société post-capitaliste. Et pourtant, malgré cette rigueur scientifique, au moment où il arrive à l'instant de la prévision ou de la prédiction, Marx, dans un rapport au temps apocalyptique, tend à raccourcir les délais, à donner comme immédiat ce qui ne se produira que des décennies ou parfois des siècles plus tard.

Un exemple : Marx, après le *Manifeste du Parti communiste*, va consacrer le reste de sa vie à la rédaction de son ouvrage de critique de l'économie politique. Dans une lettre à Engels, en octobre 1857 (on sait que ces lettres sont quotidiennes et parfois biquotidiennes), Marx écrit : « Je travaille comme un fou nuit et jour à mon ouvrage économique car j'ai peur de ne pas le finir avant que le système ne s'effondre. » Une crise commerciale se développe dans les pays capitalistes occidentaux, et pour Marx, cette crise va aboutir à l'effondrement du système avant qu'il n'ait eu le temps, il le craint, de finir son ouvrage. Un an plus tard, en décembre 1858, dans une autre lettre, Marx, qui a, comme tous les historiens qui se trompent, oublié sa prédiction, fait le bilan de son travail. Il écrit : « C'est clair, ce XIXᵉ siècle est le deuxième siècle de la renaissance bourgeoise. Il y a eu le XVIᵉ. Il y aura le XIXᵉ. » Pour lui, cette renaissance bourgeoise se caractérise par toute une série d'avancées technologiques scientifiques. « Maintenant que le marché mondial est établi », ajoute-t-il, puisqu'on a ouvert le Japon et la Californie au marché capitaliste, « la bourgeoisie a accompli sa mission sur cette terre et a ouvert le marché mondial. » Il considère la mondialisation comme quelque chose d'extraordinairement positif puisque c'est l'antichambre objective, inévitable, de la révolution.

Et il ajoute une autre idée forte : « Nous sommes à la veille d'une révolution qui aura immédiatement un caractère socialiste, le seul problème qui se pose pour moi, et je voudrais ton avis là-dessus, est celui-ci : cette révolution va-t-elle pouvoir tenir puisqu'elle n'aura lieu que dans un petit coin du monde, l'Europe ? »

Or, le marché mondial commence seulement à fonctionner et à s'établir ; c'est aujourd'hui que la prédiction apocalyptique de Marx se réalise. Il existe un rapport d'immédiateté au temps historique qui fait que l'analyse peut être parfaitement juste et la prédiction fausse.

Le livre de Marx sur la critique de l'économie a été écrit à ce moment-là ; il n'est pas terminé, c'est un livre de brouillon. Il a été publié beaucoup plus tard, en 1939 à Moscou d'abord, puis en 1953 en Allemagne de l'Est, dans des circonstances et dans des lieux qui ne facilitaient pas sa compréhension car il contredisait certaines idées prédominantes des exégètes de Marx. Dans ce livre, qui est un brouillon du *Capital*, il y a une vingtaine ou une trentaine de pages qui correspondent beaucoup plus au capitalisme d'aujourd'hui qu'à celui de l'époque de Marx. Son raisonnement abstrait est juste et il lui permet d'imaginer toute une série de pages par exemple sur le rôle de la technologie de la science dans la productivité. Bien entendu il ne parle pas de télévision, il ne parle pas de l'Internet, mais il parle du rôle de la technologie d'une façon très précise.

Ce livre, qui est donc le produit d'une erreur de prévision complète, d'une illusion absolue sur le temps de la révolution, est un livre qui est davantage valable aujourd'hui qu'il y a un siècle et demi et qui analyse les conditions d'une révolution socialiste au moment où elle a déjà échoué, et où ce n'est plus le prolétariat qui va pouvoir changer les choses, mais le système capitaliste lui-même en résolvant la crise que son développement a créée.

La théorie de la crise inventée par Marx a joué un rôle décisif dans tout le mouvement marxiste-communiste, ce qui permet de trancher et d'affirmer que si l'expérience historique révèle qu'il n'y a pas de crise finale du système, elle montre qu'il n'y aura pas non plus, contrairement à ce que prétendent certaines théories néolibérales, de fin à la crise. Ni crise finale, ni fin à la crise. La crise fait partie du fonctionnement même du système capitaliste marchand.

On a donc un matérialisme historique qui fonde la nécessité morale de la révolution sur la mémoire de la souffrance du prolétariat et qui refuse de décrire la société future, et en même temps, une théorie de l'apocalypse et de l'effondrement capitaliste qui est absolument fausse.

On se souvient que, dans *1984*, Orwell brasse l'expérience intellectuelle qu'il a de l'univers soviétique, en créant la métaphore du *ministère de la vérité*, dans lequel un département est chargé de réécrire constamment tous les articles de journaux pour qu'ils coïncident avec les intérêts pragmatiques du parti au pouvoir au moment où il est au pouvoir. Cette métaphore est fondée sur une réalité très forte que tous ceux qui ont vécu dans l'ambiance culturelle des partis communistes connaissent bien sûr — la réécriture du passé, l'effacement constant de certains personnages parce qu'ils sont devenus dissidents, hérétiques, qu'ils ne sont plus d'accord avec la ligne, etc.

Je crois que tout le monde a pu voir ces recueils photographiques de l'Union soviétique. A la première image, Staline est entouré d'un certain nombre de personnes. A la dernière, il est tout seul ; on a effacé Zinoviev pour telle raison, Kamenev pour telle autre, et le troisième, et le quatrième... Cette réécriture du passé est l'un des traits idéologiques les plus étonnants du stalinisme. Surtout si l'on pense qu'elle n'entraîne pas la destruction des archives où tout est conservé, y compris la feuille sur laquelle Staline et les membres du bureau politique ont signé la décision d'exterminer les officiers polonais à Katyn. Il y a donc la vérité officielle, la vérité de la propagande qui exige de reconstruire complètement le passé, et en même temps, le maintien d'archives non expurgées qu'on ouvre maintenant.

L'ouverture de ces archives est absolument nécessaire. Elle est intéressante pour les historiens, elle permettra de vérifier ou d'infirmer certains détails, certaines nuances, d'apporter des lumières supplémentaires mais elle ne modifiera pas la vision d'ensemble que nous avons déjà de l'évolution de la société soviétique.

En conclusion, que pourrait-on dire pour répondre à la question posée aujourd'hui : « L'avenir ne peut-il se construire que sur la mémoire du passé » ? Que tout mouvement qui, d'une certaine façon, prétend s'inscrire dans la rupture et dans la continuité doit modifier complètement ce rapport avec le passé et avec l'avenir. Il doit le modifier dans le sens où il est évident qu'il faut connaître le passé et l'analyser. C'est l'un des points sur lesquels il faut en demander encore plus à certains partis communistes, à commencer par le Parti communiste français, qui a fait une évolution pragmatique d'ajustement à la réalité et s'est réinséré dans une majorité de gauche, mais qui n'a jamais vraiment fait l'analyse de sa mémoire et de son passé. Le pragmatisme pour s'ajuster au réel, c'est utile. L'analyse du passé sans esprit de revanche pour savoir d'où l'on vient me paraît une des choses importantes, en même temps que la réinterprétation d'un rapport avec l'avenir qui ne soit plus celui de l'apocalypse, ni celui de l'illusion.

En jouant sur le titre de Freud : *L'Avenir de l'illusion*, François Furet a écrit *Le Passé d'une illusion*. C'était aussi le titre d'une partie d'un livre de Régis Debray. Pendant très longtemps, l'utopie a fonctionné comme l'illusion d'un avenir. Aujourd'hui, il s'agit de reconstruire le passé comme la certitude d'une lutte dans l'immanence de nos sociétés et de transformer l'avenir.

Mémoire, histoire, avenir

par Alain Touraine

En général, nous pensons que la mémoire, qui est changeante, lacunaire, déformée, doit être subordonnée à l'histoire, qui intègre les subjectivités, les mémoires, les témoignages, dans une représentation qui tend à l'objectivité, dans la mesure au moins où elle intègre dans son récit le plus grand nombre de documents possible. Les lieux de mémoire sont un objet d'étude pour l'historien. La construction historique s'éloigne des témoignages, même quand il s'agit d'histoire immédiate, pour chercher l'unité d'une situation ou d'un processus de changement. Cette supériorité de l'histoire sur la mémoire est surtout affirmée quand notre représentation de la vie sociale est de nature évolutionniste ou historiciste, quand elle place les phénomènes observés dans une évolution qui va de la tradition à la modernité ou à l'intérieur d'un ensemble historique qu'on peut appeler culture ou civilisation ou même nation, tandis que la mémoire est celle d'un individu ou d'un groupe particulier dont l'effort suprême est d'affirmer son identité, sa particularité, ce qui semble la limiter à être une pièce d'un kaléidoscope.

Il est impossible de s'éloigner complètement de cette représentation qui fait de la mémoire la matière première de l'histoire. Pourtant, nous sommes de plus en plus portés à renverser les rapports de la mémoire et de l'histoire, tels qu'ils nous ont été enseignés. Avant tout parce que ce que nous reconnaissons comme historique est de moins en moins choisi par les historiens et de plus en plus par ceux qui commandent la production et la diffusion des informations. Alors que l'historien faisait effort pour se libérer des limites des témoignages, il trouve aujourd'hui sur son chemin moins des documents que des interprétations qui peuvent même commander le choix des documents qui resteront disponibles. L'histoire, la représentation de notre vie collective, n'est pas de plus en plus lointaine et difficile à déchiffrer ; elle devient au contraire apparemment transparente, qu'elle soit racontée en termes de système et de conjoncture économiques ou de civilisations, comme le fait aujourd'hui Samuel Huntington après Toynbee, ou encore en termes de lutte des classes. Dans cette situation, ce qui est difficile à appréhender, ce qui devient lointain et en même temps ce qu'il faut libérer du discours interprétatif et idéologique, c'est la mémoire. Une expérience récente m'en a convaincu. Le cinéaste chilien Guzman a fait un film sur la mémoire des militants de l'unité populaire, témoins du coup d'Etat militaire de 1973. Or, aucun de ces témoins ne parvient à « se souvenir », à avoir la mémoire de ce qu'il a vécu, pensé, senti. Soit il s'amuse à se reconnaître sur une photo comme un étranger à ce qu'il est aujourd'hui, soit il met ses pieds dans les marques imposées par une idéologie. Rien de personnel dans ces souvenirs, pas d'effort sensible des anciens acteurs pour s'interroger sur les raisons des événements, la complexité de leurs propres attitudes, la distance qui les sépare de leur passé. Ecrasés par l'histoire, ils ont perdu la mémoire. Si le film avait été consacré à l'autre camp, le résultat aurait été plus extrême encore. Les militaires auraient récité le discours officiel des vainqueurs du coup d'Etat. Empêchés par leur discipline ou leurs intérêts collectifs, ils ne se souviendraient certainement plus de leurs hésitations et des ambivalences de leur expérience vécue. Les sociétés traditionnelles vivent dans leur mémoire, qui donne forme à leur vie présente, mais nous sommes aujourd'hui pris dans l'histoire comme construction sociale et nous avons de plus en plus de peine à garder notre mémoire et à nous y référer.

Les situations les plus tragiques sont celles où se révèlent le mieux l'absence ou le refoulement de la mémoire. Nicole Lapierre l'a bien montré en interrogeant, en Europe et aux Etats-Unis, des survivants des camps de déportation ou d'extermination. La plupart, comme Jorge Semprun, ont senti qu'ils devraient pendant longtemps choisir entre la vie et la mémoire. Ceux qui ont fait acte de mémoire l'ont fait au prix de grandes souffrances.

Notre devoir de mémoire, c'est la recherche de l'expérience de vie personnelle et collective, au-delà des systèmes de fonctionnement, de gestion et d'interprétation de la vie collective qui sont formulés le plus souvent en termes de nécessité historique ou

d'obligation morale. La mémoire fait basculer vers l'acteur un discours de plus en plus clairement produit par le système. Elle le
réintroduit dans une vision de la société qui cherchait à se passer
de lui, ce qu'a montré si fortement Jacques Le Goff en trouvant
dans la figure de Saint Louis les épaisseurs de la mémoire collective.

La mémoire est aussi la libération du pauvre et du dominé d'une
histoire écrite par les dominants. L'exemple le plus frappant est
celui des femmes. L'histoire, telle qu'elle a été construite, a été
l'histoire des hommes, puisque ceux-ci dominaient la vie publique
qui produit beaucoup plus de documents que la vie privée. Ce sont
les contestations féminines, nourries de mémoire individuelle et
collective, qui ont forcé à explorer l'histoire des femmes et à faire
mieux apparaître les visions féminines de la société. Les sociologues et les historiens ont transformé en analyses sociales la
mémoire des femmes qui était réprimée par le discours de la société
elle-même. Comme le rappelle Umberto Eco, la mémoire collective
résiste aux représentations reconnues et transmises par l'histoire.
Il est vrai que souvent les groupes dominés construisent un discours sur eux-mêmes et sur la domination qu'il subissent qui est
encore plus idéologique que le discours dominant, ce qui entraîne
vers tous les dangers des politiques identitaires (*identity politics*)
qui remplacent la mémoire par une interprétation contraignante et
artificielle de la réalité passée et présente. Dans un monde de plus
en plus dominé par des réseaux, des flux et des intérêts mondialisés,
c'est-à-dire détaché des situations et des acteurs particuliers, l'appel
à la mémoire est une opération difficile et nécessaire pour que les
acteurs sociaux ne soient pas réduits à l'image d'eux-mêmes que
diffusent les centres d'information et de communication.

Si on admet que la mémoire est une force de résistance et un
agent de construction de l'acteur comme sujet, il faut franchir un
pas de plus et dire que la mémoire est plus tournée vers l'avenir
que vers le passé. Le fil tendu du passé à l'avenir protège l'acteur
contre les forces qui tendent à le conformer aux normes et aux
hiérarchies dominantes. Plus le chemin de la mémoire est difficile
à remonter, et plus celle-ci devient prophétique puisqu'elle montre

que l'acteur ne se réduit pas à son présent, qu'il a une capacité permanente de se souvenir et d'inventer.

Nous venons de vivre ce qu'on peut appeler une transition libérale, c'est-à-dire la destruction des anciens mécanismes de contrôle d'une vie économique qui déborde de plus en plus les cadres nationaux. Ceux qui croient qu'il ne s'agit pas d'une transition mais de l'entrée durable dans un univers dominé par les marchés nous appellent à oublier le passé et à adopter une vision utilitariste qui implique la flexibilité, c'est-à-dire la destruction de toutes les formes de gestion volontaire de l'économie. On peut penser que ce grand ébranlement était indispensable, tant les anciens systèmes de gestion s'étaient dégradés et étaient devenus dysfonctionnels, ou au contraire que cet ébranlement a soumis l'économie à la finance et a augmenté les inégalités sociales. Mais ce débat appartient déjà au passé car presque partout en Europe, à l'Est comme à l'Ouest et dans bien d'autres parties du monde, est déjà engagée la construction de nouveaux contrôles politiques et sociaux de l'économie. Et le plus important est que cette construction n'est plus commandée par une vision du progrès ou de la raison, mais par les protestations lancées au nom à la fois de l'égalité et de l'identité. Contre un système de flux et de réseaux se dressent à la fois la défense de l'identité qui est d'abord mémoire et celle du droit au travail et au bien-être qui est plus tourné vers l'avenir.

Nous cherchons à échapper à la tyrannie du présent par l'appel conjoint au passé et à l'avenir. Il n'y a d'avenir que si on crée une distance par rapport au présent, distance que seule la mémoire nous permet d'acquérir. Nous défendons une langue, un cinéma, des mœurs, tous présents dans notre mémoire, pour protéger notre désir de créer un avenir original, personnel, non pas différent de celui des autres, mais capable d'apporter une réponse particulière à la question posée à tous : comment combiner notre participation au monde des techniques et des marchés avec notre identité personnelle et collective ?

Pendant longtemps, nous avons cherché à nous placer dans l'histoire, à légitimer nos attentes positives ou négatives par une représentation de l'histoire. Par un mouvement contraire aujourd'hui, nous nous défendons contre un présent envahissant en mobilisant notre passé pour choisir un avenir. Si nous n'y parvenons pas, ou bien nous nous enfermons dans une identité artificiellement construite et vite utilisée par des pouvoirs autoritaires pour créer des sociétés pures, homogènes, c'est-à-dire esclaves du pouvoir, ou bien nous nous abandonnons à l'attrait de l'argent jusqu'au moment où nous découvrons la servitude qu'il nous impose. Nous n'en appelons plus au sens de l'histoire ; nous cherchons au contraire à donner sens, unité et signification à notre vie personnelle et collective, dans le déchaînement des forces économiques et dans la brutalité des communautarismes étouffants.

Cette idée est très éloignée de ce qu'on peut appeler la culture politique occidentale. Celle-ci, en effet, a affirmé la nécessaire victoire de la raison sur la tradition, les privilèges et les ignorances. « Du passé faisons table rase. » Cette expression n'est pas seulement un appel de l'Internationale ouvrière, c'est aussi l'exhortation de Descartes et de la philosophie des Lumières. Le propre de la culture occidentale ne fut pas seulement de croire en la raison, mais de créer une vision bipolaire de la vie collective et personnelle dans laquelle le pôle de la raison devait être dominant, tandis que l'autre pôle, celui de la tradition, des passions et des croyances, devait être maintenu sous contrôle et le plus possible limité à la vie privée.

Mais, depuis longtemps, l'histoire du monde est celle du retour du refoulé et du dominé. Le monde des travailleurs, celui des colonisés, celui des femmes et maintenant enfin celui des enfants, pénètrent dans la forteresse de la raison, qui est aussi celle du calcul économique, et appellent à une reconstruction de l'expérience collective et personnelle qui combine la raison et les sentiments, le passé et l'avenir, l'universel et le particulier. Les catégories dominées ont joué, selon le modèle hégélien, le rôle le plus actif dans le dépassement des contradictions et des bipolarités introduites par le rationalisme triomphant. De même que les juifs ont affirmé de plus en plus clairement leur double volonté d'universalisme et de défense d'une identité et d'une mémoire, les femmes veulent à la fois l'égalité des droits et la reconnaissance de leur différence. De leur côté, les pays en développement cherchent à combiner, d'une manière qui est loin d'être toujours démocratique, l'entrée dans le monde instrumental de l'économie et la défense ou la renaissance d'une mémoire et d'une identité collectives. Partout la mémoire est interrogée par les mouvements de libération.

Si nous ne suivons pas cette voie, si la distance augmente entre une économie mondialisée et des cultures fragmentées, nous arriverons vite à une guerre civile mondiale. Mais on peut être moins pessimiste et observer que les sociétés riches cherchent à redonner vie à leur mémoire et que les sociétés pauvres ont un grand désir de participer aux échanges mondiaux et aux transformations technologiques sans rompre les liens avec leur passé.

Ce que la pensée sociale d'autrefois a appelé la société ou le système social nous apparaît, non comme une réalité aussi objective qu'un organisme ou un mécanisme, mais comme un discours interprétatif qui juge les conduites en fonction de leurs effets sur le renforcement ou l'affaiblissement de la société et en particulier de ses dirigeants. En face de ce qu'il faut bien appeler l'idéologie dominante, c'est par la conscience et la mémoire des individus et des groupes primaires que sont révélées la complexité et l'ambivalence de toute situation. Mais il n'est pas facile d'accéder à notre mémoire, à ses ambivalences, à ses jugements à la fois positifs et négatifs sur les décisions prises par d'autres et à l'absence même de compréhension du sens de l'action à laquelle nous participons. Autant il est tentant de dire que l'explication consiste à s'élever au-dessus de la conscience des acteurs pour comprendre la signification d'une situation et d'une évolution, autant il est nécessaire, mais difficile et même douloureux, dans nos sociétés qui ont une si grande capacité d'agir sur elles-mêmes et donc de produire des interprétations de leurs actes, de retrouver le sens vécu par les acteurs des situations où ils sont placés. Les sciences sociales cherchent moins aujourd'hui à expliquer les acteurs par leur situation et davantage à comprendre les moyens par lesquels les individus et les groupes se constituent comme acteurs et résistent au pouvoir de toutes les formes de domination.

Ce qui leur rend plus difficile de prévoir l'avenir. Les conceptions d'une situation facilitaient cette prévision, en dégageant des tendances à long terme. Mais cette conception sous-estimait tellement à la fois les changements de l'environnement et les initiatives des acteurs eux-mêmes que nous renonçons de plus en plus à ces prévisions, dans un environnement changeant et en grande partie imprévisible. Ce que nous cherchons, ce n'est pas à nous adapter à des changements prévisibles, mais au contraire à formuler des principes, des exigences, des refus qui sont fondés sur des principes extérieurs à la situation sociale et cherchent à imposer des limites à toutes les formes d'autorité. Nous ne faisons pas plus notre avenir que celui-ci ne nous fait ; nous vivons la rencontre, le conflit ou la combinaison de projets fortement enracinés dans notre mémoire et de contraintes imposées par les situations où nous agissons. C'est cette mobilisation du passé vers l'avenir qui permet aux individus et aux groupes d'être des acteurs plutôt que des objets soumis à des changements sur lesquels ils n'auraient pas prise.

Débat

DE LA SALLE (ALEXANDRE MINKOWSKI)

En Chine, au lendemain du massacre de Tian An Men, on a pu dire avec raison qu'un régime qui supprime sa jeunesse n'a pas d'avenir. Mais un régime qui n'a pas de mémoire est-il voué au déclin ?

ALAIN TOURAINE

Je serais tenté de dire plutôt qu'un régime sans mémoire est voué à l'explosion. Car si l'on est incapable d'élaborer un projet, c'est-à-dire de tendre le fil entre le passé et l'avenir, d'avoir prise sur les mécanismes du changement, on est débordé par les événements et, à ce moment-là, on ne peut maintenir l'unité d'une société que par des mesures autoritaires. C'est ce qui s'est passé après Tian An Men. On a assisté au remplacement d'une dictature communiste par une dictature nationaliste. Ce qui ne veut pas dire que cette situation se prolongera, mais que la mémoire est indispensable à la démocratie, c'est-à-dire à la capacité d'agir sur le présent en fonction des attentes, des demandes, des souvenirs. Attentes et demandes sont évidemment nourries de l'expérience vécue du passé. La démocratie consiste à voter dans le présent pour un avenir en fonction d'une expérience du passé.

DE LA SALLE

Il existe un aléatoire du futur comme un aléatoire du passé. Il faudrait, tout comme les physiciens, en tenir compte.

Quelle part faites-vous jouer à l'imaginaire, à la phénoménologie dans l'interprétation ? Car, avec la longue durée, intervient le recul. Or plus le recul est long, plus on découvre dans les phénomènes des aspects auxquels personne n'avait pensé.

Comment jouer avec ces paramètres et introduire la notion de subjectivité, d'affectivité ? Braudel est largement cité, or son livre sur le pourtour méditerranéen peut être considéré comme le bouquin d'un artiste.

JACQUES LE GOFF

Il y a un débat intérieur entre les deux sens du mot histoire : d'une part la discipline de l'histoire, le métier d'historien et puis l'histoire objective, celle que nous vivons, celle qui se fait. Si j'ai gardé l'histoire au singulier, c'est que je voulais parler de la discipline des historiens, de l'histoire de Braudel, de l'histoire de Marc Bloch. Il est évident pour la mémoire que cette faculté de mémorisation qui nous vient de notre cerveau, en devenant phénomène humain, passe du singulier au pluriel.

Selon Jean-Pierre Changeux, le cerveau même produit des mémoires différentes. Pour l'histoire, je préfère le singulier au pluriel, quel que soit le cas. C'est peut-être une déformation de ma formation d'historien dans la mouvance du mouvement des *Annales* et de la tentation dite globale ou totale.

Quant à l'aléatoire, je ne m'étendrai pas, mais il est vrai que les travaux d'historiens n'en parlent pas suffisamment.

UMBERTO ECO

L'aléatoire joue un rôle fondamental dans notre mémoire personnelle. Il y a des raisons probablement aléatoires pour lesquelles nous avons oublié ou retenu quelque chose. Mais on ne peut pas parler de mouvements aléatoires pour la mémoire collective. Lorsqu'on a oublié quelque chose, c'est toujours pour des raisons idéologiques. Quel serait le contenu d'un manuel d'histoire européen ? Quels éléments tomberaient ? On ne parlera pas au XIXᵉ siècle, pour faire un exemple italien, de Carlo Pisacane mais peut-être parlera-t-on de Thaddeus Kosciuszko, nul ne le sait. Les raisons pour lesquelles on retiendra une chose et pas une autre seront peut-être néo-connexionnistes. On pèsera la façon dont les différents pays parlent des autres et on découvrira que certains thèmes peuvent être communs alors que d'autres, pour des raisons aléatoires, ne pourront pas l'être. On arrivera à ce qu'on appelle une distribution de poids dans un système néo-connexionniste.

JACQUES LE GOFF

Je ne crois pas, très franchement, qu'il soit possible de rédiger dans un avenir proche un manuel d'histoire européen. Je suis persuadé que cette entreprise serait plus destructrice que constructrice. Il faut, comme cela existe déjà, mais insuffisamment, sous le patronage de l'UNESCO, que s'établissent des discussions entre les auteurs de manuels et les responsables de l'enseignement des divers pays européens, de façon à éviter les contradictions dans les manuels d'histoire des différents pays. Cela, il faut le faire. De là à trouver une histoire de l'Europe... D'ailleurs il est normal qu'un historien qui pense qu'il y a un passé qui justifie, qui conduit à ce qu'on aille vers l'Europe, soit en même temps persuadé que l'Europe n'existe pas. Elle est donc à faire, et par conséquent nous sommes en quelque sorte renvoyés à la question d'aujourd'hui : comment écrire un livre d'histoire de l'avenir ? L'Europe, c'est un phénomène de l'avenir. Il faut se préparer sérieusement, passionnément, mais il faut attendre. Un jour viendra où cela sera possible — je ne sais pas quand. C'est le problème de la datation de l'avenir et de la datation de l'utopie.

DE LA SALLE

On a dit que les prédictions de Marx qu'il croyait immédiates avaient mis très longtemps à se réaliser. Mais aujourd'hui ces évolutions politiques, sociologiques, technologiques se font dans des temps extrêmement rapides. Le temps me paraît accélérer tous les processus, à la fois du passé qui se contracte et de l'avenir qui devient extrêmement limité.

UMBERTO ECO

Il est certain que la vitesse a influencé et va influencer de plus en plus notre civilisation. Je me demande si ce phénomène doit être opposé au regard sur le passé. Un exemple : c'est la vitesse qui permet à des millions de Japonais de visiter le Louvre et de se déplacer, à cause de la vitesse, dans le passé. La vitesse influe davantage sur ma vision du présent que sur celle du passé.

DE LA SALLE

Je m'adresse surtout à Jorge Semprun, parce que je suis survivante d'un camp de concentration en Argentine. Le travail de mémoire, c'est lutter contre l'oubli pour reconstruire. Dans ce cadre-là, que peut-on proposer concrètement aux générations ici présentes ? C'est une question que je me pose depuis ma libération. Comment transmettre à la nouvelle génération ? Comment lui donner autre chose que des récits d'horreur ? Jorge Semprun sait qu'il n'y a pas de mots pour raconter ça, mais comment construire une identité telle qu'on puisse dire « jamais plus » ?

JORGE SEMPRUN

Le trajet, le parcours de l'écriture est peut-être différent pour chacun. Certains citent leur expérience et ont un besoin évident de témoigner. D'autres ont besoin de beaucoup plus de temps pour y parvenir. Mais, pour les uns comme pour les autres, il y a un temps qui ne dépend ni du caractère de la douleur, ni de la volonté de chacun, mais de quelque chose de plus objectif. C'est le temps de la possibilité de l'écoute. Ceux qui ont écrit immédiatement n'ont pas été écoutés. Ils ont été écoutés environ quinze ou vingt ans plus tard, au moment où ceux qui n'avaient pas pu écrire tout de suite ont commencé à écrire. Cette dialectique entre le temps de la mémoire et le temps de la capacité d'écoute échappe complètement à la volonté des témoins ; quelque chose, en apparence de façon mystérieuse, coïncide avec un mûrissement. De toutes façons, il est plus facile de s'adresser aux générations beaucoup plus jeunes. Lors du cinquantième anniversaire de la libération des camps en Europe, il y avait une génération de jeunes Français capables d'écouter, de poser des questions, capables d'une impertinence, d'une curiosité dont n'étaient pas capables ceux qui avaient vécu les événements de façon directe, ou dans la colère de la résistance ou dans la honte de la passivité.

Quant à la manière de raconter ? Chacun fait ce qu'il peut, chacun raconte comme il peut. Il y a le témoignage direct, brut ; il y a des témoignages élaborés qu'on essaye de transmettre. Mais chacun sait qu'il y a une marge d'indicible qui ne peut être comblée d'aucune façon, une marge d'expérience intransmissible qui ne peut être franchie que par la répétition... Il est significatif que le dernier livre de Primo Levi, avant son suicide, ait été un livre où il revient systématiquement, sous une forme presque pédagogique, sur son expérience, où il prend chaque question l'une après l'autre, comme s'il avait besoin, pour transmettre sa propre mémoire, de ne pas se contenter de ce qu'il avait déjà dit (et il avait pratiquement tout dit de son expérience), mais de le redire encore en tenant compte des répercussions.

Je voudrais terminer en citant cette phrase très belle, très profonde, de Primo Levi : « Nous qui témoignons, qui écrivons, nous ne sommes pas les vrais témoins, les vrais témoins sont morts. Les vrais témoins sont ceux qui sont allés jusqu'au bout de l'affrontement avec la Gorgone. Nous, nous ne sommes que des témoins partiels qui avons survécu par chance et nous ne pouvons dire qu'une partie de l'expérience. C'est pour ça que la plus terrible expérience de la déportation, l'expérience des chambres à gaz, sera toujours non dite et restera, à cause de ses mystères, la plus terrible de ce siècle. »

Le devoir de gouverner

par Laurent FABIUS

Travail de mémoire, devoir de gouverner, le rapprochement peut surprendre. D'un côté le besoin de commémorer, de l'autre la nécessité de décider. Quel rapport entre l'impératif de prévoyance de celui qui doit agir et la rétrospection de qui se souvient ?

Pour répondre, on convient généralement que « le futur vient de loin » et qu'il y a « un bel avenir du passé ». Gouverner, c'est se nourrir de mémoire, mais c'est aussi construire cette mémoire et la dépasser.

Tout invite les gouvernants à se tourner surtout vers l'avenir. Non pas qu'ils soient ingrats ou oublieux du passé, mais parce que, face à l'omniprésence de l'actuel et de l'urgence, l'envahissement du quotidien et l'angoisse de durer, la versatilité des opinions, l'accélération des alternances, peu de choses invitent un décideur public au souvenir.

C'est particulièrement le cas en France où, même si on cultive l'histoire, on prend plaisir à s'alarmer pour l'avenir. Contrairement aux Anglo-Saxons, nous n'avons pas de culture de l'évaluation. Au lieu d'un réexamen attentif pour tirer les leçons de l'expérience et établir une norme d'excellence, nous sommes les spécialistes du pilori.

Entre obsession du passé et dictature du futur, je plaiderai ici pour ce que j'appelle la bonne prudence, car il en est de plusieurs sortes. Il existe une prudence délétère, celle qui, pense-t-on, permet de préserver des risques du métier de gouvernant. Conservatisme et immobilisme ne sont pas loin. Au nom du respect des institutions, on perd le goût des évolutions. Tout était mieux hier. La mémoire n'est alors qu'un boulet. C'est souvent en allant vers la fin de sa vie que ce sentiment vous envahit. Georges Pompidou l'a ressenti. François Mitterrand l'a exprimé.

Mais la prudence doit être autre chose, non pas une frilosité, ni une timidité que la vie politique ne peut pas accepter. Elle doit être la vertu éthique fondamentale qu'Aristote oppose à la *theoria* platonicienne. C'est la connaissance pratique non pas de ce qui est personnellement profitable ou préjudiciable, mais de ce qui est bon ou mauvais pour l'intérêt général. Elle se construit par un incessant va-et-vient entre les figures du temps : mémoire du passé, intelligence du présent, prévoyance du futur.

Cette prudence-là est un projecteur puissant braqué vers les temps écoulés pour empêcher les « éternels retours », pour conjurer ce que le passé porte encore en lui d'atroce. Contrairement à la sagesse populaire, il n'y a pas de certitude du « plus jamais ça », ni de principe de la « der des ders ». La prudence pour gouverner est une méditation active de la mémoire.

Interrogeons-nous pour savoir comment a pesé la mémoire des tranchées dans la reculade de Munich alors qu'en France et en Angleterre, la « génération du feu » était au pouvoir. Plus près de nous, la colonisation nous a-t-elle empêchés de construire une véritable politique à l'égard des pays en voie de développement ? A l'inverse est-ce la guerre d'Espagne qui nous a fait intervenir en Bosnie ? Faculté d'oubli, peur de l'interdit, la mémoire des nations, comme celle des hommes, est très complexe et faite d'un inconscient. On peut soit le refouler, soit l'analyser et en tirer les conséquences.

Dans cette perspective, les controverses sur le progrès et la bioéthique, le rôle de certains procès actuels soulignent souvent la passivité de certains responsables politiques devant l'événement. C'est une invitation au sursaut car la mémoire n'est pas une chandelle que l'on poserait le soir sur sa table de nuit et dont on pourrait souffler la flamme, tranquillement, avant de s'endormir. C'est une veilleuse qui jamais ne s'éteint. Mauvaise conscience salutaire, elle met en clarté ce qui est sciemment ou involontairement occulté. Il ne suffit pas de dire que nous connaissons ce qui s'est passé. Il faut savoir comment cela s'est produit, qui l'a fait et pourquoi.

Si elle n'est pas habitée par cette vivacité, la mémoire autorise des oublis commodes, l'oppression des esclaves ou la disparition des Amérindiens ; elle permet d'inquiétants dérapages. Négationnistes, voilà le nom des assassins de la mémoire. Pourquoi parler de crime ? Parce que la mémoire participe à la construction continuelle de nos valeurs. Elle fait ingérence dans le présent. Elle est un apprentissage perpétuel de l'amour des libertés. C'est pourquoi il est si important que la mémoire humaine soit sollicitée et réactivée à intervalles réguliers. Le rôle des gouvernants est primordial puisqu'il leur revient d'accompagner ce sentiment et de l'entretenir. D'où l'intérêt des célébrations, pour peu qu'elles n'éclairent pas simplement le chemin traversé, mais qu'elles nous montrent aussi celui qui reste à parcourir avec ses sommets et ses précipices.

L'interprétation critique de la mémoire constitue donc une exigence morale qui échoit en partie aux responsables politiques. Mais ce passage de témoin se fait souvent au prix d'un décalage avec l'histoire. Les décideurs publics ne sont pas tous des universitaires impeccables. Dans cette licence d'imprécision se trouvent à la fois la force et le danger du devoir de gouverner.

Car le devoir de mémoire peut devenir aussi l'atelier des légendes. Ernest Lavisse, Mallet et Isaac et bien d'autres ont construit ainsi une mémoire un peu imaginaire, miroir de bienséance devant lequel s'est contemplée la France. Avec Vercingétorix « réinventé » par le Second Empire ou Charlemagne « naturalisé », avec Du Guesclin ou Montcalm, s'est formée une cohorte de héros sortis de l'ombre des siècles, par la grâce des professeurs et des ministres de l'Instruction publique, pour éblouir les préaux des écoles et magnifier la patrie. Dans le même temps qu'il se taillait un empire pour carte de géographie, notre peuple s'est forgé une mémoire. Elle fut parfois un décor plus qu'une réalité.

Ce souci d'enluminer l'histoire n'est évidemment pas propre à la France. Au début du XIXe siècle, tandis que la conscience nationale tchèque n'existait plus, la publication de manuscrits anciens, à Prague, révéla la mémoire oubliée d'une langue et d'une nation. Même si Masaryk, indépendantiste, premier président de la République tchécoslovaque, démontra en 1886 que c'étaient des contrefaçons. Les cercles nationalistes le condamnèrent. Les manuscrits étaient faux, mais ils méritaient d'être vrais puisqu'ils avaient réveillé l'idée d'émancipation endormie sous le joug autrichien.

Mémoire contre histoire, souvenir contre récit, les choses ne sont donc pas toujours nettes, ni le jugement définitif. Pour de bonnes ou de mauvaises raisons, le devoir de mémoire se transforme souvent dans la bouche des gouvernants en incantation morale ou en argument partisan. Il devient une construction politique, assumant un rôle dans la formation du lien national qui se nourrit autant des épisodes passés que des promesses de l'avenir. La mémoire devient une arme de débat politique. Là est le piège. Quand un Charles de Gaulle s'en saisit et de sa superbe vie fait une chanson de geste, une épopée à la taille de la nation, on ne peut redouter, au pire, qu'une certaine confusion. Mais, dans des mains beaucoup moins nobles, il y a, il y eut des entreprises discutables. La mémoire de la Seconde Guerre mondiale a pu ainsi revêtir, au fil des gouvernants, des fonctions différentes, les unes positives, les autres détestables : critique des erreurs de la IIIe République, procès rétrospectif du Front populaire, exaltation de l'esprit de résistance, justification du retard à la décolonisation, ciment de l'unité nationale, incitation à la construction européenne, support aujourd'hui de toutes les nostalgies pour certains, rempart dressé pour les autres afin de lutter contre la tentation du retour aux idéologies fascisantes.

Il y eut ailleurs, différentes évidemment, les manipulations du nazisme et du bolchevisme qui se servirent de l'histoire et de la mémoire comme autant de stratagèmes pour asservir et opprimer. On assiste aujourd'hui à d'autres subterfuges. Certes, tout ne doit pas être objet de scepticisme ou de suspicion, mais tout n'est pas non plus définitivement expliqué ou établi. Car la mémoire aussi peut être trahison. Les massacres de Katyn, l'usage de la torture en Algérie, les bombardements américains au Cambodge n'ont pas été pris, au moment où ils se produisaient et plusieurs années après, pour ce qu'ils étaient vraiment.

A intervalles réguliers, mémoire et histoire doivent donc mutuellement se revisiter, se corriger. Le politique, loin de l'empêcher, doit favoriser ce rendez-vous. Il doit présenter cet inventaire à la collectivité, sans cesse exercer sur les faits et sur leur transmission non seulement un devoir de conservation, mais aussi un devoir de vérification. Pour cela il lui faut encourager des gestes concrets, étendre le réseau des bibliothèques, rendre plus accessibles les archives, faciliter la recherche historique, en soutenir les travaux, favoriser la diffusion de ses acquis dans l'éducation et les médias. Le travail de mémoire est un travail d'accouchement. Les historiens en sont les obstétriciens. Les gouvernants peuvent les aider. Et la vraie protection contre les travestissements de la mémoire, le vrai garant des leçons de la mémoire se trouvent dans la conscience critique et civique, qui ne se développe pas toute seule mais qui a besoin du magnifique et continuel compagnonnage de l'éducation.

Devoir de prudence donc, nécessité d'interprétation : le travail des gouvernements ne vise pas à la contemplation. Nietzsche écrivait qu'« il faut faire de l'histoire en vue de la vie ». Une société perpétuellement tournée vers son passé risquerait de ressembler à ce personnage infirme de Borges qui se souvient avec précision de tous les instants de sa vie et dont la mémoire est finalement « comme un tas d'ordures », écho du « misérable petit tas de secrets » de Sartre. Critique ou mythique, la mémoire de celui qui gouverne est nécessairement un outil tourné vers demain.

D'où d'indispensables précautions. Dans le temps qui est celui du gouvernement d'un pays, les évolutions les plus fondamentales sont souvent les moins perceptibles. On voit rarement bouger les « frontières de l'impensable ». Qui s'est soucié, dans les domaines les plus divers, de Zoé, la première pile atomique, de l'exploration des couloirs du « virtuel » ou de la présence de l'eau sur Mars ? Le tumulte de l'accessoire a recouvert la clameur de tous ces « eurêka ». Cela peut-il être évité ? Il est souhaitable que, dans chaque département ministériel, dans chaque administration soient créées des cellules de veille, composées de façon pluraliste, qui aient pour mission de détecter procès et dangers. C'est d'autant plus indispensable que les conditions du gouvernement ont changé : hier, il s'agissait de décider après un temps long et sur un fond d'horizon stable, aujourd'hui, le temps est très court et l'horizon sans cesse mouvant.

Plutôt que d'espérer maîtriser tous les paramètres et tirer du passé des recettes miracles, la mémoire demande en fait au gouvernant d'être à la fois modeste et actif. Une utilisation de la mémoire au service de la « bonne » décision consiste à savoir comment l'homme peut imprimer sa marque, quel est le moment qui permet d'influencer positivement le cours des choses. Le sens de l'anticipation, la conscience de l'alarme, le pari de l'innovation sont à l'origine de toute action. Perpétuellement construite et reconstruite, critiquée et triée, la mémoire est aussi une vision créatrice.

Nous avons, tous ensemble, citoyens et dirigeants, un urgent besoin de mémoire, un urgent besoin d'histoire. Non pour nous laisser entraver, mais pour œuvrer à un monde moins brutal et plus généreux.

Débat

Vous avez parlé de réseaux d'informations et particulièrement de l'Internet comme d'un danger pour la mémoire, à cause de l'énorme quantité d'informations disponibles. Je voudrais savoir si vous pensez que l'information est la même chose que la mémoire.

Je n'ai pas pris l'Internet comme un exemple de mémoire, je disais que l'excès d'informations mises à notre disposition par l'historiographie est comparable à celui de ces archives du présent que représente l'Internet. Il ne s'agissait pas d'un exemple de mémoire, mais d'un exemple de stockage d'informations présentes.

Que souhaiteriez-vous que les jeunes retiennent ?

Mademoiselle, si nous pouvions établir ce que vous devez retenir, on se trouverait dans le roman de George Orwell. Malheureusement pour vous, la solution est entre vos mains.

DE LA SALLE (ALEXANDRE MINKOWSKI)

A propos de la question capitale de la prudence ou du risque dans le désir de gouverner, on a l'impression qu'on est là en plein aléatoire. Une phrase qui vient de l'Apocalypse de saint Jean me revient en mémoire : « Je te vomirai de ma bouche. » Pour moi qui ai quatre-vingt-deux ans et qui me trouvais à Londres au moment où Churchill a décidé de continuer la guerre, je voudrais vous dire que l'événement historique le plus important est cette décision de Churchill. Car je peux vous dire qu'en Angleterre la pagaille était si grande qu'on m'a arrêté comme parachutiste allemand alors que j'étais en uniforme français. Londres et l'Angleterre donnaient l'impression d'une formidable confusion et je n'aurais certes pas parié alors sur les chances de succès de Churchill. Ceci attire une autre réflexion. On peut dire que tout s'est déclenché parce que la France et l'Angleterre ont laissé réoccuper la Ruhr. Toute la guerre de 1940 a commencé là. Le mot de prudence doit être nuancé car je ne crois pas que, pendant que vous étiez au gouvernement, vous ayez été envahi, justement. A propos de tout ce qui vous est arrivé [1], on a beaucoup exagéré. Il y a là-dedans une telle part d'aléatoire ! En fait Churchill avait un passé assez catastrophique du point de vue politique : les Dardanelles, la guerre des Boers... Finalement c'est pourtant lui qui a fait qu'aujourd'hui nous ne sommes pas hitlériens.

LAURENT FABIUS

Je partage votre analyse quant à l'importance de certains gestes faits à certains moments par de grands hommes et le geste de Churchill en fait partie.

Il n'est pas possible de dire avec certitude quelle est la décision exacte que dans telle ou telle circonstance un gouvernant doit prendre, mais ce n'est pas ça l'art de gouverner. D'abord parce que les circonstances sont si nombreuses qu'on ne peut pas tout prévoir et qu'en plus on est finalement seul. Ce qui est très important à mes yeux, c'est la grille d'analyse, la grille de valeurs que l'on

---

1. L'affaire du sang contaminé. (*N.d.E.*)

adopte. On choisit, ou on devrait choisir, les gouvernants sur leur système de valeurs. Quand vous gouvernez, vous avez en permanence à prendre des décisions, les unes sans grande importance apparemment, d'autres plus importantes. Ce qui est fondamental, c'est la grille de valeurs dont les gouvernements sont porteurs et leur capacité ou non à rendre les citoyens co-intelligents des conditions de la décision. C'est évidemment se faire une haute idée de ses concitoyens mais je pense qu'on gagne toujours à se faire une haute idée de ses concitoyens. Ce n'est pas une question de degré de culture, il y a dans toute personne une étincelle qui lui fait comprendre les circonstances de la décision. Pourquoi Churchill a-t-il pris cette décision de continuer la guerre, qui n'était pas prudente au sens habituel du terme, mais qui était prévoyante au vrai sens de *prudencia* ? Parce que même si tout le monde était pris à contre-pied, c'était la décision qu'il fallait prendre au nom de sa grille de valeurs qui était la liberté et le respect de la personne humaine. Quand on dit « faisons attention aux sondages », j'ai toujours à l'esprit l'exemple de De Gaulle. S'il avait eu les moyens de faire faire un sondage pour savoir si oui ou non il fallait partir pour Londres et résister, j'imagine qu'il n'y aurait pas eu plus de 4 ou 5 % des Français en faveur de cette solution-là. Et néanmoins, c'était la solution parce qu'il l'avait choisie en fonction d'une grille de valeurs qui était la bonne.

DE LA SALLE

Je trouve l'idée de la grille de valeurs très sympathique mais je pense que nous aussi, citoyens, nous pouvons rendre le gouvernement intelligent. Pendant deux jours, grâce à l'Académie universelle des cultures, nous avons vécu quelque chose d'extrêmement riche qui nous permettra de faire le tri. Depuis deux jours, nous nous sommes interrogés sur mille sujets. Les pauvres ont-ils une histoire ? Ils font l'histoire, avec les esclaves, les gueux, les va-nu-pieds, les paysans, les ouvriers les plus pauvres des ateliers nationaux de 1848. Mais les historiens, eux, n'ont pas toujours écrit cette histoire.

Nous sommes aussi revenus sur le problème du pardon. Mais peut-on pardonner si nous ne sommes pas sûrs que ça ne se repro-

duise pas ? Nous sommes intervenus sur la Shoah, sur les négationnistes et sur Le Pen. Comment des gens qui connaissent l'histoire
peuvent-ils se comporter de cette manière ? Si nous avons recours
à la mémoire, nous savons très bien que parmi les 15 % de lepé-
nistes, il n'y a qu'un petit pourcentage de racistes, d'antisémites,
de négationnistes. Il y a par contre un grand nombre d'exclus de la
société qui croient dans la démagogie de Le Pen. Alors justement,
dans un pays où il y a 7 millions de chômeurs et d'exclus, où
certains vivent avec tout juste un peu plus de deux mille francs par
mois, dans ce pays qui est un des plus riches de la planète, avec les
actions qui grimpent et le luxe qui s'étale, comment vous, avec
votre devoir de gouverner, croyez-vous aux leçons de l'histoire ?
Vous nous avez parlé de votre prudence. Comment peut-elle
répondre à la guerre économique des pays industrialisés du Nord
contre ceux du Sud ? Et au fait qu'on peut priver de droit de séjour
des gens qui parfois travaillent ici depuis dix ans ?

LAURENT FABIUS

Il y a tout de même eu dans la démarche des historiens — mais
je parle devant des spécialistes — une évolution très importante.
L'histoire est devenue aussi une histoire des sociétés, et même si
ceci ne doit pas remplacer d'autres aspects, une histoire des victimes. Je suis moi-même maire d'une commune de 30 000 habitants, une commune ouvrière où le vote Le Pen est assez important.
Je sais que, s'il faut développer ce qu'on a à dire sur le plan moral,
ce n'est pas suffisant et que ces votes ne se multiplient que sur le
terreau du chômage et des difficultés.

Je pense, comme vous, que la politique n'aurait pas de sens si ce
n'était pas pour transformer les choses. On peut avoir des analyses
diverses sur le poids des contraintes, sur la vitesse des transformations, mais, sur le plan international, on peut transformer les choses.
Quand j'étais au gouvernement, j'ai été confronté à la question de
l'Apartheid et du comportement à adopter vis-à-vis de l'Afrique
du Sud. Evidemment les Noirs d'Afrique du Sud ont lutté, Nelson
Mandela le premier, pour que l'Apartheid soit supprimé, mais les
décisions prises par un pays comme la France, entraînant petit à

petit les autres grandes nations, ont joué un rôle. Souvent la sagesse et la prudence consistent à aller à contre-courant.

N'est-il pas du rôle de l'homme politique et du représentant démocratique de reconnaître publiquement un génocide tel que celui de l'Arménie et de provoquer des interventions plus fermes au Rwanda et en Bosnie, afin que la mémoire soit transmise et puisse être accueillie par les générations suivantes ?

LAURENT FABIUS

J'ai été de ceux qui ont reconnu le génocide arménien. Vous citez le Rwanda, vous avez raison, il y a malheureusement d'autres pays aussi. Les gouvernants et les parlementaires de notre pays qui est celui des droits de l'homme doivent les garder au premier rang de leurs préoccupations et de leurs actions.

Récemment un dissident chinois est venu en France, je l'ai accueilli à l'Assemblée nationale. Par un concours de circonstances, nous avions alors apposé sur le fronton de l'Assemblée nationale le texte d'Emile Zola, « J'accuse ». C'est aussi ça la mémoire.

On a critiqué les médias mais ils permettent de toucher un public beaucoup plus vaste et parfois de faire des raccourcis formidables. Ce sont des choses qu'il faut faire et sans se résigner.

Je ne sais pas s'il existe une exception française, mais je sais en tout cas que la tradition, la meilleure tradition de la République française, dont il ne faut en aucun cas qu'elle se sépare, c'est la tradition active de défense des droits de l'homme, partout, même si ça dérange et parce que ça dérange.

DE LA SALLE

Avec Jorge Semprun il faut constater que les vrais témoins sont ceux qui sont morts mais d'autres témoins aussi sont dans l'impossibilité de parler : ce sont les tout jeunes enfants. Il est un peu dommage qu'on ne puisse pas, au moins, d'une manière ou d'une autre, sauver les tout petits enfants, ceux qui ont grandi avec les guerres, qui ne pourront ni réagir, ni se protéger de leur mémoire. Pour ceux-là, est-ce qu'on ne pourrait pas inventer une nouvelle loi et les protéger en priorité comme réfugiés politiques ?

La meilleure façon d'apprendre à ne pas recommencer, ce serait, en particulier en France, et dans d'autres pays d'Europe, d'amener les enfants, à partir de quinze ans, au moins une fois dans leur vie scolaire à Auschwitz.

DE LA SALLE

Je voudrais apporter une précision à ce qu'a dit Monsieur Fabius tout à l'heure. Je veux bien croire que Monsieur Fabius en tant qu'individu reconnaît le génocide des Arméniens, mais le gouvernement et l'État français ne l'ont jamais reconnu officiellement et pour une raison bien simple, c'est qu'ils cèdent au chantage de l'Etat turc.

LAURENT FABIUS

Il y a pourtant aussi des prises de position qu'on doit prendre en tant que personne. J'ai eu l'occasion de le faire publiquement et de le refaire ici. Vous avez parlé de chantage. Cela peut exister, le mot est pertinent, et parmi les règles que beaucoup d'entre nous se sont fixées dans la vie, qu'elles soient des règles publiques ou des règles privées, il ne faut jamais céder à aucun chantage.

EN CONCLUSION

Leçon d'histoire
par Jorge SEMPRUN

Éloge de la mémoire
par Elie WIESEL

Leçon d'histoire

par Jorge SEMPRUN

Si Elie Wiesel m'a demandé à moi de tirer quelques conclusions, c'est parce que nous nous sommes connus, ou du moins nous nous sommes croisés, et peut-être même vus, sans nous connaître et nous reconnaître, au printemps 1945 à Buchenwald. Wiesel était un jeune juif de quatorze ans qui arrivait dans les transports massifs.... souvent de la mort, qui ont conduit les survivants d'Auschwitz après l'arrivée de l'Armée rouge dans différents camps de l'intérieur de l'Allemagne. C'est là que nous avons vu arriver, à partir de février 1945, des milliers de survivants juifs d'Auschwitz. Il était parmi ces jeunes, et je dis que je l'ai sûrement croisé parce qu'à cette époque-là, j'étais l'une des personnes chargées par le comité clandestin international de résistance de s'occuper très précisément des enfants et des adolescents juifs qui arrivaient à Buchenwald, avant la libération du camp et après. Je l'ai sûrement croisé. C'est donc en raison de cette mémoire commune, que nous avons depuis lors évoquée plusieurs fois, qu'il me demande d'essayer de tirer quelques conclusions de ce colloque. Parce que cette mémoire-là est une mémoire par définition menacée, parce que si les vrais témoins sont morts, les témoins relatifs que nous sommes vont bientôt disparaître. Nous serons bientôt dans une situation où il n'y aura plus de mémoire pour nourrir l'histoire, ou seulement la mémoire écrite. Il n'y aura que l'histoire. Et parce que — Elie Wiesel et Laurent Fabius l'ont rappelé — parce que nous sommes dans une situation où il y a une tentative cohérente, systématique, heureusement minoritaire, de négation de cette mémoire. Il faut la rappeler, et il faut rappeler non seulement la mémoire de la déportation, mais plus singulièrement, plus précisément, la mémoire de l'extermination du peuple juif.

1945, le printemps à Buchenwald. Nous avons vu arriver avec

ces survivants d'Auschwitz la réalité des camps d'extermination, des camps avec chambres à gaz. Ici, je vais assez brutalement dire quelque chose sur un problème évoqué souvent ces temps-ci, et pas seulement en relation avec le procès Papon : c'est le problème de « qui savait quoi ? », « que savait-on ? », « peut-on dire qu'on ne savait pas ? ». Je crois que cette question, formulée comme cela, en général, est une question absurde. Il est évident que Churchill savait, que le pape savait, que Roosevelt savait. Il est évident que Bousquet savait et que, à un certain échelon de l'administration de Vichy, on savait. Il est évident que même des résistants pouvaient ne pas savoir le détail, et je dois dire que dans mon expérience personnelle, tout en sachant pertinemment ce qu'étaient les lois juives de Vichy, puisque j'ai vu apparaître l'étoile jaune en classe de philosophie au lycée Henri-IV, et que nous avons manifesté, plusieurs classes du lycée Henri-IV, sur le boulevard Saint-Michel en portant tous l'étoile jaune, on ne savait pas forcément le détail des choses. Mais ces mois à Buchenwald nous ont permis de savoir une fois pour toutes en détail — je dis exprès ce mot « détail » — ce qu'a été l'extermination. Là, je ferai un commentaire rapide : on a l'impression que seuls les coupables savaient que les convois de Drancy allaient à Auschwitz aux chambres à gaz. C'est une absurdité et une indécence. Est coupable celui qui savait qu'on arrêtait les juifs, même si c'était pour les déporter à Beaune-la-Rolande ou à Drancy. Est coupable celui qui a admis cette discrimination et qui n'a rien fait pour se révolter, en participant d'une façon ou d'une autre à la Résistance. La culpabilité commence là : est coupable celui qui a, sans protester, admis, toléré ou excusé, sans même savoir ce qu'était la destination finale, les convois de Drancy.

Cette évocation de la mémoire rappelle la nécessité de lutter contre le négationnisme et contre tout ce que cela implique, c'est-à-dire la stratégie de ceux qui, à travers le négationnisme, préparent autre chose. Cela m'oblige à dire deux mots sur la situation actuelle en France.

Bien entendu, Monsieur Mégret me dirait : de quel droit, vous, étranger ? Mais je lui répondrais très clairement : le même droit qui m'a poussé à prendre les armes en 1942, le droit de résistance. Le même droit qui m'a autorisé à prendre les armes et qui a fait de moi, étranger et citoyen espagnol, un ancien combattant volontaire de la Résistance, reconnu « en carte » si j'ose dire. Ce droit, je l'invoque aujourd'hui pour dire deux mots sur la situation actuelle en France.

Deux mots, dans l'esprit, je pense, d'Elie Wiesel, dans l'esprit de quelqu'un qui sait qu'il est citoyen étranger, qui n'a donc pas le droit de vote, mais qui a choisi la langue française — et lui et moi nous l'avons fait — pour s'exprimer, et qui donc à ce titre, bien qu'étranger, est en même temps un pratiquant et un citoyen de l'universalité de la France à travers sa langue et sa culture... je vais dire deux mots, faire deux observations.

La première. Il est évident que ce qui se passe depuis quelques jours en France — et je ne vais pas refaire l'historique que vous avez tous en tête — est la réapparition, le retour d'une fracture de la droite française qui, bien que refoulée dans les mémoires et dans les institutions souvent, est la fracture de la droite entre Vichy et de Gaulle. Cette fracture réapparaît aujourd'hui avec une force énorme parce qu'elle n'a jamais été résolue et soldée. Ce qui ne veut pas dire du tout que cette histoire ne concerne pas la gauche. Cette histoire concerne la gauche en premier lieu et tout autant que la droite démocratique, parlementaire et que la droite de tradition gaulliste. Je ne me permettrai pas de donner des conseils aux responsables de la gauche, mais je me permettrai de leur rappeler que l'une des raisons de l'arrivée de Hitler au pouvoir a été précisément cette tactique de la gauche communiste qui, à l'époque des mots d'ordre « classe contre classe », a considéré la social-démocratie comme un ennemi principal plus important que le nazisme. C'est l'une des raisons de l'arrivée de Hitler... la situation actuelle a complètement changé, il n'y a plus d'Internationale communiste. Aujourd'hui ce n'est pas le parti communiste qui domine la gauche, c'est un parti socialiste démocratique. Mais il est évident que ce que Serge July appelait il y a quelques jours le théorème de Malraux, l'idée de croire qu'il n'y a rien entre les gaullistes et les communistes est une idée néfaste. Il y a une société civile française que même la gauche doit réanimer pour pouvoir s'opposer au Front national.

La deuxième observation est sur le Front national lui-même, ce parti de nature raciste et xénophobe, et je cite ici le président de la République. L'argumentation du Front national actuel est, chaque fois qu'on met en cause un certain nombre de positions qu'il prend, un certain nombre de mots d'ordre qu'il adopte, de dire : mais nous

sommes un parti comme tous les autres, nous sommes un parti
démocratique comme tous les autres, de quel droit pratiquez-vous
l'exclusion ? Là commence une comparaison qui est fausse et aber-
rante. Il ne faut pas comparer le Front national d'aujourd'hui avec
le parti de Hitler au pouvoir, il faut comparer la situation d'aujour-
d'hui avec les années trente en Allemagne et le parti hitlérien avant
la prise du pouvoir : lui aussi respectait la forme démocratique, lui
aussi se présentait aux élections, lui aussi, devant les tribunaux et
devant les cours spéciales, jurait, comme Hitler l'a fait, qu'il n'avait
pas l'intention de détruire le sytème démocratique, et lui aussi a
participé au pouvoir en alliance avec une fraction de la droite, et à
partir de là, a exercé la dictature. Donc, il ne faut pas admettre cette
excuse et il faut reconnaître que la démocratie a très peu de moyens
pour juger ou interdire un parti qui joue le jeu formel sur les intentions, intentions dont nous savons tous pertinemment ce qu'elles
sont. Il faut en tout cas récuser cette arrogance, et puisque nous
parlons de mémoire et d'histoire, essayer d'analyser comment, dans
les années 1930-1932, c'est justement après un recul électoral très
fort du parti nazi que, malgré tout, la droite a pactisé avec lui,
croyant peut-être qu'il était moins fort qu'avant, et à cause des
manœuvres de von Papen.

Bien entendu, je ne veux pas tomber dans l'erreur marxienne de
l'apocalypse ou de la prévision apocalyptique. Bien entendu, les
circonstances historiques sont *radicalement* différentes. Aujour-
d'hui, en France et en Europe, et dans les années trente, en Allemagne et en Europe, les circonstances sont radicalement différentes.
Elles sont à mettre au bénéfice du système démocratique aujour-
d'hui. Il n'empêche que c'est une bataille de mémoire, une bataille
où la mémoire nous aide et doit nous aider à construire l'avenir. Il
faut refuser l'argumentation spécieuse d'un parti de nature raciste
et xénophobe quand il dit qu'il est un parti comme les autres.

Éloge de la mémoire

par Elie Wiesel

Mémoire, oubli, justice, injustice, amnistie, souffrance, deuil : ces thèmes prennent feu lorsqu'on les lie aux tragédies de ce siècle, mais surtout à celle que nous, ici en Europe, nous avons vécue, qu'on appelle si pauvrement l'Holocauste ou la Shoah. Tout d'un coup, on se retrouve désarmé, on ne sait plus quoi dire.

Dominique Schnapper évoque le fait que les déportés n'ont pas parlé parce que personne ne voulait les croire, ce qui est vrai. En 1945, ils sont réapparus ; ils voulaient raconter, mais personne ne voulait les écouter. Alors, ils se sont dit « à quoi bon ? ». Je connais au moins un adolescent juif qui a attendu dix ans pour écrire son premier livre, pour trouver les mots, le langage — qu'il n'a pas trouvés d'ailleurs. Il les cherche encore. Et puis, dans le monde entier, partout, ici en France comme en Amérique ou comme en Palestine à l'époque, on disait aux revenants « Ecoutez, oubliez donc, c'est mieux. Vous vous sentirez mieux. C'est un cauchemar. Il faut tourner la page ». C'était cela le discours que les revenants entendaient partout. « Retrouvez une vie normale, soyez heureux » nous disait-on, « oubliez ! ». L'oubli était donc un conseil pédagogique et thérapeutique pour les jeunes, pour les jeunes devenus vieux, pour les vieux qui n'étaient pas si vieux car il n'y avait plus de vieillard après, sauf les revenants sans âge.

Ensuite, on se disait que même si on racontait, ça servirait à quoi ? Il y a dans un roman une scène qui me hante. La scène décrit un massacre commandé par un officier SS dans une forêt quelque part en Europe de l'Est. Tout le monde est tué sauf un étudiant. Le SS tire, mais l'étudiant ne tombe pas. Il tire encore, l'étudiant ne meurt toujours pas. Le SS dit : « Pourquoi ne meurs-tu pas ? » Et l'étudiant répond : « Parce que je suis le dernier. » L'officier SS lui dit alors : « Tu es fou. Un jour, tu vas me maudire pour t'avoir laissé en vie. Tu penses que tu possèdes la vérité, mais c'est une vérité de fou. Tu diras, tu raconteras, mais les gens hausseront les épaules. »

Beaucoup demandent comment on peut n'avoir pas cru. Et pourtant on n'a pas cru. Pendant la guerre aussi. L'information était là. Maintenant on le sait. La BBC diffusait « Les Français parlent aux Français », et parlait des massacres ; en Amérique le *New York Times* avait publié des articles ; à Londres, à Stockholm, au Vatican... on savait. Mais, entre l'information et le savoir, existait un pont qu'on ne pouvait pas franchir. L'information ne s'est pas transformée en connaissance. Si bien que même ceux qui étaient dedans n'y croyaient pas. Là encore, je connais un garçon juif qui avait quinze ans à l'époque ; arrivé là-bas, à Birkenau, à l'ombre des flammes, pendant trois jours, il n'a pas cru qu'il était là. Il pensait qu'il rêvait, qu'il faisait un mauvais rêve. Et pourtant il était là. Sa mère n'était plus là, sa sœur n'était plus là. Il était encore avec son père. Il tirait le bras de son père et disait : « Mais ce n'est pas vrai tout ça. » Si vous voulez, en langage psychologique, on peut dire, bien sûr, qu'il y a un refus de croire, d'admettre certaines choses, mais il y a aussi le fait que les victimes, malheureusement, étaient trop humaines. Elles avaient foi en l'humanité de l'homme. Et les victimes se disaient : « Mais c'est impossible, un homme, un être humain, ne ferait pas ça, ne peut pas faire ça. » Les victimes ne savaient pas que l'inhumain faisait partie de l'humain.

Quant au deuil, au deuil empêché, savez-vous que pendant et tout de suite après, on ne portait pas le deuil. On ne savait pas comment l'observer. A l'intérieur des camps, quand un père mourait, son fils ne savait pas quoi faire. Il n'y avait pas de loi. D'habitude il y a des lois très strictes sur le deuil, dans toutes les religions, et surtout dans la religion juive. Après la guerre aussi, il n'y avait pas de repères. Ça a pris des semaines, des mois peut-être pour que les larmes arrivent. Il n'y avait plus de larmes. On avait peur si on se mettait à pleurer de ne pas s'arrêter, de pleurer jusqu'à la mort, jusqu'à la fin des temps.

Tout ça pour vous dire que ça n'est pas facile. Dès qu'on touche à l'archéologie de ce silence qui recouvre cette expérience, on ne sait plus quoi dire.

Quelles sont les leçons très simples, très concrètes que l'on peut en tirer ? Quand la Bosnie a commencé à s'enflammer, certains d'entre nous sont allés là-bas, tout de suite. Ce fut la grande déception. J'ai vu tout le monde, j'ai vu le président des Etats-Unis, le président de la République en France, beaucoup de ministres. Ils n'ont rien fait. Pourtant je leur ai dit : « J'étais là, j'ai vu, j'ai parlé aux victimes, j'ai vu. » Rien. C'est grave, parce que si le monde occidental avait agi tout de suite, je vous le jure, on aurait empêché les tueurs de tuer, on aurait évité le massacre. Mais il fallait agir vite. C'est une leçon : il ne faut pas donner à l'ennemi de l'humanité le temps de se ressaisir, le temps de se fortifier ; il faut intervenir tout de suite. C'est pareil pour le Rwanda, c'est pareil pour tous les drames qu'on connaît et qu'on ne connaît pas. Il y a des massacres qui ne sont pas connus des journalistes. Et pourtant il faut se souvenir même de ce qu'on ignore. Voilà le problème. Par exemple l'Algérie avec ses massacres sauvages, sa barbarie. Et le monde, comme on dit, se tait.

Est-ce une répétition de Caïn et Abel ? Pendant longtemps, je me suis demandé pourquoi la Bible commençait par cette histoire horrible entre deux frères. C'est peut-être pour nous enseigner quelque chose : premièrement, que l'on peut être frères et pourtant se haïr l'un l'autre, se tuer l'un l'autre, et plus important encore, que, chaque fois que l'on tue, on tue son frère. Cette leçon, on ne l'a pas apprise.

Il y a dans la Bible une femme que j'aime beaucoup, c'est l'épouse de Loth, le neveu d'Abraham. Les anges sont venus pour lui annoncer : « On va incendier Sodome, ville pécheresse. Vite, vite, vite, partez, mais ne regardez pas en arrière. » Tous ceux qui étaient avec Loth ont obéi à l'ordre, à la volonté des anges, sauf son épouse qui a regardé, et vous savez ce qui est arrivé, la Bible nous le dit : elle s'est transformée en statue de sel. D'après certaines légendes, cette statue existe encore quelque part. Eh bien, je suis plutôt de son côté. C'est tellement humain de regarder en arrière. Quoi, elle allait quitter sa maison, une partie de sa famille et ne pas vouloir les voir une dernière fois ? Moi, je regarde en arrière tout le temps. Vingt ans après avoir quitté ma maison, je suis retourné dans ma ville, là-bas. Je ne l'ai pas reconnue, parce qu'elle n'avait pas changé. Les maisons étaient restées les mêmes, les arbres, les parcs, les bancs, j'ai ouvert le portail et j'ai entendu le même grincement... Et pourtant il n'y a plus de juifs là-bas ; de mon temps il y en avait quinze mille, maintenant il y en a peut-être soixante. Souvent je me suis dit : « Et la mémoire de cette ville ? Qui protège cette mémoire ? » Le seul endroit où je me suis senti chez moi, c'était au cimetière. Et je me suis dit « maintenant, ce sont peut-être les morts qui protègent cette mémoire ». Mais malheur à l'humanité si sa mémoire est protégée par les morts plutôt que par les vivants. La mémoire est quelque chose qui nous tient à cœur. Le pire qui pourrait arriver, c'est d'oublier. L'un de mes romans les plus désespérants s'appelle *L'Oublié*, dans lequel je raconte l'histoire d'un homme qui perd la mémoire et qui en est conscient. J'ai comparé cet homme qui souffrait de la maladie d'Alzheimer à un livre. Tous les jours on arrache une page, et encore une page, et finalement il n'y a plus de page. Il n'y a que la couverture. C'est fini. Il n'y a rien de plus tragique. C'est le cancer de l'être, de son identité. Après, il n'y a plus rien. Plus de ferveur, plus de curiosité, plus de mémoire. Je n'aimerais pas que cette société qui est la nôtre soit victime de ce genre de maladie. Voilà pourquoi nous travaillons ensemble.

Je suis tellement heureux, vraiment heureux, de voir ces jeunes avec nous, à nos colloques. Ces lycéens. D'un côté, je vous plains, parce que nous essayons de poser sur vous et en vous un fardeau trop lourd pour vous. Nous voulons que vous assumiez une expérience qui n'est pas la vôtre. Vous n'y étiez pour rien, jamais vous ne saurez ce que c'était, et pourtant, nous voulons que vous sachiez. Dans cette dialectique il y a une tension qui peut-être est la base de tout ce que nous faisons en tant qu'éducateurs, journalistes, écrivains, professeurs, chercheurs.

Ecoutez une belle histoire, une histoire hassidique qui est appropriée. Un très grand maître, Rabbi Nahman, raconte qu'un roi avait vu dans les étoiles que tous ceux qui mangeraient de la moisson prochaine seraient frappés de folie. Il a alors appelé son conseiller et lui a dit : « Pendant tout ce temps-là, pendant que nous tous entrerons dans la folie, tu mangeras du bon grain. Ainsi tu seras le seul à ne pas devenir fou. Mais lorsque nous tous serons atteints de folie, il t'incombera d'aller d'une ville à l'autre, d'une rue à l'autre, d'une maison à l'autre et de hurler de toutes tes forces : "Bonnes gens, n'oubliez pas que vous êtes fous." » Voilà ce que nous essayons de faire ensemble, de dire à un monde inhumain : « Monde, n'oublie pas, c'est de la folie de tuer, c'est de la folie de haïr. Faire appel à toute l'énergie créatrice de l'homme et la transformer en mal, en cruauté, c'est de la folie. N'oubliez pas, il y va de votre vie. » Et de la nôtre.

ANNEXES

NOTICES BIOGRAPHIQUES

Per AHLMARK   SUÈDE
Poète et homme politique. Membre de l'Académie universelle des cultures.

Jean-Pierre ANGREMY   FRANCE
Président de la Bibliothèque nationale de France. Membre de l'Académie française.

Emile BIASINI   FRANCE
Ancien secrétaire d'Etat aux Grands Travaux.

Jean-Pierre CHANGEUX   FRANCE
Neurobiologiste. Professeur au Collège de France.

Michel DUCHEIN   FRANCE
Inspecteur général honoraire des Archives de France.

Umberto ECO   ITALIE
Philosophe et romancier. Membre de l'Académie universelle des cultures.

Laurent FABIUS   FRANCE
Président de l'Assemblée nationale.

Jean FAVIER   FRANCE
Président d'honneur du Conseil international des archives. Membre de l'Institut.

Jean-Michel GAILLARD   FRANCE
Historien. Conseiller référendaire à la Cour des comptes.

Gao Xingjian   CHINE
Ecrivain et peintre.

Antoine Garapon   FRANCE
Magistrat. Secrétaire général de l'Institut des Hautes Etudes sur la justice.
Membre de l'Académie universelle des cultures.

Franz-Olivier Giesbert   FRANCE
Ecrivain. Journaliste. Membre de l'Académie universelle des cultures.

François Gros   FRANCE
Biologiste. Professeur au Collège de France. Secrétaire perpétuel de l'Académie des sciences. Membre de l'Académie universelle des cultures.

Françoise Héritier   FRANCE
Anthropologue. Professeur au Collège de France. Membre de l'Académie universelle des cultures.

Junzo Kawada   JAPON
Anthropologue. Professeur à l'université d'Hiroshima. Membre de l'Académie universelle des cultures.

Julia Kristeva   FRANCE
Universitaire. Psychanalyste. Ecrivain.

Dominique Lecourt   FRANCE
Philosophe. Professeur à l'université Paris 7-Denis Diderot.

Jacques Le Goff   FRANCE
Historien. Membre de l'Académie universelle des cultures.

Harris Memel-Fotê   CÔTE-D'IVOIRE
Anthropologue. Professeur émérite à l'université d'Abidjan. Membre de l'Académie universelle des cultures.

Claude Mutafian   FRANCE
Universitaire.

Michelle Perrot   FRANCE
Historienne. Membre de l'Académie universelle des cultures.

René Rémond   FRANCE
Historien. Président de la Fondation nationale des sciences politiques.
Membre de l'Académie française.

Paul RICŒUR FRANCE
Philosophe. Membre de l'Académie universelle des cultures.

Jacqueline DE ROMILLY FRANCE
Professeur honoraire au Collège de France. Membre de l'Académie française. Membre de l'Académie universelle des cultures.

Henry ROUSSO FRANCE
Historien. Directeur de l'Institut du temps présent.

Jacques RUPNIK FRANCE
Professeur à la Fondation nationale des sciences politiques.

Jacqueline SANSON FRANCE
Directeur général adjoint de la Bibliothèque nationale de France.

Dominique SCHNAPPER FRANCE
Sociologue. Directeur d'études à l'Ecole des Hautes Etudes en sciences sociales.

Jorge SEMPRUN ESPAGNE
Ecrivain. Membre de l'Académie universelle des cultures.

Wole SOYINKA NIGERIA
Dramaturge. Prix Nobel de littérature. Membre de l'Académie universelle des cultures.

Jean TONGLET FRANCE
Secrétaire exécutif du mouvement international ATD Quart-Monde.

Alain TOURAINE FRANCE
Sociologue. Directeur d'études à l'Ecole des Hautes Etudes en sciences sociales.

Jean-Pierre VERNANT FRANCE
Historien. Professeur honoraire au Collège de France.

Rudolf VON THADDEN ALLEMAGNE
Historien. Professeur à l'université de Göttingen. Membre de l'Académie universelle des cultures.

Elie WIESEL ÉTATS-UNIS
Ecrivain. Prix Nobel de la paix. Président de l'Académie universelle des cultures.

Zvi Yavetz   Israël
Historien. Professeur émérite à l'université de Tel-Aviv. Membre de l'Académie universelle des cultures.

CHARTE
DE L'ACADÉMIE UNIVERSELLE DES CULTURES

RÉUNIS POUR LA PREMIÈRE FOIS LE 9 NOVEMBRE 1992 À L'INITIATIVE D'ÉLIE WIESEL, PRIX NOBEL DE LA PAIX, NOUS PROCLAMONS NOTRE VOLONTÉ DE NOUS UNIR POUR PENSER ENSEMBLE LE XXIᵉ SIÈCLE ET EN PARTICULIER LE « MÉTISSAGE » DES CIVILISATIONS QUE SONT DÉJÀ EN TRAIN DE CRÉER LES POUSSÉES MIGRATOIRES VOLONTAIRES OU FORCÉES SUR TOUTE LA PLANÈTE.

À CETTE FIN, NOUS CONVENONS DE FONDER À PARIS UNE ACADÉMIE UNIVERSELLE DES CULTURES, COMPOSÉE DE FEMMES ET D'HOMMES SE CONSACRANT AU VRAI ET AU BEAU, SE PRÉOCCUPANT AUSSI DU BIEN, C'EST-À-DIRE DES VALEURS QUI DOIVENT INSPIRER LES NOUVELLES INTERDÉPENDANCES ENTRE LES CULTURES.

FONDÉE EN 1992, CINQ CENTS ANS APRÈS LA « DÉCOUVERTE » DE L'AMÉRIQUE, ELLE SOUHAITE LA CLÔTURE D'UNE PÉRIODE QUI, S'OUVRANT SUR L'ÉTABLISSEMENT DE CONTACTS ENTRE TOUTES LES SOCIÉTÉS DU MONDE, A ÉTÉ TROP SOUVENT UN TEMPS DE DOMINATION ET DE PERSÉCUTION DES UNES PAR LES AUTRES.

ELLE ANIMERA DES RECHERCHES SCIENTIFIQUES, DES RENCONTRES, DES AVENTURES CRÉATRICES, ELLE SOUTIENDRA, NOTAMMENT AVEC UN GRAND PRIX, TOUT CE QUI PEUT CONTRIBUER À LA LUTTE CONTRE L'INTOLÉRANCE, LA XÉNOPHOBIE, LA DISCRIMINATION CONTRE LES FEMMES, LE RACISME ET L'ANTISÉMITISME. ELLE ENCOURAGERA LE COMBAT CONTRE LA MISÈRE ET L'IGNORANCE AINSI QUE CONTRE LA DÉGRADATION DÉLIBÉRÉE DE CERTAINES FORMES DE VIE.

ELLE S'ENGAGE À DIFFUSER SES IDÉES À PARTIR DE L'ÉCOLE, PAR LES MÉDIAS ET TOUS LES INSTRUMENTS DE L'ENCYCLOPÉDIE DU FUTUR.

RASSEMBLÉS PAR CETTE COMMUNE ET URGENTE AMBITION, LES MEMBRES FONDATEURS DE L'ACADÉMIE UNIVERSELLE DES CULTURES VEULENT MOBILISER AU SERVICE DE CETTE ÉTHIQUE TOUS LES MOYENS DE L'INTELLIGENCE ET DE L'IMAGINATION HUMAINES.

MEMBRES
DE L'ACADÉMIE UNIVERSELLE DES CULTURES

Elie WIESEL   ÉTATS-UNIS
Philosophe et écrivain de langue française, né en 1928 en Roumanie. Prix
Nobel de la paix (1986). Président de l'Académie.

Nourredine ABA †   ALGÉRIE
Ecrivain. 1921-1996. Auteur de poésie, de théâtre et d'essais. Il a reçu le
prix Charles Oulmont de la Fondation de France pour l'ensemble de son
œuvre. Membre de l'Académie des sciences d'outre-mer et du Haut
Conseil de la francophonie.

ADONIS   LIBAN
Poète, essayiste, né en 1930. Dans son œuvre, il réalise l'osmose entre
tradition et modernité, entre Orient et Occident.

Per AHLMARK   SUÈDE
Poète, essayiste, né en 1939. Ancien vice-Premier ministre de Suède,
ancien président du parti libéral suédois, fondateur du Comité suédois
contre l'antisémitisme.

Jorge AMADO   BRÉSIL
Ecrivain, journaliste et homme politique, né en 1912. Président de la fondation philanthropique La Casa de Jorge Amado à Bahia.

Jacques ATTALI   FRANCE
Essayiste, économiste et écrivain, né en 1943. Conseiller d'Etat.

Serguëï AVERINCEV   RUSSIE
Philosophe, théologien et poète, né en 1937. Spécialiste des textes
paléochrétiens et de la culture du monde classique. Auteur de plusieurs

ouvrages sur la culture russe et les philosophes européens. Membre de l'Académie des sciences de Moscou.

Maurice Béjart   FRANCE
Chorégraphe, danseur et directeur de ballet, né en 1927. Grand Prix national de la musique (1970), prix Erasme de la danse (1974). Directeur du Ballet Béjart à Lausanne.

Saul Bellow †   ÉTATS-UNIS
Ecrivain. 1915-1999. Professeur à l'université de Princeton puis à l'université de Chicago. Prix Nobel de littérature (1976).

Jo Benkow   NORVÈGE
Photographe, écrivain et homme politique, né en 1924. Ancien président du Parlement norvégien. Ancien président du parti conservateur. Professeur à l'université de Boston.

Luciano Berio   ITALIE
Compositeur, né en 1925. Professeur à la Julliard School of Music de New York. Prix Siemens (1986). Prix Wolf (1990).

Natth Bhamarapravati   THAÏLANDE
Médecin et universitaire. Chercheur en pathologie et en immunologie. Membre du Conseil scientifique du programme pour le développement de la vaccination de l'Organisation mondiale de la santé. Recteur de Mahidol University à Bangkok.

Georges Charpak   FRANCE
Physicien, né en 1924. Membre de l'Institut. Prix Nobel de physique (1992).

Joseph Ciechanover   ISRAËL
Juriste, né en 1933. Ancien directeur général du ministère des Affaires étrangères.

Furio Colombo   ITALIE
Journaliste et écrivain, né en 1931. Ancien professeur à l'Ecole supérieure de journalisme de Columbia University. Député au Parlement italien.

Irwin Cotler   CANADA
Juriste, né en 1940. Professeur à la McGill University de Montréal et à Harvard. Il a servi, en tant qu'avocat international, la cause des prisonniers politiques partout dans le monde.

Mireille DELMAS-MARTY FRANCE
Juriste, née en 1941. Professeur agrégé de droit privé à l'université Paris I.
Ancienne présidente de la Commission justice pénale et droits de l'homme
(1988-1990).

Ariel DORFMAN CHILI
Auteur dramatique, essayiste, scénariste, poète, romancier, journaliste, né
en 1942. A reçu de nombreux prix internationaux dont le prix Sir Laurence
Olivier de la meilleure pièce pour *Death and the Maiden*. Professeur de
littérature et de civilisation latino-américaines à Duke University.

Umberto ECO ITALIE
Philosophe, romancier, né en 1932. Son œuvre universitaire est consacrée
à la sémiotique. Ses romans lui ont valu une réputation littéraire internationale. Prix Médicis étranger en 1982.

Federico FELLINI † ITALIE
1920-1993. Cinéaste. Oscar du meilleur film pour *La Strada* en 1954, *Huit
et demi* en 1963 et *Les Nuits de Cabiria* en 1957. *La Dolce Vita* fut primée
au Festival de Cannes en 1960 et *Juliette des esprits* obtint le Golden
Globe à Hollywood en 1964.

André FROSSARD † FRANCE
1915-1995. Journaliste et écrivain, a tenu de 1963 à 1995 la chronique
« Cavalier seul » du *Figaro*. Il a publié de nombreux essais et témoignages
dont *Dieu existe, je l'ai rencontré* (1968). Membre de l'Académie française.

Antoine GARAPON FRANCE
Magistrat. Ancien juge des enfants. Secrétaire général de l'Institut des
Hautes Etudes sur la justice.

Bronislaw GEREMEK POLOGNE
Historien et homme politique, né en 1932. Spécialiste de l'Europe médiévale. Député à la Diète depuis 1989. Ministre des Affaires étrangères
depuis 1997.

Franz-Olivier GIESBERT FRANCE
Journaliste et écrivain, né en 1949.

Nadine GORDIMER AFRIQUE DU SUD
Ecrivain, née en 1923. Auteur de nombreux ouvrages : nouvelles, essais,
articles de critique littéraire et romans. Prix Nobel de littérature (1991).

François Gros   France
Biologiste, né en 1925. Ancien directeur de l'Institut Pasteur. Professeur
au Collège de France. Secrétaire perpétuel de l'Académie des sciences.

Marianne Grunberg-Manago   France
Biochimiste, née en 1921. Directeur de recherche en biochimie au CNRS.
Ancienne présidente de l'Académie des sciences. Vice-présidente de la
commission française à l'UNESCO.

Françoise Héritier   France
Anthropologue, née en 1933. Professeur au Collège de France, directeur
du laboratoire d'anthropologie sociale du CNRS et de l'EHESS.

Ismaïl Kadaré   Albanie
Romancier et poète, né en 1936. Ses œuvres, dont *Le Palais des rêves* et
récemment *La Pyramide*, ont été traduites dans une quinzaine de langues.
Membre associé étranger de l'Académie des sciences morales et politiques.

Jaan Kaplinski   Estonie
Poète et essayiste, né en 1941. Ancien membre du Parlement.

Junzo Kawada   Japon
Anthropologue, spécialiste de l'Afrique, né en 1934. Professeur à l'université d'Hiroshima.

Yashar Kemal   Turquie
Écrivain et journaliste, né en 1923. Auteur de romans, nouvelles, pièces
de théâtre et essais. Prix Mondial Cino del Duca (1982). Prix Méditerranée
étranger pour *La Voix du sang* (1996).

Leszek Kolakowski   Pologne
Philosophe, né en 1927. Professeur à l'université de Chicago et à All
Souls College, Oxford. Prix Erasme (1983), prix Jefferson (1986), prix
Tocqueville (1994).

Joshua Lederberg   États-Unis
Biologiste généticien, né en 1925. Prix Nobel de médecine (1958).
Membre de l'American Academy of Arts and Sciences.

Jacques Le Goff   France
Historien, né en 1924. Spécialiste de la civilisation de l'Occident médié-
val. Codirecteur de la revue *Annales, économies, sociétés, civilisations*.
Ancien président de l'EHESS. Président du Comité scientifique de la

recherche universitaire. Prix Gobert de l'Académie française en 1996 pour son ouvrage *Saint Louis* et l'ensemble de son œuvre.

Wassily LEONTIEF †   ÉTATS-UNIS
Economiste. 1906-1999. Ancien professeur et directeur de recherches à l'université Harvard et à New York University. Ancien conseiller du président Franklin D. Roosevelt. Membre de l'American Academy of Arts and Sciences. Prix Nobel d'économie (1973).

Wolf LEPENIES   ALLEMAGNE
Sociologue, né en 1941. Directeur du Wissenschaftskolleg de Berlin. Ses recherches sur la sociologie des cultures lui ont valu d'occuper en 1991 la chaire européenne du Collège de France.

Rita LEVI-MONTALCINI   ITALIE
Médecin biologiste, née en 1909. Prix Nobel de médecine (1986).

Yuriy LOTMAN †   RUSSIE
Spécialiste de sémiotique et de structuralisme. Professeur de littérature russe et directeur de l'école de sémiotique à l'université de Tartu en Estonie.

Amin MAALOUF   LIBAN
Ecrivain et journaliste. Né en 1949. Ancien directeur de l'hebdomadaire *An-Nahar international*, ancien rédacteur en chef de *Jeune Afrique*. Son roman *Léon l'Africain* est traduit en seize langues. Grand Prix de l'UNICEF (1991). Prix Goncourt (1993).

Harris MEMEL-FOTÊ   CÔTE-D'IVOIRE
Anthropologue, né en 1930. Professeur émérite à l'université d'Abidjan. Ancien directeur adjoint de l'Institut d'ethno-sociologie. Ses recherches portent sur l'esclavage en Côte-d'Ivoire. Chargé en 1991 de prononcer la conférence annuelle Marc Bloch pour l'EHESS.

Yehudi MENUHIN †   ROYAUME-UNI
Violoniste. 1916-1999. Président du Royal Philharmonic Orchestra et du Warsaw Sinphonia. Directeur de l'Asian Youth Orchestra. Membre de nombreuses académies. Titulaire du Nehru Award for Peace. Membre de la Chambre des lords.

André MIQUEL   FRANCE
Spécialiste de langue et de littérature arabes, né en 1929. Ancien administrateur de la Bibliothèque nationale. Ancien directeur du Collège de France.

Toni MORRISON ÉTATS-UNIS
Romancière, née en 1931. Son œuvre est traduite dans le monde entier.
Prix Nobel de littérature (1993).

Iris MURDOCH † ROYAUME-UNI
Ecrivain et philosophe. 1919-1999. Auteur de nombreux romans, de pièces
de théâtre, de nouvelles et d'études sur Sartre et la philosophie morale.
Lauréate de plusieurs prix littéraires.

Yûjirô NAKAMURA JAPON
Philosophe et historien, né en 1925. Professeur à l'université Meiji. Président de la Société franco-japonaise de philosophie.

K. R. NARAYANAN INDE
Président de l'Inde, né en 1921. Journaliste, il devient diplomate en 1949.
Ambassadeur en Turquie, en Chine puis aux États-Unis. Ancien vice-chan-
celier de l'université Nehru.

Cynthia OZICK ÉTATS-UNIS
Ecrivain, dramaturge, poète et critique littéraire, née en 1928. Récompen-
sée aux Etats-Unis pour son importante œuvre romanesque.

Octavio PAZ † MEXIQUE
Ecrivain, professeur, diplomate. 1914-1998. Prix T.S. Eliot, prix Tocqueville, prix Nobel de littérature (1990).

Javier PEREZ DE CUELLAR PÉROU
Diplomate, né en 1920. Ancien secrétaire général des Nations unies. Président de la Commission mondiale de la culture et du développement.

Michelle PERROT FRANCE
Historienne, née en 1928. Spécialiste d'histoire sociale. Professeur émérite
à l'université Paris 7-Denis Diderot. Codirectrice avec Georges Duby
d'une *Histoire des femmes* en 5 volumes.

Jens REICH ALLEMAGNE
Universitaire et homme politique. Biologiste écarté de l'université pour
opposition au régime est-allemand, il est l'une des figures marquantes du
mouvement démocratique qui permit la chute du mur de Berlin. Député
au Bundestag.

Paul RICŒUR FRANCE
Philosophe, né en 1913. Ancien professeur à l'université Paris X et à

l'université de Chicago. Président honoraire de l'Institut international de philosophie.

Jacqueline DE ROMILLY   FRANCE
Helléniste, née en 1913. Professeur honoraire au Collège de France. Membre de l'Académie française. Membre de l'Académie des inscriptions et belles-lettres.

Salman RUSHDIE   ROYAUME-UNI
Ecrivain, né en 1947. Lauréat de nombreux prix littéraires en Grande-Bretagne et à l'étranger.

Ernesto SABATO   ARGENTINE
Ecrivain, né en 1911. Son œuvre d'essayiste et de romancier a été honorée de nombreux prix dont le prix Cervantès. Ancien président de la commission d'enquête sur les disparus, victimes de la dictature militaire en Argentine.

Aung SAN SUU KYI   BIRMANIE
Femme politique, à la tête de la Ligue nationale pour la démocratie, née en 1945. Assignée à résidence de 1988 à 1995. Prix Nobel de la paix (1991), prix des Droits de l'homme (1991).

José SARAMAGO   PORTUGAL
Romancier. Ses romans, traduits dans plus de vingt langues, lui ont valu d'être considéré comme le plus illustre écrivain portugais vivant. Prix Nobel de littérature (1998).

Jorge SEMPRUN   ESPAGNE
Romancier, scénariste, dialoguiste et homme politique, né en 1923. Prix Femina (1969). Ancien ministre espagnol de la Culture. Membre de l'académie Goncourt.

Richard SERRA   ÉTATS-UNIS
Sculpteur, né en 1939. Ses œuvres sont exposées de façon permanente au Whitney Museum of Modern Art, au Guggenheim Museum et au Museum d'Amsterdam.

Wole SOYINKA   NIGERIA
Dramaturge, né en 1934. Directeur du département d'art dramatique de l'université d'Ife. Ses prises de position en faveur des droits de l'homme l'ont contraint à l'exil. Prix Nobel de littérature (1986).

Mohammed Talbi   Tunisie
Historien. Ancien doyen de la faculté des lettres de Tunis. Spécialiste des
rapports entre l'Europe et le monde musulman, il est notamment connu
pour ses travaux sur le grand historien arabe Ibn Khaldoun.

Kenzo Tange   Japon
Architecte, né en 1913. Il a conçu de nombreux bâtiments pour les Jeux
olympiques de Tokyo en 1964. Auteur de nombreuses réalisations au
Japon et dans le monde entier. Président de l'Association des architectes
japonais. Grande médaille d'or de l'Académie française.

Antoni Tapies   Espagne
Peintre et essayiste, né en 1923. Prix de la Ville de Barcelone (1979).
Grand Prix national français de peinture (1985). Prix du Prince des Astu-
ries (1990).

Rudolf von Thadden   Allemagne
Historien, né en 1932. Professeur à l'université de Göttingen. Ancien
directeur d'études à l'EHESS. Cofondateur de l'université de Francfort-
sur-l'Oder. Membre du Directoire du Kirchentag (conseil des laïcs de
l'Eglise évangélique allemande).

Liv Ullmann   Norvège
Comédienne, née en 1938. Sociétaire du Théâtre national norvégien, lauréate de nombreux prix cinématographiques. Ambassadrice de l'UNICEF
depuis 1980.

Mario Vargas Llosa   Pérou
Écrivain et homme politique, né en 1936. Lauréat de nombreux prix littéraires en Amérique et en Europe.

Zvi Yavetz   Israël
Historien, né en 1925. Professeur émérite d'histoire ancienne à l'université
de Tel-Aviv. Cofondateur de l'université d'Addis-Abeba. Auteur de nombreux essais historiques dont plusieurs ont été traduits en français : *La
Plèbe et le prince, Jules César et son image publique*.

INDEX

TABLE

Deuxième Partie :
Mémoire et oubli

Troisième Partie :
Cas de mémoire

Table 315

Quatrième Partie :
Mémoire et futur

*L'avenir ne peut-il se construire
que sur la mémoire du passé ?*

En conclusion

316 *Pourquoi se souvenir ?*

Annexes

Imprimé en France
FROC02n1052130614
13453FR00009B/108/P

9 782246 588016